AF343601

INVENTAIRE
35-935

EXCURSION ARTISTIQUE

EN

ALLEMAGNE

PAR

ALFRED DARCEL

ATTACHÉ A LA CONSERVATION DES MUSÉES IMPÉRIAUX

ROUEN

LIBRAIRIE NOUVELLE, RUE DES CARMES, 41.

PARIS

LIBRAIRIE ARCHÉOLOGIQUE DE DIDRON,

RUE SAINT-DOMINIQUE-SAINT-GERMAIN, 23

1862.

EXCURSION ARTISTIQUE

EN

ALLEMAGNE

PAR

ALFRED DARCEL

ATTACHÉ A LA CONSERVATION DES MUSÉES IMPÉRIAUX.

ROUEN

LIBRAIRIE NOUVELLE, RUE DES CARMES, 41.

PARIS

LIBRAIRIE ARCHÉOLOGIQUE DE DIDRON,

RUE SAINT-DOMINIQUE-SAINT-GERMAIN, 23

—

1862.

A MONSIEUR HENRY CORBIN.

Mon cher ami,

Les pages qui suivent te sont à peu près connues, car mes lettres d'Allemagne et nos conversations au retour t'en ont déjà donné un avant-goût. Mais acceptes-en l'envoi, comme un souvenir de l'affectueuse hospitalité que, Mme Corbin et toi, vous avez donnée aux miens en deuil, tandis que je m'attardais dans toutes les églises et dans tous les musées que je rencontrais sur mon chemin.

Que cet envoi soit aussi un souvenir de notre enfance, du temps où tu faisais mes devoirs tandis que je copiais des pensums ; mais qu'il en soit un surtout de nos années de jeunesse studieuse, lorsqu'assis au même foyer, nous nous appliquions, toi à l'étude du droit et de l'économie politique, moi à celle de la chimie.

Auditeur au Conseil d'État, puis préfet, tu as tout quitté afin de suivre la ligne que t'ont tracée tes affections politiques, et maintenant tu t'appliques à l'agriculture, tout en améliorant ton magnifique Mortefontaine, que tu embellis encore.

Élève de l'École centrale des Arts et Manufactures, puis industriel, je m'occupe aujourd'hui d'art et d'archéologie.... et je me fais imprimer.

Étrange renversement des choses et bizarrerie de la destinée !

Tout n'est pas tellement changé, cependant, mon cher ami, que je n'eusse encore beaucoup à gagner à me revêtir, comme jadis, de ton style brillant et animé ; mais ce qui n'est point changé non plus, c'est notre affection déjà vieille et toujours vivace. Tu me crois sur parole, mais fais-moi la grâce d'en accepter néanmoins ce témoignage, si faible qu'il soit, et de me croire partout et toujours

Ton ami tout dévoué,

Alfred DARCEL.

VIENNE.

———

8-10 décembre.

Les Allemands prétendent, et ils n'ont pas tort, que si le peuple français est fort spirituel, il est totalement dépourvu de connaissances géographiques. Je suis excessivement Français à cet égard, car je n'ai jamais pu bien me caser dans la mémoire les chefs-lieux de nos départements qu'après les avoir visités, et il m'a toujours été impossible de rien débrouiller dans cette poussière de petits États, formés des débris de l'empire germanique, qui constituent l'Allemagne d'aujourd'hui. Il me faut donc voir pour savoir, et je suis en train d'apprendre. Il eût été plus agréable pour moi de faire mon éducation en été, lorsque, la verdure illustrant les pages du livre, les longs jours permettent de le lire plus longtemps : mais je n'ai point été libre de choisir. Une exposition d'archéologie, provoquée à Vienne par les efforts individuels de quelques archéologues dévoués aux souvenirs du moyen-âge, m'a été l'occasion de ce voyage, et je me suis empressé, quelle que fût la saison, de profiter, pour venir étudier cette exposition et bien d'autres choses encore, de la mission qu'avait bien voulu me confier à cet effet M. le ministre de l'instruction publique.

Mon plan était tout tracé : je quittais la France par Strasbourg ; remontant un peu la rive droite du Rhin par le chemin de fer badois, je redescendais dans le Wurtemberg, dont je visitais Stuttgart, la capitale ; puis, suivant la vallée du Necker, je tombais à Ulm dans celle du Danube, qui me conduisait dans la capitale de la Bavière, à Munich, dont le roi Louis a fait un splendide musée. Peut-être faisais-je une pointe dans le Tyrol, à Inspruck, pour voir le curieux tombeau en bronze de Maximilien. Puis de Munich, sans m'arrêter à la Walhalla, ce Panthéon scandinave des grands hommes de l'Allemagne, car on ne peut tout voir, j'arrivais à Vienne en suivant toujours cette vallée du Danube. De là, après avoir rempli le but de ma mission dans la capitale de l'Autriche, je remontais à Prague, qui servait de capitale aux rois de Bohême, quand la Bohême était un royaume, ville tout antique, c'est-à-dire quelque chose

1

comme le vieux Rouen. De Prague à Dresde, c'était à peine
un voyage, et le musée m'attendait avec ses splendeurs.
Peut-être trouverais-je quelques porcelaines de vieux Saxe
tout-à-fait inédites. Je savais fort bien que Berlin était la
capitale de la Prusse, et je n'avais pas besoin d'aller m'en
instruire, d'autant plus que cette ville est, dit-on, une
grande caserne assez maussade. Je descendais à Bamberg,
où le moyen-âge a laissé d'assez beaux vestiges, pour faire
une pointe sur Nuremberg, la ville d'Albert Durer et de la
Renaissance allemande.

De cette ville bavaroise je remontais à la ville libre de
Francfort, où la diète ne sait trop de quel côté orienter ses
voiles. Ce n'était point la lutte d'influence entre la Prusse
et l'Autriche qui m'y attirait, mais des collections particu-
lières et les miniatures de Fouquet, un grand miniaturiste
français de la fin du quinzième siècle.

Enfin, je remontais en Prusse pour visiter les trésors de
Cologne et d'Aix-la-Chapelle, et je rentrais en France.

Mais les lenteurs administratives, mais de pénibles circonstances, mais la très prochaine clôture de l'exposition
de Vienne me forcèrent d'y aller tout droit de Paris, sans
m'arrêter. Adieu tout mon beau plan! le voilà déchiré;
pourrai-je en recoudre les morceaux?

« Cependant je suis à Vienne, » comme dit la chanson de
Béranger, et quoi que je fasse, où que la locomotive me
conduise, je consigne au hasard des événements mes rapides
impressions de voyage.

Deux choses m'attiraient à Strasbourg: la cathédrale et
le manuscrit d'Herrade de Lansberg. Le manuscrit est une
espèce d'encyclopédie composée au douzième siècle par une
abbesse qui l'intitula *Hortus deliciarum*. Le texte, malheureusement encore inédit, n'est pas moins intéressant, à ce
qu'on assure, que les nombreuses et grandes miniatures
qui le décorent. Celles-ci, dont je possède quelques calques,
sont aussi curieuses par rapport au symbolisme que par
rapport au mobilier et aux coutumes. Ainsi on y voit
Dieu le père pêchant à la ligne: ce sont des humains qu'il
pêche, et c'est Jésus-Christ qui est l'amorce de l'hameçon.
Ailleurs on voit deux marionnettes habillées en chevaliers,
enfilées par le milieu du corps à une ficelle et se trémoussant
l'une contre l'autre, comme les pantins que les joueurs
d'orgues font danser avec leur genou. Salomon disait déjà
de son temps qu'il n'y avait rien de nouveau sous le soleil;
qu'est-ce donc de nos jours?

Le temps ne m'a point permis de feuilleter ce précieux

manuscrit; mais tandis que l'on chargeait les bagages des
voyageurs sur l'omnibus de Kehl et que l'on attendait je
ne sais quoi pour partir, je me hâtai d'aller jeter un coup-
d'œil fort superficiel sur la cathédrale et sur sa fameuse
tour.

Ce qui me retint surtout, ce fut la statuaire. Qu'elles soient
d'Erwin de Steinbach ou de Sabine, sa fille, ces statues
des portails annoncent une main habile, savante et fort
indépendante. Nulle part ailleurs la statuaire architecturale ne s'est permis, au moyen-âge, des poses aussi énergiques et aussi osées que celles des Vertus combattant les
Vices, des Vierges sages et des Vierges folles, qui ornent
les ébrasements des portes de la cathédrale. Il y a là, entre
autres, une joyeuse commère, grasse, à face épanouie,
riant en se tenant les côtes des deux mains passées sur son
surcot, qui est d'une vérité et d'une justesse de mouvement très remarquables. Les statues n'ont point la gravité
ni le style de celles de Chartres, d'Amiens ou de Reims,
mais elles ont une individualité fort énergique.

Le jour était sombre, et les vitraux colorés antiques,
restaurés ou nouveaux, qui garnissent presque toutes les
fenêtres, laissaient à peine entrer de la lumière dans l'église
romane, recouverte d'un dôme à son chevet de la fin du
treizième siècle, et gothique dans la nef et sur sa façade.
Le chœur, élevé sur une crypte, est d'un grand effet, et la
vitre qui garnit l'unique fenêtre du chevet est d'un impo-
sant caractère : c'est la Vierge assise de face sur un trône
élevé, les deux bras symétriquement tendus ; l'Enfant Jésus
assis aussi de face sur ses deux genoux, avec deux anges
debout de chaque côté.

Cette compositon aux lignes sévères fait le plus grand
honneur à M. L. Steinheil, qui en a dessiné le carton pour
M. Petit-Gérard, peintre sur verre de Strasbourg, qui l'a
exécutée. Ces vitraux de Strasbourg demanderaient une
étude que je n'avais point le loisir de faire, même super-
ficielle, et d'ailleurs le peu de temps dont je pouvais dis-
poser me forçait de subir le suisse, ce fléau de tous les
voyageurs, qu'on devrait bien choisir atteint de mutisme.
Voici la phraséologie de celui-ci ; elle est exempte de ces
liaisons qui sont au discours ce que l'huile est aux rouages
d'une mécanique : « Base, colonne, chapiteau romans ; —
voûte gothique ; — plusieurs styles, exemple de tous les
époques ; — horloge astronomique marquant les *phrases* de
la lune ; — à midi..... (je vous fais grâce de ce qui s'y
carillonne à midi) ; — pilier avec figures sculptées par

Erwin de Steinbach , — Erwin de Steinbach lui-même ac-
coudé à la balustrade, regardant son œuvre, etc., etc. » Or,
ce pilier remarquable, cantonné de quatre colonnes, porte,
dans l'entre-deux de celles-ci , les statues des quatre Évangélistes, surmontées de celles de quatre grands anges son-
nant de la trompette. Elles sont de l'époque romane, du
commencement du douzième siècle pour le moins, et
comme celles des portails sont de la deuxième moitié du
treizième, il est impossible que, si les dernières sont du
grand imagier strasbourgeois , les premières en soient
aussi. Mais les cicérones ne s'inquiètent point pour si peu.

Quant à la fameuse flèche de la cathédrale de Strasbourg , je dois dire qu'elle ne m'a point enthousiasmé , et
en voici la raison , si l'on peut raisonner l'enthousiasme.
Dans nos clochers normands, quelque modestes qu'ils soient
en comparaison de celui-là , la flèche se lie toujours à la
tour par des clochetons d'angle qui servent de transition
entre la forme carrée de l'une et la forme octogone de
l'autre. Ici rien de pareil.

Au-dessus de la terrasse qui règne sur toute la façade,
massif puissant que décorent de grandes ogives plaquées,
d'une sécheresse désespérante, s'élève la flèche à l'extrémité
nord : d'abord long prisme octogone flanqué sur quatre
faces d'escaliers à jour , puis flèche aiguë au-dessus de ces
escaliers, qui se terminent brusquement. Aucun membre
d'architecture ne joint la tour aux constructions sousja
centes , et aucun amortissement surmontant les escaliers
n'accompagne la flèche à sa naissance.

Le tout se divise en trois étages indépendants et ne forme
point de construction une et homogène.

Je croyais que Strasbourg se mirait dans les eaux rapides
du Rhin , mais un large intervalle occupé par les glacis des
fortifications , par des forts , des prairies et des canaux, sépare la ville du fleuve, qui coule entre des berges fort basses.
Une longue allée sinueuse , bordée de platanes , conduit de
la ville au pont de Kehl , pont de bateaux que remplacera
bientôt le pont de fer , ouvrage gigantesque, dont les fon-
dations vont atteindre le sol résistant bien au-dessous du
lit du fleuve , et qui servira aux voitures et aux piétons en
même temps qu'au chemin de fer.

Un soldat badois gardait la tête allemande du pont
coiffé du casque à pointe , vêtu d'une ample capote d'hôpital, le fusil sur l'épaule, la crosse en avant, comme un
garde national inhabile à porter son arme , les mitaines
accrochées à la poignée de son sabre.

Le chemin de fer badois, qu'il faut remonter jusqu'à Bruchsal, traverse des prairies aujourd'hui un peu humides, que bordent les montagnes de la forêt Noire, montagnes en partie boisées, en partie cultivées, dont les villages nombreux garnissent les déclivités. De Carlsruhe, la capitale toute moderne du duché de Bade, je ne vis que la gare, et dans celle-ci une douzaine d'étudiants allemands en casquette bleu de ciel. Comme on doit bien étudier avec de si éclatantes coiffures ! — De Bruchsal, on prend la ligne wurtembergeoise, qui redescend au sud en suivant le flanc d'une vallée étroite et charmante, parfois riante, parfois sauvage, qui traverse Stuttgart à la hauteur du second étage des maisons.

Il fallait marcher, et marcher sans s'arrêter jusqu'au terme du voyage, et je n'eus que le temps de jeter du chemin de fer un regard sur une belle promenade qu'il longe, puis, la nuit arrivant bientôt, je pus à peine jouir de la belle vallée du Necker, plantée de vignobles sur les versants qui regardent le sud, cultivée, labourée ou plantée de bois sur ceux qui regardent le nord. Au fond, la rivière serpente au milieu des prairies, faisant tourner de nombreuses filatures de laine, dont les fenêtres brillaient comme celles d'un palais. Ulm et Munich ne furent pour moi que des stations et des « restaurations, » où la bière est excellente. Je passai devant Augsbourg sans voir sa fameuse *Gazette*, qui eût été, du reste, un inintelligible grimoire pour moi. A Salzbourg, la police et la douane autrichiennes visèrent mon passe-port et visitèrent ma malle, tout en dormant, et le petit jour nous surprit à Lintz.

La neige blanchissait les plus hauts sommets des deux chaînes accidentées qui bordent la vallée du Danube ; mais ce fut beaucoup plus loin, à Mœlk, qu'il me fut donné de voir le grand fleuve. Le chemin de fer, tracé sur sa rive droite, s'infléchit et passe au pied d'une espèce de promontoire suivant la berge escarpée pendant un kilomètre environ. Sur l'autre rive, dont les monticules bouleversés, qui s'étagent jusqu'à l'horizon, surmontent les escarpements, se dressent les façades des vastes bâtiments de la riche abbaye de Mœlk, que domine le dôme de son église accompagné de deux campaniles à toits arrondis. On se croirait en Italie. La grandeur des lignes du paysage, les étagements de la montagne, les blanches et larges maisons qui y sont semées de place en place, ces dômes, cette grande abbaye placée sur un rocher, tout rappelle les villages et les aspects des petites villes de la Sabine, des Abruzzes ou des Apennins. L'Allemagne seule se devine à la forme bizarre des clochers, aux toits piriformes ou rétrécis comme les chefs-d'œuvre d'un tourneur en bois. Le fleuve rapide roule ses eaux limpides à travers les rochers ; quelques grandes barques, guidées par des mariniers armés de rames immenses, se laissent aller au courant, puis le chemin de fer s'éloigne, pénètre dans une étroite et sauvage vallée toute plantée de hêtres et de sapins. Partout la solitude, partout le désert. Ni maison, ni culture, si ce n'est la maisonnette des gardes du chemin, si ce n'est leur étroit jardin. Mais tout-à-coup la vallée s'ouvre, les joyeuses maisons la garnissent, les jardins de Schœnbrunn sont à notre droite, et nous traversons les faubourgs de Vienne.

Vienne passe pour être la ville la plus animée de toute l'Allemagne. Je crois que c'est trop peu dire. Les boulevards de Paris à certaines heures, le Strand à Londres, n'ont ni plus de piétons, ni plus de voitures en circulation qu'on en voit dans certaines rues de Vienne. Et les voitures y vont d'un train ! et elles ferraillent ! Le bruit des roues et des pieds des chevaux sur le pavé, des ressorts et des pièces de fer mal assemblées, répercuté par les façades des immenses et hautes maisons qui bordent les rues, fait un vacarme assourdissant, qui monte à une intensité dont on ne peut se faire idée. Le trottoir n'est distingué de la voie carrossable que par la forme du pavage, posé en lignes obliques sur la chaussée, en lignes normales aux maisons le long de leurs façades. Ces trottoirs sont encombrés de piétons aussi pressés que les voitures ; les cochers, en cas d'embarras, ne se font pas faute d'empiéter sur le domaine de ces derniers ; aussi n'est-on rassuré nulle part. Mais les indigènes suivent une foule de passages tracés à travers les maisons, vastes casernes qui comptent les habitants par centaines dans les appartements distribués autour de leurs cours et arrière-cours, le long de leurs corridors.

Rien ne distingue les habitants de Vienne de ceux de Paris, si ce n'est le costume des officiers. Ceux-ci, vêtus d'une grande capote qui recouvre l'uniforme, grise ou blanche, suivant le corps, marquée à la taille par une patte transversale, coiffés d'une casquette cylindrique, la main appuyée sur la poignée du sabre caché sous la capote, marchent les épaules roides et effacées, comme s'ils étaient à la parade. Cet accoutrement d'hiver n'est point

beau, mais il doit être commode. Quelques redingotes ornées de brandebourgs et serrées à la taille, avec un pantalon collant et des bottes molles, semblent distinguer les Hongrois. Eux seuls et les prêtres portent la botte par-dessus
le pantalon, et cela forme même un assez singulier contraste que ces grandes bottes de cavalerie par-dessous
la redingote longue et noire des ecclésiastiques, que distingue en outre la bande de batiste blanche qui recouvre le
col noir leur servant de cravate. Même en officiant, ils
portent toujours ces grandes bottes.

Quant aux femmes, elles sont comme à Paris; seulement, leurs cheveux sont un peu plus ébouriffés, leurs
chapeaux sont un peu plus en arrière, leurs crinolines un
peu plus vastes et leur toilette plus chargée de passementeries. Il y a du sang hongrois chez leurs couturières. Les
femmes du peuple sont restées fidèles à l'indienne et ont la
tête nue ou couverte d'une pointe en tricot de laine. Quant
aux femmes de la campagne, elles ont une façon de s'enve-
lopper la tête et le menton de mouchoirs qui fait penser
aux saintes femmes que les Allemands du seizième siècle
peignent dans leurs tableaux ou tracent sur leurs gravures.

Parfois un équipage, conduit par un grand cocher coiffé
d'un tricorne tout galonné d'argent, vient trancher sur le
fond très ordinaire des voitures, qu'accidentent aussi les
omnibus. Ceux-ci, tout bariolés de couleurs éclatantes, se
composent d'une berline basse jointe à une rotonde plus élevée. Un immense fanal, dressé sur le beau milieu de l'impériale, signale au loin ce singulier véhicule.

Comme Vienne était trop petit pour ses habitants, ceux-
ci ont sauté par-dessus les murs, les bastions et les glacis, pour l'entourer d'une vaste ceinture de faubourgs qui,
aujourd'hui, font partie de la ville elle-même, étant compris dans la même enceinte, moitié fiscale, moitié militaire.

Le vieux Vienne, le Vienne aristocratique et boutiquier,
est donc isolé au milieu de ses faubourgs, non pas comme
Rouen par un simple boulevard, mais par ce large intervalle de 500 mètres au moins, qui constitue l'ensemble
des défenses d'une place de guerre. Les glacis sont percés
de voies qui se croisent en tous les sens, plantés d'arbres
et semés de gazons, et doivent former une charmante promenade en été. Mais aujourd'hui on détruit les murs intérieurs, et avec leurs débris on comble les fossés, et l'on
commence à livrer les glacis aux maçons. Il faut bien se
loger. Mais les Viennois regrettent leurs murs et leurs
glacis, et ils n'ont point tort.

Si certains abords de Vienne m'ont rappelé parfois l'Italie, Vienne lui-même m'a fait songer à Rome. C'est le style rococo qui domine dans les deux villes. Grands palais ou grands hôtels, à large vestibule fermé par une porte que décore un portique d'architecture contournée ; ornements tarabiscotés autour du chambranle des fenêtres ; madones dans des niches, scènes de la Passion, sculptées sous des arcades qu'éclaire une lampe toujours allumée pour le salut des âmes du purgatoire, dont les corps suppliants émergent des flammes ; églises à coupoles, de ce style indéfinissable à cause de son excentricité, insipide à cause de son luxe de détails faux, de ce style enfin que l'on appelle le style jésuite ; monuments religieux élevés au milieu des places et remarquables par le mauvais goût de leur composition ; tout, à Vienne, rappelle la Rome habitée, celle de la fin du dix-septième siècle. Ainsi, au milieu de l'une des places, s'amoncèle, jusqu'à une hauteur de 10 mètres, sur un socle triangulaire, un tas de pierres arrondies en nuages, où des anges en foule sont accrochés par le dos, ou par le nombril, ou par les hanches, de façon à ce qu'ils semblent voltiger. Au sommet, sur d'autres nuages dorés, trône la sainte Trinité. Partout des surfaces rondes, pas une ligne calme, aussi est-ce le comble du laid et du ridicule.

Au milieu d'une autre place, le Mariage de la Vierge est sculpté en ronde-bosse, sous un baldaquin à jour, formé, comme celui de Saint-Pierre, par quatre consoles qui portent sur quatre colonnes. Pourquoi un baldaquin, si on le laisse à jour, surtout en plein air et sous un climat comme celui-ci ?

Ce monument est encore le meilleur, et il dépasse de beaucoup la colonne de la Vierge, autre conception religieuse qui date aussi du dix-septième siècle. Sur le sommet, la Vierge pose debout, écrasant sous ses pieds le dragon qui projette laidement sa tête et sa langue pendantes fort en avant du chapiteau. Autour de la base, quatre archanges cuirassés et casqués, empanachés, en culotte courte, courts et grotesques, combattent des dragons.

La sculpture moderne a été plus heureuse, en étant plus sage. Mais les fontaines qu'elle décore étant habillées en hiver, il est fort difficile de juger de leur ensemble. Ce vêtement d'hiver consiste en une maisonnette en bois qui recouvre entièrement le bassin inférieur et qui monte jusqu'aux pieds des statues qui surmontent la fontaine. De cette façon, Vienne est privé pendant six mois de l'aspect de ses monuments ; mais l'eau ne gèle point dans les bassins et l'on peut toujours y aller puiser. Mais pourquoi, allez-vous dire, pourquoi ne point combiner ces édifices de façon à ce que ces constructions temporaires ne leur fassent point un si grand tort ou ne soient point nécessaires? Faites donc que quelque chose de raisonné et de raisonnable, de convenable au pays et au climat, sorte de l'imagination d'artistes qui, les yeux toujours fixés sur l'art méridional, oublient, quand ils composent, qu'il gèle quatre mois de l'année au moins et qu'il pleut le reste du temps dans le pays où ils veulent appliquer leur science.

Du reste, il y a peu de monuments à Vienne. Le palais impérial est, comme la monarchie autrichienne, fait de pièces et de morceaux, sans unité et sans cohésion. Il comprend une foule de cours que le public traverse, et de corps de bâtiments qui comprennent une chapelle, un manége, le cabinet des antiques, la bibliothèque, qui possède une salle grandiose, le trésor impérial et la collection de dessins de l'archiduc Albert. Quant au palais du Belvédère, qui renferme la galerie de tableaux, il est bâti dans le faubourg, à l'extrémité d'un jardin assez nu, dont l'autre extrémité est occupée par la collection d'Ambras, qui possède de très belles armures.

Saint-Étienne, la cathédrale de Vienne, dont la façade est du douzième siècle allemand, peut-être du treizième, mais avec ouvertures en plein-cintre en tous cas, dont le chevet appartient au quatorzième et la nef, avec ses hauts bascôtés allemands, au quinzième, est ce qu'on peut appeler une église amusante.

Dans nos pauvres églises françaises, que la Révolution a dévastées, après que le dix-huitième siècle les eut mutilées, il n'y a plus aucun monument; les murs sont nus à l'intérieur comme à l'extérieur; mais ici il n'en est point de même. Des autels, des tombeaux, des plaques commémoratives, des tribunes, des statues, des effigies sont plaqués non seulement aux murs intérieurs et aux piliers, mais encore aux murs extérieurs. A chaque pas, c'est chose nouvelle, et si la chose n'est pas toujours très belle, du moins elle concourt pour sa part à l'effet pittoresque de l'ensemble. Aux piliers de la nef, dont le faisceau, point trop prismatique, se prolonge et se divise, sans l'intermédiaire de chapiteaux, en nervures qui se croisent sous la voûte, sont accrochées des statues portées sur des culs-de-lampe et protégées par des pinacles. Il y a six statues à chaque pilier: quatre sur les faces et au même niveau, deux sur les arêtes antérieure et postérieure et plus élevées que les autres de toute leur hauteur.

Une partie de cette disposition avait été adoptée à Saint-Ouen de Rouen, mais si les quatre statues qui devaient décorer ses piliers ont jamais existé, il n'en reste plus que les supports et les dais. On a hésité à les rétablir, et l'on craint que leur présence n'altère ces belles lignes verticales qui, à Saint-Ouen, montent du pavé à la naissance des voûtes si élancées. A Saint-Etienne de Vienne, les statues placées sur les faces obliques des piliers ne font aucune saillie sur les colonnettes d'angle qui reçoivent les arcs doubleaux. A Saint-Ouen, en cas de rétablissement des statues, il serait possible d'adopter ce parti, et les lignes ascendantes de l'édifice n'en seraient point brisées. Du reste, ces groupes de statues avec leurs supports et leurs couronnements sont d'un excellent effet à Saint-Etienne ; mais aussi, comme nous l'avons dit, partout des additions parasites brisent les lignes et accidentent les surfaces. En serait-il de même dans un monument aussi nu que Saint-Ouen l'est aujourd'hui ? Ce serait toujours un commencement pour le vêtir un peu.

La chaire de Saint-Etienne est plus riche encore et plus fouillée que celle de Strasbourg ; c'est du gothique allemand du quinzième siècle (1430), dans tout le luxe exubérant de branchages et de frondaisons qui le caractérise. Cependant, à analyser les supports de cette chaire, on y reconnaît un excellent principe de construction ; mais altéré par un trop grand amour du fouillé et de la recherche. Sous le rampant de l'escalier le sculpteur s'est représenté en buste, son ciseau en main, son bras posé sur l'appui d'un semblant de fenêtre. Cette tête est admirablement modelée et avec une naïveté perdue depuis ce temps-là. Ce naturalisme, qui est ici une qualité, est un défaut dans les têtes des quatre docteurs, dont les bustes, sculptés sur la cuve, semblent emprisonnés dans l'inextricable fouillis de nervures qui leur sert de cadre.

Un autre architecte, tenant l'équerre en main, s'est représenté, avec encore plus de talent peut-être, sous l'amortissement d'un pendentif en éventail qui supporte une petite tribune destinée à un orgue d'accompagnement ou à une horloge. Les stalles à dossier du chœur ont été taillées en plein bois de chêne au quinzième siècle. Moins fines de profil que les nôtres, elles se distinguent par certains détails particuliers ; ainsi, une séparation ajourée fort élégante monte au-dessus des accoudoirs, entre chacune des stalles hautes, et une petite cloison semblable se remarque aux stalles basses, dont le dossier est plus élevé qu'en France.

Une belle statue de Vierge du quatorzième siècle, repeinte tout nouvellement, et quelques autres statues de la même époque, également fort remarquables; une grille en fer du dix-huitième siècle, d'une richesse inouïe, qui ferme la chapelle où sont inhumés les restes du prince Eugène, dans un cénotaphe en bronze doré, sont encore à citer parmi tant d'œuvres de tous les styles.

Nous mentionnerons pour mémoire la tombe d'Albert III, dont nous n'avons pu voir qu'un dessin, l'original étant protégé par des planches contre les accidents pendant les restaurations que l'on fait à l'église.

Nous avons appelé allemandes les nefs latérales, aussi hautes à Saint-Étienne que la nef centrale. En effet, ce mode de construction semble particulier aux églises bâties sur la rive droite du Rhin. Un même toit recouvre les trois nefs, où la lumière n'arrive que par les hautes fenêtres percées dans les murs latéraux. La nef centrale et sa voûte, ne recevant point directement le jour, sont généralement sombres, comme à Saint-Étienne.

Le système plus ancien de la voûte centrale plus haute que les voûtes latérales et recevant le jour par des fenêtres percées dans ses murs, au-dessus des arcades qui réunissent les nefs, a été suivi dans une autre église de Vienne, à Saint-Michel, dont la construction offre tous les caractères du commencement du style ogival. Je ne veux pas dire qu'elle soit pour cela de la fin du douzième siècle ou du commencement du treizième. Le style roman était trop fortement enraciné dans les habitudes allemandes pour avoir pu être abandonné aussitôt qu'en France, où, comme me le disait un archéologue viennois, il fut toujours un gothique à l'état embryonnaire.

Il ne faut pas oublier, du reste, que l'architecte français et picard, Villard de Honnecourt, demeura longtemps en Hongrie, vers le milieu du douzième siècle, et y dut exercer une influence que dénotent certaines églises hongroises.

Les murs du chevet de Saint-Étienne sont ornés extérieurement de bas-reliefs de dimensions diverses, qui sont comme les stations successives de la voie douloureuse. Ainsi, il y a une série de petits bas-reliefs sculptés au commencement du seizième siècle, qui, moulés, formeraient presque un chemin de croix un peu moins détestable que ces images peintes ou modelées dont on enlaidit toutes nos églises. Il y a encore une immense composition, de grandeur naturelle, qui s'agite sous une niche profonde, creusée en voûte surbaissée dans le mur du chevet nord : c'est le Christ montant au calvaire, malheureusement fort mutilé. Sur le flanc sud sont les adieux du Christ et de la Vierge, d'une époque un peu postérieure. A côté se dresse une lanterne pédiculée en pierre, édifice élégant destiné à entretenir une lumière pendant la nuit auprès de cette station.

Ces lanternes sont assez communes en Allemagne, comme les archéologues viennois me l'ont prouvé en me montrant les dessins de plusieurs autres édicules du même genre. Ceux-ci servaient de lanternes de cimetières. Cet usage d'entretenir une lumière qui veillait sur le champ de repos était aussi commun au moyen-âge en France, comme le prouvent les différentes publications de M. de Caumont. Les seuls monuments qui nous en soient restés, je crois, sont des édicules bâtis à chaux et à ciment, comme celui qui existe, du reste, aux portes de Vienne, dans l'ancien cimetière de Klosterneuburg, une abbaye où je vous conduirai pour voir la plus belle et la plus importante œuvre d'émaillerie du douzième siècle que j'aie encore rencontrée.

Contre le flanc sud de l'église Saint-Etienne, à l'est du portail du transept, s'élève une fort belle tour du quatorzième siècle dont on rétablit aujourd'hui la flèche octogone, qui est ou qui était une des plus remarquables du quinzième siècle. De grands frontons évidés décorent les murs verticaux de la tour, entre des contre-forts tout chargés de dais, de pinacles et de statues. Ces grands frontons se prolongent à la hauteur du toit de l'église, au-dessus de la balustrade, et y forment une décoration aussi magnifique qu'inutile. Ce sont comme les faces de grandes lucarnes qui auraient éclairé les vastes combles de l'église, bien vastes, puisque les trois nefs égales sont comprises sous une même charpente. Ajoutons enfin que le toit est couvert en tuiles vernies qui forment des dessins géométriques qui encadrent même l'immense aigle éployée de l'empire d'Autriche.

Quittons maintenant le terrain de l'archéologie, et après nous être occupé de ce qu'avaient fait ceux qui ne sont plus, voyons comment agissent et se comportent les vivants.

On prétend qu'en Allemagne les serviettes sont grandes

comme des mouchoirs et les draps grands comme des serviettes. On ne parle pas des dimensions des mouchoirs.
Quant aux serviettes, on les flatte et elles n'ont jamais
aspiré aux dimensions que l'on dit ; mais pour les draps ce
paradoxe n'est que l'exagération d'une vérité. Je ne fus pas
peu effrayé, en effet, en examinant mon lit avant de m'y
insinuer, de reconnaître que le drap de dessus, simplement
posé sur le drap inférieur, dépassait à peine en dimensions
la surface du matelas, et que, relevé tout autour de la
courte-pointe, il était boutonné en dessus de celle-ci. Un
frisson « antéspectif » me parcourut tout le corps, et posant
ma couverture de voyage par-dessus la seconde courte-
pointe qui recouvrait la première, je consolidai le tout à la
manière française. Cependant on s'habitue à ces tapis, et
l'on se réveille comme on s'était couché, pourvu cependant
que l'on remue le moins possible et qu'on ne prenne
aucune position extravagante, auquel cas un courant d'air
s'établit incontinent de l'est à l'ouest du lit et parfois au
pôle sud. Mais quels lits durs ! Ce n'est point seulement à
l'hôtel qu'il en est ainsi, mais dans toutes les maisons,
m'ont assuré les indigènes.

S'ils se couchent fort mal, en revanche les Allemands se
chauffent fort bien. D'abord toutes les maisons, même les plus
pauvres, ont leurs fenêtres garnies d'un double châssis vitré
avec un coussin placé entre deux, pour intercepter les vents
coulis, et un store que l'on abaisse le soir. Souvent quelques
plantes occupent cette espèce de petite serre, et dans beaucoup de maisons cela sert de magasin pour les pommes.
Puis il y a de grands poêles de faïence, hauts de deux
mètres et plus, disposés pour utiliser le plus possible de la
chaleur du combustible. Ces poêles, qui étaient en faïence,
émaillés de vert et très ornés, aux quinzième et seizième
siècles, qui, au dix-huitième, sont encore en accord avec
l'architecture rococo et peuvent passer pour un ornement,
sont un peu trop simples aujourd'hui. On les relègue dans
un coin ; souvent ils traversent la cloison de deux pièces
contiguës, et ils chauffent tout l'appartement, dont on laisse
ouvertes toutes les portes de communication.

Il n'existe de cheminées que dans les palais de l'aristo-
cratie, mais on n'y allume de feu qu'aux jours de gala. Ainsi
la rêveuse Allemagne est privée du plaisir de voir flamber
deux tisons et de perdre sa pensée à la suite de la flamme
vacillante qui se résout en fumée et monte de l'âtre au noir
pays de l'inconnu. C'est à la fumée du tabac qu'elle demande la rêverie, et à la bière l'excitant nécessaire pour

voyager dans le bleu. Mais on me semble fort peu rêveur à Vienne ; on y est trop actif et on y aime trop tous les plaisirs pour cela. Cette ville-ci passe, en effet, en Allemagne, pour celle où il y a le plus de lieux de « restauration » et de divertissement. Il en faut, en effet, pour des gens qui se restaurent quatre ou cinq fois. Le matin, c'est une boisson chaude, thé, café ou chocolat. On dine de midi à deux heures : cela coupe la journée, fait perdre du temps ; mais c'est l'habitude. Parfois, vers les quatre ou cinq heures, on va au café boire « un verre » de café au lait, et l'on soupe à neuf heures, avec des viandes froides, de la bière ou du thé et force fromages. Neufchâtel y envoie les siens, qui y sont fort bien reçus.

C'est dans les maisons à bière que vont souper les gens qui n'ont point de ménage ou qui veulent se donner une distraction. Comme ici les collections sont ouvertes de très bon matin, neuf heures et demie, et fermées de deux à trois heures, j'ai été obligé, pour ne point perdre de temps, d'adopter un peu les heures allemandes et, déjeunant de fort bonne heure, de dîner lorsque la nuit me force de rentrer. Aussi, je soupe quand l'occasion s'en présente, et l'autre jour je l'ai fait à *la Grosse-Pipe*, la maison à bière la plus renommée de Vienne. On y peut servir de douze espèces de bière différentes, chacune dans le vase qui lui est spécialement affecté, et qui diffère des autres par la forme ou par la matière. Mais les uns fument, tandis que les autres mangent, et quelle fumée épaisse et âcre vous pénètre et vous envahit de tous côtés !

L'autre jour, après l'opéra, qui finit ici à neuf heures et demie, à l'heure du souper, c'est dans un établissement unique au monde que j'ai été conduit pour prendre mon dernier repas, à l'*Elyseum*. Comme l'Élysée antique, celui-ci est placé sous terre, mais c'est la seule ressemblance qu'il ait avec le séjour décrit par Virgile.

Figurez-vous une suite de voûtes, les unes longues et étroites, les autres larges, placées à des niveaux divers et formant un inextricable fouillis de pièces où l'on monte, où l'on descend, où l'on s'égare et où les Viennois s'amusent. D'abord, il y a le moulin dans le Tyrol, avec sa roue qui tourne et la ferme y attenant. La voûte est peinte en ciel nuageux, et sur ses pans des ustensiles de toute sorte, vases en bois, harnais, ruches sous le rucher, volière à pied pour les pigeons qui volent l'aile ouverte et suspendus par un fil, bancs rustiques, chanteuses à la voix plus rustique encore et bière tirée du tonneau, voilà pour une des voûtes.

Dans une autre voûte, des arbres en papier, portant singes et perroquets vivants, nous transportent sous les tropiques. Au fond, l'eau tombe en cascade parmi les aloès et les nopals ; puis, imagination bizarre, quatre ou cinq petites voitures, traînées par des rosses et conduites par des cochers grotesques, circulent au pas sur des rails de bois dans cette Inde de carton.

Dans une salle, un acrobate fait ses tours ; dans une autre un escamoteur fait les siens ; des orchestres résonnent dans tous les coins. Un homme revêtu de la peau d'un caniche noir danse sur le palier d'un escalier aux sons d'un orgue de Barbarie, et deux Espagnols jouant de la guitare et de l'accordéon parcourent la longue salle indienne où les Viennois attablés avec leur famille soupent et fument en rêvant au paradis de Mahomet au milieu de ce vacarme et de ces odeurs.

L'opéra que j'ai été entendre est *la Flûte Enchantée*, de Mozart, qui serait inexécutable en France, tant le libretto est extravagant de sottise ; c'est la nullité d'action poussée jusqu'au grotesque ; aussi les Viennois, qui m'engageaient à aller entendre ce chef-d'œuvre, se flattaient que mon ignorance complète de la langue, m'empêchant de rien comprendre aux paroles, me ferait passer sans m'en douter à côté des niaiseries de l'action. Les duos et les chœurs, les solos et les morceaux d'ensemble ont dû être d'abord composés par Mozart et disposés de façon à faire contraster la douleur et la joie, la terreur et l'espoir, les grandes masses vocales et les gazouillements ; puis, le librettiste a dû s'arranger pour qu'une action telle quelle coordonnât les éléments de ce concert, que viennent chanter tour à tour tantôt les uns, tantôt les autres ; je ne crois pas qu'il y ait réussi.

La salle de l'Opéra est fort simple et petite ; mais aucune place n'y a été perdue, car six étages de loges écrasées en garnissent le pourtour. Le parterre assis y occupe presque tout le rez-de-chaussée ; derrière est le parterre debout, où j'ai vu des femmes. Aucun foyer, aucun couloir, aucune vue des étages supérieurs sur la salle ne vient offrir aux hommes le plaisir de se promener un peu et d'examiner le public des parties de la salle qu'ils ne peuvent apercevoir de leur place. Du reste, le spectacle dure peu de temps. Commencée à sept heures, *la Flûte Enchantée* était terminée à neuf heures et demie.

A cette heure, les boutiques de Vienne sont toutes fermées, et quelques rares passants se hâtent de rentrer chez

eux. Les cafés et les restaurants seuls sont ouverts. Il
est minuit et demi à l'horloge des boulevards de Paris.
Mais de cinq heures à huit heures les rues sont encombrées
de promeneurs, qui s'arrêtent à examiner les boutiques
toutes parées à cette époque de l'année. Tout y est à peu
près comme à Paris, et c'est Paris qui fournit ou inspire
presque toutes les marchandises de luxe. Seulement, l'arrangement y est moins habile et d'une élégance moins sobre
que dans les devantures de nos magasins. Puis, toutes les
maisons étant voûtées au rez-de-chaussée, les piles de
support occupent une grande place sur les façades, de sorte
que la « devanture » des boutiques est étroite et profonde.
Jusqu'à ce que les colonnes en fonte réduisent à leur plus
simple expression les supports des façades dans les rues à
boutiques de Vienne, malgré tous leurs efforts, les marchands d'ici ne pourront réaliser les beaux et lumineux
étalages de la France. Mais on n'est point déshonoré pour
cela.

Je ne veux pas faire un *Guide de l'Etranger dans Vienne*,
celui de M. Ad. Joanne suffit et est excellent. Fait pour
un temps où les voies ferrées n'existaient point partout, il
sera encore meilleur lorsqu'il sera mis d'accord avec les
nouveaux modes de locomotion. Mais il est temps de parler un peu des collections et des curiosités de la capitale de
l'Autriche.

L'exposition d'archéologie provoquée par la société nais-
sante des Alterthums-Verein zu Wien me sera l'occasion de
constater une fois de plus la façon cordiale dont, nous autres
Français, nous sommes reçus partout, et combien nous de-
vrions être honteux de ne point parler la langue des peuples
qui parlent la nôtre. Ceci est même une excuse à notre
paresse. Déjà à Manchester j'avais été l'objet de grandes
prévenances de la part de la commission d'exposition, qui
avait ouvert ses portes pour moi seul, un dimanche, dans
une ville puritaine ! A Vienne, comme, l'exposition tirant
à sa fin lorsque je suis arrivé, je n'aurais point eu le
temps de l'examiner à loisir, il me fut accordé immédiatement de continuer d'y pénétrer lorsque les portes seraient
closes pour le public, de telle sorte que je n'ai cessé d'y
étudier qu'au moment où, tout étant emballé, il n'y eut
plus rien sur les tables ni contre les murs.

Les gravures déjà faites des objets exposés, les photo-
graphies que l'on faisait me furent offertes ou promises,

et, présenté partout, partout je vis les armoires s'ouvrir pour me laisser toucher ou examiner de plus près ce qu'elles renfermaient.

J'avais eu cette chance, en publiant l'*Album de Villard de Honnecourt*, après la mort de Lassus, d'avoir à parler du séjour que cet architecte du treizième siècle avait fait en Hongrie, et de l'influence que les constructions qu'il y avait dû élever avaient pu avoir sur l'architecture religieuse dans l'Allemagne orientale. Aussi j'étais connu en arrivant de toutes les personnes qui, s'occupant des mêmes études que moi, reçoivent de France ce que nous y publions sur les matières archéologiques.

M. Camesina, dessinateur d'archéologie éminent, qui, pendant mon séjour à Vienne, vient d'être nommé conseiller aulique à cause des services rendus par lui à l'archéologie ; M. A. Essenwein, architecte dévoué à l'art du treizième siècle ; M. Heider, secrétaire au ministère de l'instruction publique ; M. Weis, secrétaire de la commission impériale d'antiquités ; M. Leman, fabricant de soieries ecclésiastiques, qui a photographié avec un grand talent les pièces principales de l'exposition, où l'orfévrerie offrait de grandes difficultés, m'ont surtout comblé de prévenances de toute espèce, et m'ont permis de pénétrer un peu dans la vie de famille, généralement fermée au voyageur.

Cette exposition, qui était loin de présenter la même importance que la division archéologique de celle de Manchester, permettait cependant d'examiner d'un coup une foule d'objets ecclésiastiques disséminés dans une quantité d'églises, où il m'eût été impossible de savoir qu'ils existaient et de pouvoir les rencontrer. Je citerai en tête le calice fabriqué par ordre du duc Tassilo, au huitième siècle. Il est en bronze doré et gravé, incrusté de lames d'argent niellé, d'un travail naturellement barbare, mais fort intéressant, parce qu'il est orné de ces lacis de lignes entre-croisées que l'on retrouve sur les bijoux mérovingiens en France et dans les lettres ornées de l'époque carolingienne. Deux autres calices à anses, à coupes immenses et largement ouvertes, auxquels sont encore joints les siphons avec lesquels on y puisait le vin eucharistique : l'un fondu et ciselé, l'autre gravé et niellé, tous les deux du douzième siècle, et une foule d'autres calices, depuis le quatorzième siècle jusqu'au seizième, de toute forme et de tout travail ; plusieurs, étant datés, permettaient de suivre, d'après l'ordre chronologique, les variations de l'orfévrerie dans l'Allemagne orientale.

Trois autels portatifs ou itinéraires, dont deux étaient en forme de boîte et garnis d'ivoires et d'émaux, et le dernier, daté de la fin du quatorzième siècle, était en argent ciselé, pouvaient passer pour les pièces les plus rares qu'il soit donné de rencontrer. Parmi les crosses en émail champlevé de Limoges : en ivoire, depuis le dixième siècle jusqu'au seizième ; en orfévrerie, du quinzième, plusieurs étaient munies de leur bâton ; l'une même possédait encore le sudarium, voile en soie, à chef richement brodé, que l'on retrouve surtout dans les représentations allemandes des évêques ou des abbés.

Ces monstrances, en forme de clocher pédiculé, où les orfèvres du quinzième siècle se sont plu à compliquer les formes et à plier le métal à tous leurs caprices ; quelques petites châsses en émail champlevé de Limoges ; des fontes de bronze allemandes, intéressantes par la recherche du symbolisme ; des colombes en émail pour conserver l'hostie consacrée ; quelques plaques en émail champlevé des bords du Rhin ; d'anciens chandeliers en bronze du onzième au douzième siècle, incrustés d'argent gravé, complétaient l'apport de l'orfévrerie religieuse. Les vêtements et les broderies ecclésiastiques étaient surtout nombreux. Plusieurs mitres en étoffe de soie, d'un travail admirable ; d'amples chasubles, une chape avec son antique capuchon, brodées des scènes de la Passion ou décorées de dessins obtenus par le tissage ; des gants d'évêque décorés d'émaux cloisonnés grecs, des étoles tissées d'or, des antépendiums (garnitures d'autel) brodés et datés du douzième et du quatorzième siècle, offraient d'amples matières à l'étude et de magnifiques arguments contre ceux qui prétendent que les produits du tissage ont fait des progrès. On peut fabriquer à Lyon plus économiquement et plus vite, mais non mieux qu'on ne le faisait au moyen-âge, non seulement en Orient, mais en Allemagne et en France.

J'oubliais les plaques d'ivoire, un curieux polyptyque en émail translucide sur relief, deux vases en verre arabe, dorés et émaillés, possédés depuis le quatorzième siècle par le trésor de Saint-Etienne de Vienne, et aussi admirables par la pureté de leurs formes que par la richesse de leur décoration.

Les amateurs allemands n'ont point encore la passion des émaux de Limoges et des majoliques italiennes ; sans cela, on ferait bien plus de folies à l'hôtel des ventes que n'en font les collectionneurs anglais et français. Aussi ne voyait-

on à l'exposition que quelques pièces d'émail, fort belles,
du reste, qui appartiennent à M. de Rothschild de Vienne,
et que j'avais vues pour la plupart dans la collection de
M. Louis Fould.

La seule majolique qui existât, très belle aussi et représentant le triomphe d'Amphitrite, d'après Annibal Carrache, était un bassin ovale des dernières époques de la
fabrication des majoliques.

Les grès allemands, gris ou émaillés, étaient peu nombreux, et c'est en vain que j'y ai cherché quelqu'une de
ces pièces à reliefs émaillés de plusieurs couleurs qui ont
donné à Bernard Palissy, comme il le dit lui-même, l'idée
de tenter et de poursuivre la fabrication de ses admirables
faïences. Une cruche avec un crucifix en relief, placé dans
une espèce de niche creusée dans les flancs mêmes du vase,
offrait presque les mêmes émaux; mais rien ne disait
qu'elle fût antérieure aux travaux du potier de la Saintonge.

Quant aux produits de l'orfévrerie allemande du seizième
siècle, aux immenses vidrecomes tout couverts de moulures, de guirlandes, de bas-reliefs et de zones émaillées,
ils étaient en nombre respectable, ainsi que les coffrets en
ivoire garnis de bas-reliefs en métal, œuvres très riches,
mais à la composition desquelles un goût sévère n'a point
présidé; j'en excepterai deux salières, deux coquilles portées par deux jeunes pages en costume du quinzième siècle,
d'une simplicité charmante.

On sait avec quelle perfection les Allemands ont fouillé
le bois au quinzième et au seizième siècle; cependant,
si ces œuvres de patience étaient à peu près absentes, elles
étaient remplacées par trois chefs-d'œuvre : c'étaient d'abord
deux petits bustes en bois du seizième siècle, représentant
un homme en toque et sa femme, d'une intensité d'expression, d'une précision de modelé et d'une naïveté admirables. La troisième œuvre était de la fin du quinzième siècle
et se composait de trois statuettes nues et peintes, exécutées
dans ce goût de naturalisme allemand dont Albert Durer,
malgré tout son talent, n'a pas su se débarrasser.

Ces trois figures adossées sont un jeune homme, une
jeune femme et une vieille sèche, ridée, la peau sur
les os, et tant soit peu rongée par les vers. C'est la Mort,
l'affreuse Mort, dont l'image accolée à celle de ces adoles-
cents, aussi beaux que l'artiste a pu les faire, rappelle les
tristes paroles : *Memento quià pulvis es et in pulverem rever-
teris.*

J'espérais voir à l'exposition une œuvre d'émaillerie qui,

pour nous Français, doit avoir un intérêt particulier, car elle est due à un artiste de Verdun qui travaillait à la fin du douzième siècle. Mais c'est dans l'abbaye même qui la conserve que j'ai dû aller la chercher, ce qui m'a motivé une charmante excursion dans un site magnifique, en compagnie de M. Camesina, qui a fait de cette œuvre le sujet d'une publication d'une exactitude scrupuleuse. L'abbaye de Klosterneuburg, élevée sur un des contre-forts de la chaîne qui forme la rive droite de la vallée du Danube et dominant le cours du fleuve, peut donner une idée de ce qu'étaient nos riches abbayes bénédictines au dix-huitième siècle.

C'est de cette époque que datent les bâtiments construits avec un luxe inouï de décorations intérieures. Vestibule immense, escalier digne d'un palais, corridors tout chargés de stucs sur leurs voûtes, riches ferrures aux fenêtres, et probablement large existence pour les quelques religieux augustins qui y habitent dans de luxueux appartements, d'où ils jouissent d'une vue aussi variée qu'étendue sur le cours du Danube : tout cela fait envisager la vie monastique sous un aspect assez agréable et qui n'a rien d'austère dans les apparences. L'abbaye possède un arsenal, un musée et un trésor, dont les pièces les plus anciennes étaient à Vienne, mais dont les pièces les plus riches étaient protégées par des armoires en noyer sculpté aussi ornées que solides.

L'église, du quinzième siècle à l'extérieur, sur des soubassements appartenant au douzième siècle, est du dix-septième à l'intérieur et d'un luxe inouï de stucs, de dorures, de peintures, de colonnes et de boiseries. Dans une chapelle inférieure est le fameux antépendium qui, au quatorzième siècle, a été transformé en rétable. Il se compose d'une série de cinquante-et-une plaques en émail champlevé, terminées à leur partie supérieure par un cintre trilobé. Elles représentent des scènes de l'Ancien Testament et de l'Evangile, exprimées en cuivre gravé et niellé d'émail dans la gravure, réservé sur un fond d'émail de couleurs diverses. Chaque sujet, entouré d'une bordure où les emaux alternent avec la ciselure, est rendu carré par l'addition de tympans représentant des Vertus. Il y a trois rangs de plaques séparées par des bandes de métal gravé d'une longue inscription. C'est cette inscription qui constate que Nicolas de Verdun fit cette œuvre en 1181. Voilà une pièce datée, d'une grande perfection de travail et de la seconde phase des emaux champlevés, celle où les personnages sont réservés en métal, qui, appartenant à l'art alle-

mand des bords du Rhin, est un puissant argument contre
l'antériorité des émaux limousins.

Une chose curieuse, c'est que cette garniture d'autel,
ayant été transformée en triptyque au quatorzième siècle
— la date est connue et inscrite sur l'œuvre, — on fut
obligé de fabriquer six plaques nouvelles ainsi que leurs
bordures, et qu'à deux siècles de distance l'émailleur de 1329
imita si bien le maître dont il complétait l'œuvre, qu'il
faut une certaine attention pour distinguer le travail de l'un
du travail de l'autre. Les costumes même y diffèrent plus
que le style et la qualité de l'émail.

Cet antépendium de Klosterneuburg dut servir de modèle pendant tout le moyen-âge, comme le prouvent des
vitraux du treizième siècle dans l'abbaye elle-même, et
comme on pouvait s'en convaincre à l'exposition d'archéologie. Il y avait une *Annonciation* copiée sur une des plaques de l'antépendium et qui devait appartenir au
quinzième siècle, d'après la forme des lettres de l'inscription AVE MARIA, gravée sur la banderole que tient l'ange.
Certes, en France, on n'eût point, en transformant l'œuvre
de Nicolas de Verdun, respecté aussi scrupuleusement son
style. On eût juxtaposé autre chose à ce qui existait déjà,
sans s'astreindre à une imitation d'aucune sorte.

A côté de ce rétable existent la tige et les sept branches,
avec leurs nœuds et leurs bobèches, d'un immense candélabre, comme presque toutes les églises en possédaient
un à l'exemple du temple de Salomon. La tige centrale
n'a pas moins de 4 mètres 50 centimètres de hauteur et
de 20 centimètres de diamètre à sa base. Ce chandelier à
sept branches est en bronze fondu et ciselé, à jour, de travail assez grossier, orné de cristaux de roche cabochons,
et probablement du onzième siècle. Le pied, qui d'ordinaire est la partie la plus remarquable de ces monuments,
manque à Klosterneuburg.

Mais revenons à Vienne en suivant les bords du Danube,
dont les eaux limpides courent à travers des hauts fonds
aujourd'hui à découvert, ce qui le fait ressembler à la
Loire. Sur la pente opposée les taillis et les futaies s'avancent presque sur la rive, et l'on songe à ces forêts inexplo-
rées qui trempent leurs branches dans les eaux des grands
fleuves de l'Amérique. Mais les vignobles couvrent la côte
au-dessus de ma tête, et les soldats autrichiens que je rencontre sur ma route dans leur capote grise ne peuvent me
laisser la moindre illusion.

Je suis bien en Europe et près de Vienne. Au reste, ce passage rapide et subit entre l'extrême civilisation et la nature sauvage, aux lointains horizons, doit faire en été un des grands charmes de la vie de Vienne. Le citadin, en moins d'une heure, peut se croire transporté aux extrémités de l'univers, et rêver, dès qu'il n'aperçoit plus le clocher de Saint-Etienne, qu'il a traversé l'Atlantique et qu'il s'est avancé vers le *far west* plus loin que le plus intrépide pionnier américain.

Le Prater lui offre une villégiature plus bruyante. Cette promenade, aujourd'hui un peu délaissée, dit-on, est un parc immense planté de fort beaux arbres, édifié d'une foule de cafés fermés en hiver et traversé par une longue, longue allée, que quatre rangs d'arbres divisent en trois voies réservées, l'une aux piétons, celle du centre aux voitures, l'autre aux cavaliers.

A l'extrémité du Prater, compris dans un pli du Danube, se trouve l'île Lobau, où Napoléon, maître de Vienne, fut obligé de se réfugier après avoir voulu s'établir sur la rive gauche afin d'y combattre l'armée autrichienne. Cette journée du 22 mai 1809 est appelée par nous la bataille d'Essling. Les Autrichiens l'appellent d'un autre nom, celui de la victoire d'Aspern, et de fait nous n'y fûmes point vainqueurs. L'aigle de Napoléon fut pour la première fois arrêtée dans son vol victorieux, et les Autrichiens sont fiers, pour l'archiduc Charles, de ce premier échec subi par nos armes.

La crue subite du Danube, qui avait emporté nos ponts et arrêté nos renforts, n'y faisait rien ; Napoléon n'était donc point invincible, puisqu'il n'était point toujours victorieux. Aussi ont-ils inscrit cette bataille d'Aspern parmi les victoires de l'archiduc Charles, sur les drapeaux qui entourent le piédestal d'une assez mauvaise statue équestre qui représente ce prince un drapeau à la main sur un cheval qui se cabre. Un drapeau français, reconnaissable à l'aigle qui termine sa hampe et à l'N qui orne un de ses coins, gît sous les pieds du cheval. Tous les peuples écrivent leur histoire, et cette page-là fut écrite pendant la dernière campagne d'Italie. Mais nos armes n'avaient pas dû attendre si longtemps pour prendre leur revanche de la bataille d'Aspern ; car, six semaines après et presqu'à la même place, Napoléon gagnait la bataille de Wagram.

LES COLLECTIONS DE VIENNE.

Le Belvédère. — En parcourant les galeries du Belvédère, qui est le musée de tableaux de l'empire autrichien , j'ai éprouvé l'une des plus grandes douleurs que puisse causer l'amour des arts, celle de voir des chefs-d'œuvre mutilés. Ainsi , je ne crois pas trop m'avancer en affirmant qu'il ne reste plus rien de la plupart des Titien, des Paul Véronèse, des Andrea del Sarto, que le Giovanni Bellini n'est plus qu'une ombre, ainsi que les deux têtes de Palma Vecchio, le maître vénitien le mieux représenté dans la galerie.

Il y a de ce maître deux *Vierges avec l'Enfant Jésus* , entourées de saints en adoration , tableaux en demi-figure , comme les Vénitiens aimaient à les faire, et une *Visitation*, immense composition dans un paysage , qui supportent facilement le voisinage d'un Titien magnifique , *la Vierge avec l'Enfant Jésus*, accompagnée des saints Jérôme, Etienne et Georges , composition rendue populaire par la gravure.

Comme le sentiment archéologique me poursuit partout, même devant les chefs-d'œuvre , je ne puis passer sous silence un grand tableau à cinq compartiments signé par Bartolomeo Vivarini da Murano , qui est l'ancêtre de la peinture vénitienne, dont G. Bellini est le père. Ce tableau, qui représente au centre Dieu le père, habillé en pape, et quatre saints debout à ses côtés , indique deux influences bien distinctes : l'influence allemande et gothique par le costume de Dieu le père, la nature des plis cassés de sa chape, enfin un certain naturalisme ; l'influence italienne dans la figure d'un saint Sébastien, qui est élégante et souple, aux lignes onduleuses ; une vraie couleur vénitienne, à l'état de prémisses, si l'on veut, colore le tout. J'ai dit que les Bellini n'étaient plus ; Marco Basaiti, son contemporain, a dû à moins de renommée sans doute de subir moins de restaurations. Son *Jésus-Christ sur les bords du lac de Tibériade* , tableau religieux , traité en petites proportions et sur un fond de paysage d'une grande importance , se fait remarquer par la limpidité de l'air et par cette belle couleur claire et blonde qui est le partage des premiers Vénitiens. Cette scène est entourée d'un encadrement d'architecture en grisaille qui lui sert de repoussoir.

Quittons cette salle des Vénitiens en jetant les yeux sur un chef-d'œuvre, le portrait du pape Paul III, par le Titien, et abordons la salle romaine en allant tout droit à Raphaël. Celui-ci nous semble à peu près intact. Il représente la

Vierge assise dans un pré, tenant de ses deux bras l'Enfant Jésus debout devant elle et se penchant vers saint Jean à genoux : composition d'une suavité charmante, d'une pureté et d'une simplicité de contours telles qu'on la dirait venue du premier coup. Cependant Raphaël, qui nous semble un peintre facile, tant ses compositions sont clairement ordonnées, nous montre par ses dessins que la patience était un des traits de son génie. Ainsi, pour arriver à cette simplicité de composition qu'on admire dans *la Vierge du Belvédère*, il a couvert de croquis à la plume le recto et le verso d'une feuille de papier qui n'est pas un des moins précieux dessins de l'admirable collection de l'archiduc Charles. Cette Vierge, datée de 1506, appartient par la limpidité de la couleur et par sa transparence à la belle époque de la *Belle Jardinière* de Paris, et de la *Sainte Catherine* de Londres. Si j'avais emporté le livre de Passavant sur Raphaël dans mon bagage de voyageur, je pourrais faire de l'érudition plus précise.

Sur trois Pérugin, le plus important a été glacé d'une couleur rousse qui lui sert de voile et qui gâte cette belle composition, une *Vierge glorieuse*, datée de 1483. Un autre petit tableau, *la Vierge portant l'Enfant Jésus*, accompagnée de deux saintes femmes, est, au contraire, d'un éclat de ton et d'une intensité de couleur harmonieuse peu ordinaires chez le maître de Raphaël. Il est presque Vénitien en certaines parties. Un petit *Baptême du Christ* est encore un fort joli tableau de ce maître, qui a tant produit.

Après les deux maîtres ombriens, il n'y a plus rien qu'une immense et magnifique *Madone au rosaire*, du Caravage, et des Carlo Maratta, et des Pierre de Cortone, et des Ciro Ferri, peintres décorateurs d'un grand talent, mais de la décadence. Il y a là aussi des tableaux de Raphaël Mengs, qui tenta la restauration de la peinture sévère au dix-huitième siècle, mais dont les intentions valaient mieux que les actes : c'est du La Hire quand il est excellent ; mais quand il ne l'est pas, c'est du Lepicié voulant être peintre d'histoire.

Passons, passons en fermant les yeux dans la salle florentine. Il y a là cependant une magnifique composition de Fra Bartolomeo, *la Présentation au Temple*, une *Pitié* d'Andrea del Sarto, une *Sainte Famille*, d'une tournure magistrale, de Bronzino, une *Hérodiade* de Luini, mais tout cela est fourbi et passé au grès, et n'étale plus que des plaies. Par contre, un Cardi de Cigoli, une *Pitié*, est intact.

C'est bien la fable du combat des rats et des belettes :

les gros ou les grands sont soignés et anéantis, les petits sont négligés et restent avec la vie sauve.

Passons aussi devant l'école lombarde ; son maître, le Francia, ne nous semble pas y être représenté. Les autres, Guido Reni, l'Albane, le Dominiquin et le Guerchin n'auront rien à nous apprendre. Annibal Carrache seul nous charmera avec un délicieux paysage, coupé en deux par le groupe de *Jésus et la Samaritaine* assis au bord du puits.

Des deux tableaux attribués au Corrège, *Jupiter métamorphosé en nuage et embrassant Io* et *l'aigle de Jupiter enlevant Ganymède*, compositions populaires, surtout la première, je croirais plus volontiers à l'authenticité du second, bien qu'il soit un peu lourd dans les ombres.

Quant à Mantegna, le vrai promoteur de la Renaissance en Italie, je ne reconnaîtrais, comme étant de lui, qu'un *Saint Sébastien lié à la colonne d'un arc de triomphe en ruines*. Ce motif a été, pour ce peintre qui s'entourait dès le quinzième siècle de tous les débris de l'antiquité, l'occasion de peindre des fragments de statue et d'architecture avec ce grand style qu'il trouva le premier. Il suffit de comparer à ces fragments peints en grisaille les quatre camaïeux qui lui sont attribués et qui représentent le triomphe de Jules César, pour reconnaître que cette attribution est fausse.

Je n'ai jamais vu les célèbres intérieurs de Vélasquez que possède l'Espagne ; aussi je n'oserais me prononcer sur l'authenticité d'un *Atelier* qui est attribué à ce peintre. C'est une ébauche très large, très sommaire, avec des noirs profonds et des rouges d'une intensité éblouissante ; en somme, une fort belle chose, ainsi qu'un de ces *Idiots*, contrefaits d'esprit et de corps, que le grand peintre de Séville aimait à représenter. Ses portraits d'infantes sont d'un tout autre caractère, blancs et roses, avec la légèreté et la transparence d'un pastel. L'ordre des salles, que je suis à la hâte, négligeant ce qui ne me semble pas de première importance, nous ramène à l'école vénitienne et à Carpaccio, un des ancêtres de la peinture vénitienne et l'un de ceux dont la couleur est la plus blonde et la plus légère. Son tableau, signé sur un papier : *Victoris Carpatjo Venettis opus* 1496, représente le Christ debout. De ses cinq plaies s'échappent cinq jets de sang qui vont remplir un calice placé à terre. Quatre anges l'entourent, portant les instruments de la Passion, et deux chérubins tiennent suspendue derrière lui une draperie diaprée, en avant d'un fond de paysage. Les têtes sont superbes et font de cette compo-

sition mystique une œuvre hors ligne. Quatre saints debout,
et en deux tableaux, du Bonifazio ; *le Christ mort soutenu
par les anges sur la pierre de son sépulcre*, signé *Antonius
Massanesis* et dénotant une certaine influence du Mantegna, sont encore des œuvres belles ou curieuses, en ce
sens qu'elles montrent quels courants contraires ont ballotté les artistes qui, coloristes de naissance, ont fondé
cette grande école de Venise.

Le plafond de cette salle est du Véronèse et représente
Curtius s'élançant dans le gouffre. Le gouffre, c'est la salle
elle-même où le spectateur est placé, et sur sa tête vont
tomber le cavalier et le cheval lancés au galop sur le trou
qui semble percé dans le plafond. Il n'y a que le Véronèse
pour oser de pareilles choses, ne point être ridicule et
les réussir.

Un autre coloriste, grand dessinateur, quoiqu'il ne soit
point assez châtié, Rubens est la gloire du Belvédère. A
lui seul, il remplit deux salles, et de quelles œuvres !

P.-P. Rubens est trop connu pour que nous nous amusions à vouloir faire miroiter les mots à facettes et ronfler
les épithètes afin d'essayer de peindre sa couleur. Il est ce
que nul n'a été, abondant, ingénieux, grandiose, vivant
surtout, éclatant et toujours harmonieux. Mais avec ses
deux mains seules, eût-il travaillé sans cesse, il n'eût
pu produire tout ce qui lui est attribué. De nombreux et
d'habiles élèves travaillaient sur ses esquisses, et il donnait
sans doute la dernière main, la main du maître, à leur
œuvre. C'est ainsi que sont faites les deux immenses compositions, *Saint Ignace de Loyola guérissant des démoniaques*
et *Saint François-Xavier prêchant aux Indes*, dont les esquisses de petites dimensions existent aussi au Belvédère.

Les quatre fleuves des quatre parties du monde, une
scène du Décameron, étalage de chairs féminines, roses et
nacrées, *la Chasse d'Atalante et Méléagre*, sont encore des
tableaux d'école ; mais il y a davantage de sa main dans
l'Assomption de la Vierge, autre composition immense, où les
anges nus forment de ces cascades de corps tordus et bien
portants qu'il affectionnait. *Saint Ambroise refusant l'entrée
de la cathédrale de Milan à l'empereur Théodose*, composition connue par la gravure, nous semble tout entier de sa
main, à en juger par l'accent de la peinture. Il en est de
même d'un immense triptyque représentant *la Vierge et
quatre Saints*, avec l'archiduc Albert sur un des volets, sa
femme sur l'autre, tous deux placés sous la protection de
leurs patrons.

Mais le morceau capital, un vrai régal de lumière pétrie dans la couleur, de chair blanche, vivante et palpitante, c'est une grande figure de femme nue, à peine cachée dans les plis d'un manteau fourré, que l'on croit être le portrait d'Hélène Forman, la seconde femme du peintre. Pourquoi celui-ci, qui la peignait si appétissante et si belle, ne lui a-t-il pas rendu le bas des jambes et les pieds moins vulgaires ? Ce ne serait peut-être plus Hélène Forman, mais quand ce serait Hélène, qui trouverait à y redire ? Ce serait une si belle chose que l'idéal de la forme joint à l'idéal de la couleur !

De Van Dyck nous admirerons un *Ecce homo* d'une belle couleur fine et nacrée, un *Samson arrêté par les Philistins*, magnifique d'énergie, de mouvement et de couleur, et *Saint Herman*, l'œil humide d'une sainte ivresse, touchant la main de la Vierge.

Sur les neuf têtes attribuées à Rembrandt et peintes dans différentes manières, deux étonnent par la simplicité du travail, et je dirais même par une froideur relative qui n'est point habituelle à un peintre dont la simplicité est le moindre défaut. C'étaient sans doute des portraits de bons bourgeois, bien raisonnables, qui ne voulaient point avoir de rugosités sur la peau. L'homme est spirituel et vivant, il parle et il doit être « parlant. » La femme est grave et digne : une vraie ménagère hollandaise. Mais Rembrandt se retrouve avec toute sa fougue, toute la cuisine de sa couleur dans son propre portrait, fait lorsqu'il était d'un âge déjà avancé. Il est plus simple dans une autre image de lui-même peinte un certain nombre d'années auparavant, et prestigieux dans la tête d'un jeune homme chantant. Toute la figure est dans une demi-teinte lumineuse, tandis que le jour frisant ne frappe que sur la tempe et le nez.

Après ces maîtres de la peinture en Italie, en Espagne, dans les Flandres et en Hollande, il nous faudrait examiner le maître de l'école allemande que trois œuvres capitales, deux compositions et un portrait, représentent au Belvédère. Il faudrait aussi débrouiller un peu toutes ces écoles et tous ces peintres dont les noms se croisent confus comme les branches d'un fourré. La nuit est encore dans notre esprit, et, comme nous retrouverons ces écoles et leurs représentants à Dresde et à Munich, ailleurs peut-être, nous réservons pour plus tard cette étude spéciale ; disons de suite cependant qu'une admirable suite de dessins d'Albrecht Dürer, conservée dans la collection de l'archiduc Albert, avec une suite non moins belle de dessins de Raphaël, per-

met d'étudier et d'apprécier à sa juste valeur le peintre de
Nuremberg.

Quant aux innombrables tableaux du vieux Breughel, des
Franck vieux et jeune, de Roland Savery et autres, qui
amassent dans une même toile toutes les bêtes de la création, ou toutes les mécaniques, tous les ustensiles, toute
l'orfèvrerie imaginable et inimaginable, nous n'avons point
le courage d'en parler, non plus que des Spranger, Rottenhammer, Heinz, ces représentants en Flandre de la
Renaissance étudiée à Fontainebleau. Mais il faut réparer
un oubli involontaire à l'égard de D. Téniers, qui était conservateur du cabinet de l'archiduc Léopold-Guillaume, cabinet qui a formé le fonds de la galerie du Belvédère. Les
tableaux de Téniers y sont nombreux, très beaux et très importants pour la plupart. Nous citerons entre autres une *Vue
du cabinet de l'archiduc*, qui est comme un catalogue peint
de ce qui était, vers 1650, le futur musée du Belvédère.

La galerie du Belvédère occupe un palais édifié dans
l'un des faubourgs de Vienne, sur un point culminant
d'où l'on découvre une vue étendue, ce qui a fait donner
à ce palais le nom qu'il porte. Une suite de gazons en
terrasses, bordés de charmilles, ornés de fontaines et de
bassins dans le genre de Versailles, descend du Belvédère
à un autre palais qui renferme la collection Ambras. Cette
collection est formée d'armes et d'armures du moyen-âge
et de la Renaissance, recueillies en 1595 par un archiduc
dont le nom importe peu ici. Faire une collection à cette
époque, ce devait être plaisir, car la manie n'y était guère,
et la transformation que les armes à feu faisaient subir à
l'équipement militaire rendait facile l'acquisition d'armures désormais inutiles et qui n'étaient point encore
devenues des objets d'art. Aussi la collection de l'archiduc
Ferdinand est-elle d'une richesse excessive, non seulement
par la nature des armures qu'elle possède, mais encore par
le nom des personnages auxquels celles-ci ont appartenu.

Ainsi je noterai les armures de Philippe II, de don Juan
d'Autriche, en acier noir damasquiné; deux armures de
Sigismond; trois armures de Maximilien, dont une à
cheval; une armure d'Alexandre Farnèse (1562), avec reliefs ciselés sur un fond damasquiné, comprenant le harnais du cheval et la selle, en outre de l'armure défensive
du cavalier; celle d'un Radzivil (1616), tout ornée de compartiments de couleur sur un fond gravé comme une reliure de Maioli; celle de Malandische Rustang (1560),
armure équestre de parade, fabriquée en Italie et qui est

une merveille jusque dans ses plus petits détails. Et notez que ces quelques pièces que je cite sont prises parmi une foule d'autres remarquables à divers titres, et plus remarquables même que ces accoutrements de cérémonie, parce qu'elles montrent les modifications et les altérations du costume militaire.

Ainsi, l'une des armures que nous avons le plus étudiée est celle de Fred Siegreiche, mort en 1476. C'est une armure de combat, formée d'un plastron sur lequel monte, en se recouvrant, une série de lames depuis la ceinture jusqu'au sternum, tandis que d'autres lames, disposées en sens contraire, descendent sur les cuisses. Un hausse-col également articulé descend sur ce plastron, auquel un casque rond est bouclé devant et derrière ; les épaulières, également formées de lames, sont protégées au défaut de l'aisselle par des rondelles ; des cuissards et jambards articulés descendent jusqu'au soulier de mailles, que recouvre une poulaine longue de 60 centimètres.

Cette armure n'est point encore garnie sous la gorge d'une saillie en fer qui arrête la lance, l'empêche de prendre le heaume en dessous et de l'enlever. Ce n'est qu'aux armures postérieures que j'ai trouvé cette addition, destinée à conduire la pointe de la lance de l'adversaire par-dessus l'une ou l'autre épaule. Alors les pièces mobiles disparaissent du corps de la cuirasse, qui est pleine depuis le cou jusqu'à la ceinture. Comme aux armures d'une fabrication antérieure, des pièces de fer terminées en pointe à leur partie inférieure sont bouclées aux dernières lames de la cuirasse et descendent sur les cuisses pour protéger les aines.

Les armures de Sigismond (+ 1496), qui ne présentent aucune défense au défaut des cuisses, devaient être munies de jupons de mailles qui laissaient plus d'aisance au mouvement des jambes que les pièces articulées. Parfois un jupon d'acier inflexible enveloppait complétement le ventre et les cuisses, comme le montrent plusieurs exemples de la collection. L'une de ces armures est garnie à sa partie antérieure d'une pièce de rapport que l'on enlève pour la transformer d'armure de pied en armure de cheval. Mais il est douteux que cette invention bizarre ait eu grand succès.

Une armure de tournoi de Maximilien est fort intéressante, en ce qu'étant destinée à un but spécial, elle a été établie pour satisfaire aux conditions fort simples qui lui étaient imposées.

Dans le tournoi, les deux adversaires armés de lances garnies de trois pointes à leur extrémité (un roquet) se lan-

caient l'un sur l'autre en prenant leur droite. Ils cherchaient
à se frapper en pleine poitrine, et le plus fort ou le plus habile
désarçonnait son adversaire ou rompait sa lance. C'était
donc le côté gauche, exposé aux coups de l'adversaire,
qu'il fallait surtout protéger.

Aussi le bras gauche, dont l'action est fort simple, puisque l'on poussait son cheval devant soi, est garni d'un brassard inarticulé et tout d'une pièce; puis une grande rondelle
protège le défaut de l'épaule. Le brassard du bras droit, qui
porte la lance, est muni d'articulations, et la lance est portée
par une grande pièce d'acier (faucke) qui, vissée sur la
cuirasse au-dessous du bras droit, est munie de deux crochets : l'un antérieur et la concavité tournée en dessus, pour
recevoir la lance; l'autre postérieur et ayant la concavité
tournée en dessous, pour maintenir son extrémité et l'empêcher de basculer en avant. Le casque plein, percé à la
hauteur des yeux d'une seule fente, que les roquets ne
pouvaient traverser, était vissé devant et derrière. Enfin
des pièces solides protègent la jambe gauche.

Une autre armure de tournoi, attribuée à François Ier,
roi de France, ne montre qu'une plaque de fer pour protéger la jambe, et un grand bouclier rond vissé du côté
qui devait recevoir le coup. Dans d'autres armures, ce
bouclier est en bois, afin d'éviter la lance et de l'empêcher
de glisser contre les membres ou la tête. Ainsi, deux masses de fer fort peu élégantes, disposées pour aller droit devant elles, tels étaient les chevaliers au tournoi au quinzième et au seizième siècle. Ce spectacle devait être alors
peu attrayant, et il n'est point étonnant qu'il ait bientôt
cessé d'être en vogue.

Cette armure de François Ier, bien qu'elle indique la même
fabrication que celle du Louvre et porte la même fleur de
lis disposée de la même façon, étant beaucoup plus petite
que celle que nous possédons en France, laquelle est énorme,
me semble d'une authenticité douteuse, car il est impossible
que le même homme ait pu revêtir les deux.

Nous ne citons qu'une faible partie des armures et des
armes de toute espèce que possède la collection Ambras,
une des plus riches qui soient, sinon la plus riche. Quelques objets du moyen-âge et de la Renaissance, des ivoires,
des cabinets d'ébène incrusté d'ivoire, des instruments de
musique, des selles, des bas-reliefs en pierres lithographi-
ques la complètent, sans avoir une importance égale à celle
de la panoplie.

Nous y avons remarqué, en outre, un arbre généalogique

de la famille du possesseur, non pas une suite de ronds disposés sur la représentation d'un arbre et de ses branches et portant les noms d'une famille, mais une toile immense portant les portraits au lieu de noms, portraits à la gouache d'une fort belle exécution et du seizième siècle.

Quelques antiques fort remarquables occupent la salle centrale du Belvédère inférieur. C'est d'abord un sarcophage grec, l'un des plus beaux que nous ayons jamais vus, représentant à l'ordinaire le combat des Athéniens et des Amazones; une statue en bronze antique d'une conservation magnifique, un peu dure dans ses détails, mais d'un grand caractère dans son ensemble, assez semblable au Mercure du Musée du Louvre, qualifié de *Germanicus*. Une inscription latine, que je crois moderne, a été assez malencontreusement gravée sur sa cuisse. Ces deux pièces d'un art à son apogée ont été trouvées dans la Carinthie. Une Isis en marbre blanc, drapée de marbre noir, dont la tête est d'un fort beau caractère; une Euterpe admirablement drapée, et un fragment de sphynx à quatre têtes, d'un caractère tout étrange, forment, avec un petit bas-relief représentant un daim mangeant des pampres sur un autel de Bacchus, ce qui nous a semblé le plus remarquable dans cette collection formée en majorité de marbres romains et impériaux.

Le cabinet des antiques, placé dans le palais impérial (Hofburg), est plus riche à tous égards; sa collection de camées antiques est nombreuse, de toute beauté et possède la pierre, aussi célèbre par ses dimensions que par la qualité de la matière et du travail, qui est connue sous le nom d'*Apothéose d'Auguste*. Une autre rareté, mais qui n'a d'importance que par ses dimensions, est un cratère en onyx qui ne mesure pas moins de 75 centimètres de diamètre avec ses anses. Des moyens bronzes et des vases peints complètent, avec quelques bijoux en or, la partie antique du cabinet. Les époques barbares ont fourni un contingent nombreux, qui intéresserait fort l'abbé Cochet, maintenant que les Celtes et les Mérovingiens, qui ne sont pas exclusivement Neustriens, ont le pouvoir d'attirer ses regards.

Presque toutes les pièces que possède le cabinet sont de l'époque que chez nous on appellerait celtique et qui appartient à l'âge de Bronze. D'immenses fibules avec pendeloques, des poignards emmanchés d'os strié et même d'or, des hachettes, des bassins ornés de canards et de cercles radiés, des ceintures ornées de chevaux, le tout obtenu au marteau; des bracelets entourant encore les os qu'ils ont vert-de-grisés pendant leur long séjour en terre, sont les objets que nous avons surtout remarqués avec une quantité très considérable de grands vases de cuivre cylindro-coniques à ouverture étranglée, et quelques fragments de poteries grossières. Ceux-ci, à pâte charbonneuse, rouge ou noire, ornés de zigzags et de losanges en relief ou tracés en creux, offrent les mêmes caractères que les poteries déterrées près de Rouen, au château de Robert-le-Diable. Ces antiquités proviennent des environs de Lintz.

L'époque correspondante à nos Mérovingiens n'est représenté que par une fibule d'or décorée de grenats que je crois naturels, enchâssés dans l'or; mais l'on vient de trouver en Hongrie une série d'objets, fibules, colliers, ceintures, etc., qui reproduisent exactement les formes et les décorations des objets similaires trouvés à Envermeu par l'abbé Cochet. Du reste, j'en rapporte à notre infatigable explorateur les gravures qui accompagnent un mémoire que M. Arnett, le conservateur en chef du cabinet des antiques, m'a remis pour lui.

Dans le sol de la Chersonèse, on avait exhumé, avec les tombeaux des anciennes peuplades, des vestiges qui, d'abord déposés au musée de Kerch, ont été apportés au Louvre pendant la guerre de Crimée. Ces vestiges offrent tous les caractères de nos antiquités franques. C'étaient peut-être les ornements que Médée avait offerts à Jason à l'époque où Orphée, comme les apôtres des Gaules, allait civiliser les habitants de ces contrées. Ainsi, des bords de la mer Noire jusqu'à ceux de la Seine, en remontant le Danube, des migrations d'un peuple, partout identique à lui-même, ont couvert jadis l'Europe d'une même civilisation ou d'une même barbarie. Les investigations de l'archéologue sont en cela d'accord avec les récits de l'histoire; mais parfois ceux-ci se trouvent en face d'énigmes que peut-être on résoudra un jour, mais qui défient encore la science moderne.

Ainsi, une des armoires les plus intéressantes du cabinet des antiques montre une série de vases d'or trouvés en Hongrie, qui, par leurs formes d'un galbe fort élégant et par leur décoration, me semblent appartenir à l'art persan.

La Renaissance a fourni au cabinet des antiques une de ses œuvres les plus célèbres : la salière faite pour François Iᵉʳ par Benvenuto Cellini. Elle aurait été donnée par Charles IX à un prince d'Autriche, qui a eu le bon esprit de la conserver, tandis que chez nous, puisqu'on la donnait, on l'aurait peut-être fondue. Or, il vaut mieux aller la voir à Vienne que d'être certain de ne pas la voir du tout.

Que de prétendues œuvres de Benvenuto Cellini j'ai déjà vues qui ne supportent pas la critique! Mais celle-ci, outre qu'elle est décrite par son auteur, porte tellement en soi les caractères de l'école de Fontainebleau, ses formes allongées, son maniérisme, sa recherche florentine, que la première impression — c'est souvent la meilleure — fut d'y reconnaître une œuvre italico-française. L'examen plus approfondi n'a fait que confirmer ce que la vue d'ensemble m'avait fait affirmer.

Au-dessus d'un socle ovale en ébène, creusé d'une gorge profonde, sur un rocher d'or émaillé de vert, que recouvre une draperie fleurdelisée, sur des flots d'or émaillés de bleu et de blanc, sont assis face à face et penchés en arrière une femme nue, la Terre, et Neptune, qui guide ses chevaux marins, dont les têtes émergent des flots.

A la droite de Neptune vogue une nacelle, à la poupe et à la proue élevées, toute chargée de trophées ciselés et émaillés sur sa carène. Dans ses flancs bien étroits était déposé le sel. A la droite de la Terre, un petit arc de triomphe, décoré de colonnes et percé de trois ouvertures, porte, couché sur son attique, un petit Génie accosté de deux écus timbrés, l'un de la salamandre couronnée, l'autre des trois fleurs de lis sous la couronne royale. L'attique de cet arc de triomphe est mobile et recouvre une petite cavité destinée à renfermer le poivre. Ainsi, dans cette œuvre mal conçue, si elle est exécutée avec talent, le principal, c'est-à-dire les vases destinés à contenir les épices, sont devenus des accessoires insignifiants que dominent les deux figures, mal assises et trop renversées en arrière.

Dans la gorge du socle sont enchâssés les quatre Vents, ceux qui agitent les flots et qui influent sur les productions de la terre. Entre leurs grosses têtes aux joues gonflées, sont couchés le Réveil et le Sommeil, le Jour et la Nuit, imitations libres et fort habiles des célèbres figures de Michel-Ange. Divers attributs des arts, de la navigation, de l'agriculture et de la guerre, en or émaillé, séparent toutes ces figures également en or.

Telle est cette œuvre célèbre. Elle montre un ouvrier plus habile qu'il n'est artiste vraiment original; incapable de subordonner les accessoires au but réellement utile de la pièce qu'il avait à fabriquer, Benvenuto Cellini a produit un assemblage de figures dont on ignore le but et dont on ne saurait s'expliquer la corrélation.

Le trésor impérial est dans les mêmes bâtiments que le cabinet des antiques, auquel on devrait bien le réunir, sauf à en distraire les joyaux modernes, qui n'ont aucun intérêt d'art. Ce trésor, fermé en hiver, car il n'existe point de moyen de chauffage pour les galeries qui le contiennent, mais qu'une faveur spéciale m'a permis de parcourir, renferme, outre une certaine quantité d'ouvrages en ivoire du dix-septième siècle, d'un goût fort douteux, nombre de coupes, de vases, d'aiguières, de bassins en cristal de roche gravé, en lapis lazzuli, en agathe, en jaspe, montés en or émaillé. Ces travaux d'orfévrerie accessoires appartiennent plutôt à la Renaissance allemande, qui avait ses ateliers principaux à Augsbourg et à Nuremberg, qu'à la Renaissance italienne. Ils sont surtout remarquables par l'habileté de l'ouvrier et par la multiplicité des détails, plutôt que par l'élégance de la forme et la sobriété, qui est toujours un caractère de vraie puissance.

Mais ce qui m'attirait surtout au trésor impérial, c'étaient les ornements du sacre des empereurs d'Allemagne, ornements qui remontaient jusqu'au temps de Charlemagne, a-t-on prétendu longtemps.

Il est possible que la couronne formée de grandes plaques d'émaux grecs cloisonnés, ornés de pierres cabochons, soit contemporaine du grand empereur, mais la crête est du premier tiers du onzième siècle, comme l'indique l'inscription : *Conradus, Dei gratiâ rex*, formée de perles qui en constituent le principal ornement.

Le globe est uni et surmonté d'une croix filigranée. Le sceptre est du quatorzième siècle et orné de feuilles de chêne qui indiquent parfaitement cette époque. L'aspersoir ne présente aucun caractère tranché. Le reliquaire de la vraie croix est magnifiquement orné d'une infinité de pierres cabochons (pierres simplement polies), montées dans des sertissures portées par de petites arcades, ainsi que sont presque toutes les pièces d'orfévrerie de l'époque carolingienne.

L'évangéliaire, qui est bien du neuvième siècle, porte une reliure du quinzième en argent ciselé.

Des trois épées, l'une a son fourreau garni d'argent, orné de figures en relief de rois en costume byzantin : on l'appelle « l'épée de Saint-Maurice ; » la seconde est ornée sur sa poignée et sur son fourreau en velours rouge, avec des mosaïques en émail grec ; la troisième, qui est légèrement recourbée, serait un présent d'Haroun-al-Raschid ; mais les deux premières sont certainement carolingiennes.

Les gants sont brodés avec de l'or et des perles, et garnis d'appliques en émaux cloisonnés d'or.

Les souliers sont de même travail que les gants.

Les chaussettes sont en soie brodée d'or.

La tunique, en soie pourpre foncée, est garnie d'une grande bordure arabe et appartient au douzième siècle.

L'aube, en soie blanche, est garnie d'un pectoral et d'une bordure brodée d'or et de perles, représentant des griffons. Une inscription arabe et latine indique qu'elle a été exécutée à Palerme, en 1175, par les ordres du roi Guillaume, de la dynastie normande.

L'étole est de même travail, ainsi que deux ceintures en soie brodée.

La chape, en soie rouge, a été fabriquée à Palerme, comme l'aube.

Ainsi, les peintres et les sculpteurs qui croient faire de l'archéologie scrupuleuse en représentant Charlemagne revêtu des costumes impériaux de Vienne se trompent étrangement.

M. l'abbé Boch, archéologue de Cologne, avait été autorisé à publier les pièces de ce trésor ; mais comme il ne dessine point, il avait choisi pour collaborateurs des artistes viennois ; puis, quand les dessins furent faits, quand les chromo-lithographies furent en train, on s'aperçut que ce serait la Prusse qui aurait tous les honneurs de cette publication splendide faite en Autriche. On désintéressa l'abbé Boch, et c'est à Vienne, à l'imprimerie impériale, que se publiera cet ouvrage, dont plusieurs planches sont terminées. Je rapporte ce fait pour indiquer l'état de jalousie où sont les deux pays l'un vis-à-vis de l'autre.

La bibliothèque est dans la même suite de bâtiments dont nous venons de visiter quelques parties. Une salle immense et splendide, bâtie au dix-septième siècle, occupe tout un côté de la Josephs-Platz, où elle est décorée sur son attique de deux figures d'Hercule portant d'immenses globes dorés, composition d'un grotesque inouï.

En outre des collections publiques, quelques familles nobles possèdent de vraies galeries de tableaux d'un accès très facile. La collection Esterhazy est surtout remarquable par un *Ecce Homo* de Rembrandt, de grandeur naturelle. Quelle belle toile cela serait si le peintre n'eût chargé le Christ, en outre de toutes les iniquités humaines, de toutes les laideurs physiques ! Sans désirer que l'on fasse du Christ un bellâtre, on peut souhaiter qu'on ne le transforme point en chiffonnier, et toutes les théories du monde n'excuseront point Rembrandt de l'ignominie de ses figures de Christ.

On aura beau dire que c'est de la peinture protestante ; pourquoi alors tous les protestants qui ont manié la brosse ou le ciseau n'ont-ils point adopté la même esthétique ? La peinture de Rembrandt est la peinture du tempérament de Rembrandt, et il ne faut pas , à mon avis , demander à ses compositions historiques autre chose que ce en quoi il est sans rival : une certaine grandeur qui naît de la distribution des groupes et surtout de la lumière. Parfois , lorsqu'il n'est plus aux prises avec les abstractions de la personnalité divine, s'il se trouve en face d'une individualité élégante, s'il veut surveiller son dessin et sa couleur, il arrive à produire un chef-d'œuvre de grâce distinguée, comme le magnifique portrait d'*Homme à plume blanche* de la galerie Lichtenstein. Mais à côté de ce chef-d'œuvre, qui m'a captivé longtemps, et devant lequel je revenais toujours, il y a une Diane et un Endymion, revêtus tous deux de costumes impossibles et d'une laideur plus impossible encore. Tout le tableau est dans l'effet de lumière argentée au milieu de laquelle apparaît Phœbé la laide, tandis que son chien vient flairer sournoisement le vacher Endymion, qui s'éveille.

Cette collection Lichtenstein est aussi nombreuse qu'un musée et presqu'aussi riche ; elle renferme une Vierge de Raphaël, *la Vierge à la poire*, qui est d'un travail un peu dur, où l'on croit deviner le passage de Jules Romain. Un portrait d'homme brun sur un fond de paysage est encore attribué au peintre d'Urbin, et n'est point sans analogie avec certaines têtes de Francia, qui fut son ami, et peut-être son conseil , avant qu'il visitât Florence.

Une *Tête de saint Jean-Baptiste sur un plat* , attribuée à Andrea del Sarto , est une chose expressive et énergique au suprême degré ; enfin, le Guide, si froid d'habitude et si effacé, est représenté par une composition fort belle , *l'Adoration des Bergers*, éclairée par la lumière qui s'irradie du corps du divin Enfant.

Là, comme au Belvédère, Rubens règne en maître. Ses toiles immenses, sorties de son école et représentant l'histoire du consul Decius Mucius, sont étonnantes par le mouvement, et l'une, surtout, par l'harmonie d'une panoplie compliquée , qui forme une auréole de casques , de boucliers , de lances et d'épées , derrière le consul mort et couché sur un lit de parade.

Le portrait splendide de ses deux fils , une esquisse du *Mariage de l'Amour et de Psyché* , prétexte à cascade de

femmes nues étalant tous les trésors de leur opulente beauté ;
une *Assomption de la Vierge*, un *Hercule enfant*, entouré
de trois gaillardes nues qui viendraient facilement à bout
des serpents si le jeune demi-dieu n'en avait pas raison
lui-même, complètent l'apport d'un peintre que sa fécon-
dité n'épuise jamais.

Van Dyck le seconde à merveille avec un magnifique
portrait d'un homme à la tête énergique et fine, audacieuse
en même temps, la main portant sur la garde de son épée,
que l'on croit être celui de Wallenstein à l'âge de trente-
deux ans, en 1624. Un portrait de femme fine et souriante,
un éventail de plumes à la main, qui est, dit-on, d'une
princesse de la famille de Tour et Taxis, peut aussi compter parmi les meilleurs de ce peintre de toutes les élégances
du dix-septième siècle.

Quels portraitistes que les hommes de cette époque ! et
comme ils savaient exprimer le caractère énergique ou
ferme, futile ou réfléchi, des gens qui posaient devant eux !
Ainsi, c'est la fermeté que montre le portrait en pied d'un
de ces gueux de la mer, peut-être, qui sauvèrent l'indépendance des Provinces-Unies : il est campé debout, grand
comme nature, un poing sur la hanche, l'autre main appuyée sur son épée au fourreau, fichée devant lui ; sa
tête, durement modelée mais vivante, sort d'une énorme
fraise, et son corps est revêtu d'un costume noir lampassé
qui se détache sur une draperie aux tons vineux. C'est à
Van der Hels que l'on attribue ce remarquable portrait.

La collection du prince Lichtenstein, où l'école française ne brille guère, occupe un palais grandiose, élevé au
siècle dernier au milieu d'un jardin immense, dans l'un
des faubourgs de Vienne. Un vestibule le traverse de part
en part à son centre, et quel vestibule ! Quatre travées
en tous les sens, décorées de peintures et de stucs sur
leurs voûtes, donnant accès à un escalier qui est digne de
cet immense péristyle ; celui-ci monte au premier étage
vers une salle correspondant à une partie du vestibule, et
sa voûte, qui s'élève jusqu'aux combles, où elle est perdue
à des hauteurs inouïes, est décorée des douze Travaux
d'Hercule se déroulant au milieu de perspectives impossibles.
On est écrasé par tant de grandeur. Eh bien ! ce n'est ni
dans ce palais, ni dans ce parc, où l'on a tant d'étendue
et de lumière, qu'habite le prince. Il vient de dépenser
5 millions dans un dédale de constructions élevées dans
une rue étroite de la vieille ville ; mais cette rue, cette
ruelle, c'est le quartier aristocratique !

J'allais oublier, parmi toutes les curiosités de Vienne, le *stock im eisen*. Un matin, je l'ai vu entouré de paysans, et lorsque je suis repassé, après avoir lu les journaux de France en déjeunant, ils y étaient encore. Ils en comptaient les clous, je suppose. Cette curiosité est un tronc d'arbre placé, comme s'il sortait du sol, dans une niche creusée à la façade d'une maison. Tous les forgerons, en faisant leur tour d'Allemagne, y fichaient un clou lorsqu'ils passaient par Vienne; aussi sa surface n'est plus qu'une suite non interrompue de têtes de clous, et pour cela l'appelle-t-on « l'arbre en fer. »

Vous croyez peut-être qu'étant à Vienne, j'y puise à leur source les nouvelles qui intéressent tant l'Autriche, celles des événements de Hongrie et du programme de M. de Schmerling? Détrompez-vous. Tout ce que j'en sais, ce sont les *Débats*, l'*Indépendance Belge* ou la *Presse* qui me l'apprennent. Ce sont eux aussi qui m'ont apporté l'écho des applaudissements qui ont salué l'*Oncle Million*, de notre compatriote L. Bouilhet.

Tous les Viennois que je consultais sur les événements de la Hongrie prenaient une expression douloureuse et évitaient de me répondre. J'avais affaire à des gens qui assistaient avec peine à la crise où l'Autriche se débat et qui craignent la décomposition d'un empire qui, isolé de toutes parts, est impuissant à tenir réunis les éléments hétérogènes qui le composent. Les 600,000 hommes qu'il peut mettre en ligne ne font rien contre ce mal intérieur qui s'appelle la Hongrie, la Bohême et la Vénétie.

Ce qu'on nous envie le plus, c'est notre unité française, afin peut-être de la briser un jour. — Votre révolution, me disait-on, vous a du moins servi à quelque chose, à former une grande nation homogène; mais nous, nous n'avons rien osé, et, après nos révolutions, nous sommes restés Allemands, Hongrois, Bohêmes, Italiens, Slaves, comme nous étions auparavant. Au lieu de porter une seule et belle couronne, notre souverain en porte trois. Si une province se soulève, on l'écrase avec les autres provinces ou on la livre aux bandes sauvages de la Croatie, et le jour où l'unification se fera va sans cesse en s'éloignant. Pendant ce temps, la Prusse marche en tête du germanisme à la faveur des idées libérales, et nous restons isolés. — Mais la Bavière? — La Bavière nous envie le Tyrol, qui lui ferait une frontière naturelle sur les Alpes, et elle tergiversera jusqu'à ce qu'elle voie l'occasion de le prendre.

— La Prusse, me disait un autre, est notre Piémont allemand, et vous auriez grand tort de lui faire la guerre, croyant qu'elle est notre alliée ; c'est au contraire notre plus mortelle ennemie. Prague et la Bohème feraient si bien son affaire !

Cette question de la guerre préoccupe tout le monde, et je ne cause pas avec un Allemand qui parle français sans que celui-ci me demande : « Votre empereur nous fera-t-il la guerre au printemps ? — Pourquoi nous fera-t-il la guerre ? » A l'une et à l'autre question je déclare et mon ignorance et ma ferme intention de ne point guerroyer pour mon propre compte, et nous tombons d'accord. Il est vrai qu'à cette époque peu agréable pour voyager je ne rencontre dans les chemins de fer que des hommes que leur négoce force de se mettre en route.

Ce qui les mécontente aussi en Autriche autant que la maladie politique du pays, qu'ils croient mal conduit et suivant des traditions surannées, c'est la maladie financière.

Depuis que je suis à Vienne, je n'ai vu d'or que celui que je paie, et d'argent que celui qu'on m'a montré pour m'expliquer certaine opération de change illicite qui s'exécute entre la Bavière et l'Autriche. Partout on paie en papier : l'omnibus, le fiacre, la tasse de café, le verre de bière... C'est même une chose assez comique que de voir chacun aveindre son portefeuille et régler sérieusement en billets les dépenses les plus minimes. La coupure du billet descend jusqu'à 10 kreutzers, soit 28 c. au cours moyen de 7 florins 10 kreutzers argent pour un napoléon. Mais aujourd'hui le napoléon vaut 11 florins et plus, lorsque ceux-ci sont en papier, et ce sont les seuls que l'on voie. Ce qui fait que pour nous, venus avec de l'or français, les 10 kreutzers ne représentent que 1 fr. 80 c. au plus. Mais les commerçants autrichiens qui importent des marchandises étrangères perdent tout d'abord 40 p. 100 sur leur monnaie de papier, afin de l'échanger contre les valeurs qui ont cours dans les pays où ils achètent. De plus, ils sont forcés de payer en argent les droits de douane !

M. de Schmerling pourra-t-il éviter la banqueroute et conduire ce malheureux et grand empire à de meilleures destinées ? Je le laisse aux prises avec ces difficultés et en présence des Viennois, qui n'espèrent point grand résultat de son entrée aux affaires. Je pars pour Prague, et j'emporte un profond souvenir de toutes les prévenances dont j'ai été l'objet dans la capitale de l'Autriche.

PRAGUE.

20 décembre.

Voilà bien la ville la plus pittoresque que j'aie visitée ; quelque chose comme Rouen, avec plus de fantaisie encore dans le dessin capricieux des rues. Pour entrer dans la vieille ville, qu'entourent des quartiers neufs tracés au cordeau, on passe sous une haute porte ogivale, surmontée d'une tour tout ornée de statues, d'armoiries et d'arcatures. Quatre tourillons en encorbellement sont suspendus aux angles et portent des toits aigus qui accompagnent le comble élevé de la tour principale. Le grand courant de la circulation suit la rue où s'ouvre cette porte ; je suis le courant, pensant bien qu'il me mènera quelque part. Il me conduit d'abord sur la place de l'Hôtel-de-Ville, où deux flèches aiguës en ardoises, flanquées, comme la porte de la ville, de tourillons à toits plus aigus encore, m'indiquent une église tout entourée de maisons. Cette église, du quinzième siècle, est à trois nefs d'égale hauteur et tout encombrée de statues, de pierres tumulaires et d'autels rococo contre ses piliers, où les petits tableaux recouvrent les grands, où le clinquant recouvre le tout. La seule chose nouvelle que j'aie à signaler, c'est un font baptismal en étain du quinzième siècle, de forme évasée, porté sur trois pieds et décoré sur son pourtour des statues des apôtres sous des arcatures gothiques. Les fonts de cette nature sont assez communs en Bohême, m'a-t-on assuré.

En face est l'Hôtel-de-Ville, en partie du quinzième siècle, défendu par une grosse tour qu'une chapelle avec chevet en encorbellement occupe au premier étage, et qu'une horloge mécanique décore sur son flanc : ensemble accidenté, imprévu et, en somme, fort joli. Aux environs est une fontaine entourée d'une de ces hautes grilles en fer forgé, du seizième ou du dix-septième siècle, que les Allemands sont si habiles à exécuter et qui se terminent en de capricieux enroulements à l'extrémité desquels se projette une fleur.

Je suis toujours le courant à travers le zigzag des rues tortueuses, bordées de sombres boutiques voûtées ou de grands édifices bien noirs, et je me trouve devant le pont de la Moldau. Vous décrire l'effet saisissant et pittoresque de la perspective qui s'offre alors me semble chose impossible. D'abord, une tour carrée, percée d'une arcade ogivale et couverte d'un de ces toits qui n'en finissent plus et qui sont ornés sur leurs arêtiers de ces tourillons aigus que j'ai déjà signalés, défend l'accès du pont. A côté s'élève la statue de Charles IV, fondateur, il y a cinq cents ans, de l'Université de Prague, statue qui surmonte une base gothique, ornée de figures dans le sentiment du quatorzième siècle. Me voilà donc délivré pour un temps des monuments grecs et romains, et en présence d'une œuvre moderne, qui, voulant honorer un souverain de l'époque gothique, a été conçue dans le style qui régnait alors.

La tour et le monument aux profils heurtés sont au premier plan. Au-delà se prolonge le pont de la Moldau tout chargé sur ses piles de groupes de statues de toutes les grandeurs, très tourmentés, d'un art détestable même : mais à distance on ne voit que leurs profils mouvementés, formant une longue perspective.

Au-delà, sur l'autre rive, s'élève encore le toit aigu d'une seconde porte qui ferme le pont ; puis, au milieu des maisons, le dôme d'une église du dix-septième siècle rompt, avec ses formes arrondies et calmes, cet ensemble de lignes un peu hérissées ou ronflantes ; enfin, sur l'extrême arrière-plan, les combles élevés et les contre-forts de la cathédrale, qui domine les grandes lignes du palais bâti sur une éminence. A cet ensemble d'architecture et de sculpture animées joignez une autre animation, celle des gens qui traversent le pont, et si cette foule qui semble dominée par les sentiments d'une autre époque, le sentiment féodal du moyen-âge et la foi religieuse du dix-septième siècle, ne vous transporte pas de plusieurs siècles en arrière, ne vous éloigne pas dans le temps, autant que vous l'êtes sur la carte d'Europe, des lieux et de la société au milieu de laquelle vous vivez, vous ferez aussi bien de rester chez vous les pieds sur vos chenets à voir flamber vos tisons, ou dans votre potager à voir pousser vos choux.

Prenant ma droite, comme tout le monde, j'ai traversé ce pont, m'amusant à rire de toutes ces sculptures grotesques au point de vue de la plastique. Là, c'est je ne sais

quel saint qui implore la Vierge pour les âmes corporelles
du purgatoire, qui gémissent dans les affreuses cavernes
creusées sous ses genoux. Ailleurs, c'est saint François-
Xavier prêchant sur une éminence, qu'entoure une foule
d'Indiens de fantaisie, costumés en Turcs du dix-septième
siècle, avec de grandes moustaches et la fameuse mèche de
cheveux réservée au sommet de la tête rasée. En face, c'est
saint Ignace de Loyola dominant un groupe aussi extravagant. Il ne m'était point nécessaire de voir l'image du fondateur des jésuites pour reconnaître l'influence de l'ordre
célèbre ; tout cet art faux me la disait assez.

A côté est la statue de saint Jean Népomuk tenant un
crucifix. Saint Jean Népomuk est un grand saint. On le
jeta pieds et poings liés du haut du pont dans la Moldau ; il
se noya et l'on retrouva son corps. Mais son corps fit des
miracles, et on l'a canonisé au dix-huitième siècle. Une
croix de bronze, polie par les baisers des pèlerins, est incrustée dans la pierre du parapet d'où Wenceslas IV fit, au
quatorzième siècle, précipiter ce saint homme, qui n'avait
point voulu révéler le secret de la confession de la reine. Le
corps du saint de Prague est conservé au milieu du pourtour du chœur de la cathédrale, dans un sarcophage d'argent entouré de statues, d'ornements et de lampes du même
métal, qui, abrités sous un grand dais de velours descendant de la voûte, forment un ensemble magnifique et d'un
goût plus pur qu'on n'aurait pu le supposer d'après sa date.
Il fut construit en 1736 par Wurth, de Vienne. Cette cathédrale de Prague, bâtie sur le point le plus culminant de la
ville, en arrière des bâtiments assez confus du palais des
rois de Bohême, appartient au quinzième siècle. Elle a été
élevée d'après le système français d'une nef plus élevée que
ses bas côtés, avec chapelles rayonnantes autour de l'abside, et par deux architectes français. Mathieu d'Arras la
commença en 1343 et Pierre de Boulogne y travaillait encore en 1386. Elle possède une galerie à jour au-dessus des
arcades de la nef et des fenêtres par dessus ; puis, la voûte
est armée de contre-forts extérieurs.

Tout ceci n'est qu'habituel en France, mais en Allemagne cela ne l'est pas ; car, ainsi que je l'ai déjà indiqué
pour Saint-Etienne de Vienne, les trois nefs y sont ordinairement d'égale hauteur. Mais ce qui n'est ordinaire ni en
France, ni en Allemagne, c'est que l'architecte de la cathédrale de Prague ait adopté une commune mesure pour toutes
les parties de son édifice, en élévation comme en plan.
Jusqu'ici, au contraire de ce qui se remarque dans les

temples antiques, où le module donnait à peu près toutes les dimensions du monument et de ses parties, les édifices gothiques étaient considérés comme étant l'œuvre de la pensée libre et indépendante de l'artiste. Il n'était astreint, en outre du bon sens, qu'à une seule loi, qu'on a appelée « la proportion humaine; » il multipliait les détails et ne les agrandissait pas quand sa construction grandissait, de telle sorte que le chapiteau d'une humble chapelle, par exemple, n'est pas plus haut que celui de l'un des piliers de la cathédrale de Reims ou de Beauvais.

L'architecte de Saint-Vit de Prague s'est également astreint à cette loi, mais il a mis dans une exacte proportion entre elles toutes les parties de son église.

M. A. Essenwein, en relevant les plans de cette cathédrale pour étudier une restauration dont elle a grand besoin, fut étonné de voir les mêmes nombres ou leurs multiples revenir à chaque instant. Il trouva que l'entraxe de deux piliers, divisé en quarante parties, lui donnait l'unité cherchée, le module pour ainsi dire; ses plans, qu'il m'a montrés, le prouvent avec certitude.

Déjà un réfugié hongrois, le docteur E. Henszelmann, avait prétendu trouver un module générateur de toutes les églises ogivales de toutes les époques; mais sa théorie n'a guère eu plus de créance en France qu'en Allemagne; aucun architecte n'a pu la justifier la mesure en main, et M. Essenwein, malgré l'esprit généralisateur des Allemands, croit que la cathédrale de Prague est un fait isolé dans l'histoire de l'architecture gothique, et ce fait se produit lorsque celle-ci va expirer.

Le résultat, et c'est là le principal, a justifié les architectes de Prague, car leur église est élégante et d'un ensemble harmonieux. Malheureusement, ils ne l'ont point achevée; à peine si une travée de la nef existe. Un mur de briques la clôt parmi un enchevêtrement de tours, de piliers, de contre-forts, d'additions et de reprises en sous-œuvre et de réparations; car cette église a fort souffert des boulets du grand Frédéric, et extérieur n'est qu'un amas confus de son constructions hétérogènes.

Une grande mosaïque italienne, représentant le Jugement dernier, a été incrustée dans son flanc sud, en 1371, par les ordres de Charles IV. A côté se dresse une statue équestre de saint Georges tuant le dragon, que je crois également de travail italien et du temps de Charles IV. Ce roi, ami des beaux-arts, avait fait venir à Prague tout une colonie d'Italiens qui ont fait dans la chapelle Saint-Wenceslas, à la cathédrale, la décoration la plus singulière que j'aie encore vue. Ce sont des peintures grandes comme nature, représentant plusieurs scènes de la vie du Christ, se détachant sur une espèce de mosaïque formée de grandes plaques irrégulières, des marbres les plus précieux et des jaspes les plus éclatants. Les joints assez larges de toutes ces pierres sont décorés de pâtes gauffrées de reliefs représentant des aigles, des fleurs de lis et les autres motifs ordinaires au quatorzième siècle. Cela est riche, mais n'est guère beau : le fond, plus éclatant que la peinture, la domine et l'annihile.

Sur l'autel de cette chapelle on garde le casque de saint Wenceslas et sa cotte de mailles. Ce casque est conique et garni d'un large nasal décoré en lames d'argent, suivant un dessin fort barbare qui doit représenter le Christ en croix ; aussi n'y a-t-il rien qui empêche de croire à la contemporainété du saint roi de Bohême et du casque qui lui est attribué. C'est dans une armoire de cette chapelle que sont enfermés, sous sept serrures et sept clefs différentes, les insignes de la royauté de Bohême ; aussi n'ai-je pu les voir. J'ai dû me contenter de mon casque, d'un candélabre ou pied de cierge pascal de la Renaissance, en forme de temple circulaire d'un joli dessin, et d'un pied de candélabre en bronze du douzième siècle, qui passe pour venir du temple de Salomon, comme le constate une inscription du quatorzième siècle gravée sur le socle qui le supporte. Peut-être vient-il, en effet, de Jérusalem, où il aura pu être porté par les croisés, quand ils y reconstruisirent et amplifièrent le Saint-Sépulcre, et rapporté par un autre croisé. En tous cas, il est de travail allemand.

N'oublions pas ce qu'il y a de plus visible dans la cathédrale, un magnifique mausolée en albâtre, élevé pendant la Renaissance sur le caveau des rois de Bohême, et entouré d'une grille splendidement ouvragée.

De la terrasse qui borde le château et du long perron de l'escalier qu'il faut gravir pour y arriver, on domine Prague, le pont et la Moldau, et la vue est magnifique. Il n'y a pas jusqu'à la neige qui, commençant à tomber sérieusement, obscurcissant l'atmosphère et voilant les arrière-plans, ne donnât quelque chose d'indécis et de grandiose à ce spectacle. Les flèches des églises et des tours, à demi cachées dans la brume, semblaient plus lointaines, et la ville, noyée dans les tourbillons de neige, paraissait sans limites et gagnait plus qu'elle ne perdait à n'être point vue tout entière.

Le château, ou l'une de ses dépendances, renferme une fort médiocre galerie de tableaux, qui possède une tête de Greuse, — peut-être un original, — qui vaudrait 25,000 fr. à l'hôtel des ventes.

J'ai visité, en redescendant, une église du style jésuite, qui est bien l'édifice le plus extravagant et le plus riche qu'on puisse voir. L'architecture peinte s'y marie et s'y superpose avec un art extrême à l'architecture bâtie ; sur la voûte qui figure le ciel bleu, des saints, des anges planant au milieu des nuages, escaladant les corniches, dégringolant au milieu des arcades, dépassent en audacieuse fantaisie les compositions que le peintre-architecte Bibiena arrangeait sans règle et sans scrupule dans ses amusants dessins. La conque immense d'un nautile sculpté dans le marbre rouge y forme la cuve de la chaire à prêcher. Par ce détail, jugez du reste. En face de cette extravagante architecture se dresse la statue de Radetzky, gros homme court, porté sur un pavois par les soldats de toutes armes de l'empire d'Autriche.

J'ai repassé le pont de la Moldau en suivant le trottoir opposé à celui par lequel j'étais venu, et contemplant de nouveau les grotesques saintetés qui m'avaient si fort réjoui quelques heures auparavant. Sur une promenade qui longe le fleuve se dresse un monument en fonte peinte, élevé en l'honneur de l'empereur François Ier. Ce monument est gothique, dans le style du quatorzième siècle allemand, et composé d'une pyramide centrale ornée de crochets sur ses arêtes et d'un fleuron terminal, qui abrite sous les arcs qui la supportent la statue équestre de l'empereur. Tout à l'entour se dressent des statues, soit adossées au massif central, soit isolées sur de minces piédestaux. Elles m'ont semblé représenter les différents corps de métiers de la ville de Prague ou de la Bohême.

Au-dessous de ce peuple de statues sont creusés différents bassins qui se déversent les uns dans les autres d'une façon un peu compliquée. Un monument gothique à un empereur du dix-huitième siècle ! dira-t-on. Pourquoi pas ? On eût trouvé tout simple qu'on le déshabillât en Romain et qu'on l'entourât de nymphes et de tritons peu vêtus ou d'allégories fort obscures. Il est si plaisant d'être débarrassé, une fois par hasard, de toute cette mythologie mal venue et mal imaginée, à laquelle nous soumettent peintres et architectes, que le monument de Prague me plaît et que je lui sais gré de m'avoir montré de vrais hommes battant le fer, tenant la bêche ou maniant l'aviron.

Suivez-moi maintenant dans le quartier juif : un écheveau emmêlé de rues étroites, bordées de boutiques noires, qui s'ouvrent comme des antres profonds où s'engloutissent les vieilles nippes de Prague et tout le bric-à-brac usé, boiteux et dépenaillé de la Bohême. Je me suis cru transporté dans certaines rues des environs du clos Saint-Marc. Au beau milieu de cette *Judecca* est l'ancien cimetière israélite tout couvert de cippes qui, dans un cartouche rococo, sont gravés d'inscriptions en lettres hébraïques. Du milieu de ces monuments qui se hérissent en tous sens, couverts d'un blanc linceul de neige, penchés les uns sur les autres, comme les flots d'une mer pétrifiée, sortent les troncs tordus, rabougris, dénudés de sureaux centenaires, qui ici soulèvent la pierre, qui là sont soutenus par elle, et qui, étendant de tous côtés leurs grands bras nus chargés de givre, joignent au deuil des hommes le deuil de la nature.

Las d'avoir trop longtemps adoré exclusivement les Grecs et les Romains, tous les peuples commencent à rechercher et à recueillir les vestiges et les témoins de leur propre histoire. Aussi Prague a fondé son musée national, peu riche encore, mais qui est un refuge pour tous les débris que l'incurie laisserait perdre, faute d'un lieu pour les conserver.

L'armoire la mieux fournie est celle des antiquités des peuples autochthones de la Bohême, qui correspondent à nos Gaulois. J'ai retrouvé là en partie ce que j'avais déjà vu au musée des antiquités de Vienne, plus un certain nombre de têtes de canard au bout d'un col recourbé, muni d'une douille indiquant que cet objet d'un usage inconnu devait être emmanché à quelque chose. Il y a là tout une mine abondante pour occuper longtemps les chercheurs d'énigmes.

Plusieurs des manuscrits que conserve la bibliothèque sont importants pour l'histoire de la peinture en Bohême, de ce que l'on appelle l'école de Prague. D'après ce que j'ai dit à propos de la mosaïque et des peintures de la cathédrale, cet art doit être tout italien et du quatorzième siècle. En effet, deux manuscrits, qu'on peut approximativement dater d'après le nom de leurs anciens possesseurs, l'un antérieur à 1350, l'autre à 1360, indiquent évidemment cette influence. Ils sont comparables à nos manuscrits bourguignons de la même époque, composés peut-être lorsque la vue des fresques exécutées au palais des papes d'Avignon par les artistes italiens eut sensiblement modifié la manière de nos miniaturistes. Ce sont dans les sujets les mêmes teintes adoucies, les mêmes plis abondants, mais sur les marges les ornements sont beaucoup plus italiens qu'en France, avec des singularités cependant, telles que des lettres formées de certains enlacements qui doivent appartenir à une tradition locale. Ces enlacements, fréquents en Europe à l'époque carolingienne, mais abandonnés généralement au douzième siècle, semblent avoir persisté au delà de cette époque dans l'Europe orientale, plus voisine des traditions de l'Asie, notre berceau commun. Les Scandinaves, rameau plus direct que nous encore de l'arbre asiatique, ont conservé plus longtemps que l'occident ce goût des enlacements compliqués, où les animaux sont si bien emmêlés et transformés, qu'on ne sait pas où finit la bête, où finit l'ornement.

Quant aux époques antérieures, le seul manuscrit bohême orné de miniatures que j'aie vu indique que les moines bénédictins ont dû être les éducateurs de ce peuple. Ce manuscrit est un glossaire slave-latin, intitulé: *Mater Verborum*. Il est de l'année 1102 et orné de la lettre initiale A, qui couvre tout une page de vigoureux rameaux, qui, s'enlaçant de toutes parts autour de ses jambages, s'épanouissent en frondaisons fantastiques et vigoureuses, où un monde d'hommes et de bêtes se trouve emprisonné.

Il serait bien à désirer que la société qui a fondé le musée de Prague publiât quelques spécimens de ces trois manuscrits, doublement importants, puisqu'ils sont à date certaine et d'origine bohême, ou qu'à son défaut la Société centrale de Vienne rendît ce service aux études du moyen-âge.

J'avais effleuré tout ce qui pouvait m'intéresser à Prague, et le temps n'étant guère à une flânerie en quête de jolis points de vue sur les bords de la Moldau, ce que j'ai trouvé de mieux à faire a été de m'en aller à Dresde.

DRESDE.

LA GALERIE DE TABLEAUX.

21-24 décembre.

La vie et les voyages ne sont que contrastes. Après une ville du quinzième siècle, en voici une du dix-septième siècle, qui serait assez maussade et n'attirerait aucun étranger si elle ne possédait un des plus beaux musées du monde. Les échauguettes en saillie suspendues au-dessus des rez-de-chaussée, aux étages supérieurs des maisons, observatoires où se postent les femmes pour regarder les passants, donnent seules quelque physionomie à ses rues fort monotones. Mais, en cette saison, la ville est en émoi : une foire est installée sur la place principale à l'occasion des fêtes de la fin de l'année, et les arbres de Noël, dressés et alignés à tous les carrefours, attendent les acheteurs qui doivent suspendre à leurs branches, pour la plus grande joie des enfants, les mille riens qu'éclaireront une infinité de petites bougies pendant la soirée qui précède la grande nuit où le Christ est né. Une foule d'enfants du peuple vendent des poupées fabriquées avec quelques pruneaux décorés de papier doré, enfilés à quatre morceaux de bois : un forme le tronc, un autre, placé transversalement, figure les bras, et deux autres sont les jambes. Au sommet de cette grossière représentation d'un corps humain est fichée une petite tête de poupée garnie, en guise de chapeau, d'un capuchon de soie noire. Enfin, une petite échelle est passée au bras de cette singulière poupée, dont la signification m'a longtemps intrigué.

Pourquoi tant d'images de ramoneurs? me disais-je. Mais c'étaient les représentations des mineurs, dont Noël est la fête, que les enfants offraient à tous les passants, avec des noix dorées, de petites bougies et quelques autres brimborions de minime valeur.

Un peu en dehors de la vieille ville, à l'extrémité de boulevards et de jardins qui doivent occuper la place d'anciennes fortifications, s'élèvent les musées, le théâtre, la cathédrale, et derrière celle-ci les bâtiments fort simples du palais des anciens électeurs, aujourd'hui palais royal. En face, un large pont fait communiquer les deux rives de l'Elbe , et une belle promenade en terrasse, ombragée d'arbres, remontant le cours de la rivière, conduit aux boulevards dont le circuit entoure la ville ancienne, qu'enveloppent des faubourgs aux larges rues, de création récente.

La cathédrale, la seule église catholique de Dresde, bâtie au dix-septième siècle, offre à peu près le plan d'un hippodrome antique. C'est une nef centrale arrondie à ses deux extrémités , entièrement entourée par un bas-côté surmonté de tribunes, flanqué de chaque côté d'une longue chapelle et accompagné à ses extrémités d'autres chapelles circulaires et elliptiques. Ces accessoires, dont les voûtes sont moins élevées que celles de la nef centrale, sont couverts en terrasses qui ne se raccordent d'aucune façon avec les hauts combles de la nef, dont l'immense voûte en berceau est contre-boutée par l'épaisseur seule des murs et par les arceaux des galeries supérieures.

Ces dispositions intérieures, quelque peu bizarres, surtout aux extrémités, offrent néanmoins des dégagements faciles ; aussi leur étude n'est point à dédaigner. Mais à l'extérieur les chapelles latérales et la nef sont sans liaison, et l'on est tout étonné de voir un clocher s'élever à l'extrémité de cette construction aux couvertures polygonales ou elliptiques, aussi singulières de forme que l'est le plan lui-même.

Le théâtre, qui s'élève auprès de la cathédrale, semble vouloir justifier ce voisinage par des inscriptions relatives à son rôle moralisateur, qu'on peut lire sur la rotonde qui le termine d'un côté, celui des spectateurs. Le côté de la scène se termine carrément, et des avant-corps latéraux, placés au point de jonction de la scène avec la salle, supportés par des arcades au rez-de-chaussée, servent à l'accès des personnes en voiture. Voici un théâtre, enfin, où l'architecte, sachant que les gens riches viennent habillés en ce lieu, s'est ingénié à combiner son plan de façon à ce que l'on pût descendre de sa voiture à couvert, et qui a eu le courage de ne point faire un temple grec ou romain où il eût, après coup, accroché une marquise. De plus il a accusé les dispositions intérieures de son édifice par sa forme extérieure, puisqu'une rotonde enveloppe de sa façade circulaire la salle, qui est elle-même circulaire. Cette salle fort grande rappelle un peu celle de l'Odéon de Paris, avec quelques-unes des dispositions de l'Opéra. Un parterre assis s'y étend depuis l'orchestre des musiciens jusqu'à un amphithéâtre placé en avant des loges du premier étage, en laissant un étroit intervalle pour le parterre debout. De doubles couloirs et des escaliers entourent les loges de leurs précinctions, mais je n'ai point découvert de foyer. Une pareille annexe est, du reste, à peu près inutile en Allemagne, où le public ne quitte guère sa place pendant les entr'actes, qui sont fort courts.

A côté du théâtre, s'élève le palais qui renferme plusieurs musées, autour d'une cour centrale plus agréable à voir qu'à étudier. Les bâtiments qui le l'enclosent sur trois côtés, ornés de portiques et de vestibules, surmontés de dômes à leur milieu, avec tout l'appareil ordinaire de frontons, de colonnes, de pilastres et de consoles, appartiennent à la plus détestable architecture. Les fleurs qui ornent les chapiteaux des colonnes descendent par-dessus l'astragale et envahissent le fût. Il en est de même pour les chapiteaux en forme de draperies garnies de lambrequins qui terminent les pilastres. C'est, comme pour les églises jésuites, un oubli complet des fonctions des membres divers de l'architecture et l'extravagant substitué au raisonnable. Mais on nous a fait tant de monuments raisonnablement ennuyeux, qu'on n'est point fâché de voir de temps en temps quelque bonne excentricité qui vous réjouisse, fût-ce aux dépens de ceux qui l'ont imaginée ou qui la possèdent.

A côté de cette architecture de décor d'opéra, réalisée en pierre et en ciment, les bâtiments de la galerie de tableaux, qui ferment le quatrième côté de la place, semblent bien froids. Cependant, l'architecte qui les a conçus a eu la louable pensée, tout en étant à peu près classique, de mouvementer assez ses surfaces et ses lignes pour ne point faire une trop grande disparate avec les anciennes constructions adjacentes. Mais à l'intérieur ce musée est un modèle des dispositions à prendre pour l'aménagement bien entendu d'une galerie de tableaux. Le premier étage, affecté à cette destination, se compose d'une suite de salles éclairées par le haut pour les tableaux de grande dimension, et au nord d'une série de cabinets pour les petits tableaux éclairés latéralement par des fenêtres Au-dessus de ces cabinets, qui s'allongent sur toute la façade, un second étage, caché derrière l'attique et éclairé par le toit, renferme encore des salles pour les tableaux moins importants. Sur le flanc sud monte l'escalier, s'ouvrent les vestibules et s'étend une galerie de communication entre les salles. De cette façon, les tableaux ne risquent point d'être offensés par les rayons trop ardents du soleil, dont ils ne reçoivent jamais les atteintes.

Au rez-de-chaussée de cette galerie, d'un côté du vestibule central, qui traverse le bâtiment et sert de passage, se trouvent la collection des dessins, des gravures, des pastels et les escaliers ; de l'autre est une galerie de moulages.

Si jamais on bâtit à Rouen un musée pour remplacer les salles et la galerie où les tableaux sont si mal exposés et éclairés aujourd'hui, il faudra que l'on imite les dispositions intérieures du musée de Dresde, qui sont aussi celles adoptées à la pinacothèque de Munich.

Le principal créateur de la collection de Dresde est ce fameux Auguste III, électeur de Saxe et roi de Pologne, qui fut un souverain aussi nul et aussi débauché qu'il était un ami passionné des arts. C'est à lui que s'applique ce mot : « Quand Auguste a bu, la Pologne est ivre ! » Mais il acheta la collection de Modène en 1745, et, s'il ruina son pays jadis, il enrichit aujourd'hui la ville de Dresde par le concours d'étrangers qu'y attire le musée. Que l'histoire lui soit indulgente, car souvent les meilleures choses ont leur origine dans les plus grandes sottises !

Mais j'étais en fort mauvaise saison pour étudier à loisir cette merveilleuse collection. En Allemagne, les conservateurs ou directeurs des musées ont décrété qu'il faisait nuit à une heure de l'après-midi, depuis le mois de novembre jusqu'au mois de mai, et à une heure les musées sont fermés. Il est vrai que cette heure est celle du dîner. En été, on rouvre les galeries après l'accomplissement de cette fonction importante ; mais en hiver, où cette réouverture ne peut avoir lieu, quand on s'arrangerait pour retarder un peu le repas des quelques gardiens qui errent dans les galeries, le mal ne serait pas grand, et les étrangers, ainsi que les artistes qui font des copies, ne risqueraient point de rester sans occupation pendant la moitié de la journée. De plus, le musée devait être fermé pendant la semaine de Noël, et c'est à peine si j'ai eu deux matinées pour en parcourir les salles.

Pour commencer par un coup de tonnerre, je suis allé tout droit en débutant à la célèbre *Vierge de saint Sixte*, dont le musée de Rouen possède une copie quelque peu modifiée. Comme il était naturel de s'y attendre, le coup de tonnerre trop prévu a manqué son effet, et c'est en y revenant une seconde fois que j'ai pu bien apprécier cette

peinture. Chacun en connaît la composition, mais ce que
n'ont su traduire, ni la copie faite au dix-septième siècle
pour l'église abbatiale de Saint-Amand, ni la gravure de
Desnoyers, c'est l'air de sauvagerie étrange de cette vierge
qui apparaît debout sur les nuages, portant ce bel enfant
au corps si souple, mais à la physionomie sérieuse. Il y a
là quelque chose qu'il m'est plus facile de ressentir que
d'exprimer, comme une de ces terreurs que l'on éprouve
devant certaines figures de Michel-Ange. On dirait que le
divin Raphaël venait de lire un des tiercets du Dante lorsqu'il a peint cette vierge, apparition d'un autre monde,
venue plutôt pour écraser les humains sous sa grandeur
que pour les consoler et les soutenir.

Malgré la glace qui la recouvre, on voit que cette peinture
doit avoir beaucoup souffert, surtout dans les draperies de
la Vierge.

La surprise pour moi a été devant les quatre grands
tableaux du Corrège (1494 à 1534), et c'est là qu'il faut aller
pour apprendre à bien connaître le grand peintre de Parme,
quoique aucune des toiles de Dresde ne soit supérieure à
l'Antiope du musée du Louvre. Mais celles-là sont plus importantes et plus diverses. Nous ne les mettons point toutes
au même rang, et notre admiration aura des degrés.

Si nous nous plaçons au point de vue de la peinture religieuse et monumentale, nous mettons en première ligne
la Vierge glorieuse tenant l'Enfant, assise sur un trône
qu'entourent, d'un côté, saint François d'Assise à genoux
et saint Antoine de Padoue; de l'autre, saint Jean-Baptiste
et sainte Catherine s'appuyant au trône. Deux anges sans
ailes planent dans les airs de chaque côté de la Vierge.
Peinture savante et lumineuse, composition aux groupes
balancés, qui, bien qu'inspirée par les vierges glorieuses
du quinzième siècle, a été traitée avec toute l'indépendance
d'un maître. Le Corrège, cependant, est resté sévère dans
ses lignes, qui, déjà plus souples que chez ses contemporains, commencent à se subordonner à la couleur. Ce chef-
d'œuvre est signé : *Antonius de Allegris p.* Il est de l'année
1516. Le Corrège avait alors vingt-deux ans.

Si maintenant nous nous plaçons à ce point de vue exclusif de la peinture prise comme étant son propre but, nous
admirerons peut-être davantage une autre Vierge glorieuse,
appelée communément *le Saint Georges*. Ce saint, en effet,
vu de dos et se retournant vers le spectateur, le pied sur la
tête du dragon, occupe tout le premier plan, tandis que
trois ou quatre enfants jouent à terre avec ses armes.

A côté de lui, en arrière, est saint Pierre, martyr, qui montre à la Vierge — et de quelles mains ! — l'assistance qui l'implore. De l'autre côté du trône sont saint Geminien portant le relief d'une ville et saint Jean-Baptiste encore jeune. Ce tableau d'autel, comme le précédent, mais plus indépendant que lui des traditions hiératiques, a peut-être posé la limite qu'il est impossible à la peinture de franchir dans sa lutte avec la lumière. Tous ces personnages, d'une couleur claire et solide tout ensemble, modelés sans que l'on voie l'artifice des ombres, sont pétris dans la lumière même. Les quatre enfants surtout qui jouent entre les jambes du saint Georges, facilement distincts les uns des autres dans une transparente demi-teinte, quoiqu'ils soient blancs et roses tous les quatre et enchevêtrés les uns dans les autres, peints d'ailleurs sans que l'on devine par quel art le Corrège les a si bien distingués et mis chacun à leur plan, feraient seuls de ce tableau un chef-d'œuvre. Ils n'étaient pointce pendant dans le plan primitif du peintre, qui les a mis là pour occuper une place vide. Une précieuse esquisse, espèce de grisaille lumineuse très largement gouachée sur papier, achetée tout dernièrement pour la collection des dessins de Dresde, montre quelle était l'idée première du Corrège. Un intervalle de seize années sépare du précédent ce tableau, qui fut peint en 1532.

Cette tendance à se créer des difficultés pour avoir le plaisir de les vaincre, dût en être atténué ce que nous appellerons l'effet moral de la composition, se développe dans un autre tableau célèbre sous le nom de *la Nuit du Corrège* (1528). Cette nuit est celle de Noël, tout illuminée par la lumière qui s'irradie du corps du divin nouveau-né pour s'épandre sur le visage de la Vierge à genoux, penchée sur lui, et sur le groupe des bergers qui s'inclinent autour de la crèche, et sur les anges messagers qui voltigent dans les airs. Certes, la dégradation de cette lumière est admirable, mais c'est elle qui est le sujet du tableau, bien plutôt que l'adoration des bergers.

Quant aux anges, le peintre s'est complu en de tels raccourcis, qu'il est fort difficile de discerner à quel corps appartiennent telles jambes qui viennent en avant. L'on songe en les regardant à ce mot d'un chanoine de Parme que l'on a coiffé d'un bonnet d'âne pour l'avoir dit, quoique celui-ci n'ait eu que le courage d'une opinion très avouable : « Nous avions demandé des anges, et le peintre nous sert un plat de grenouilles ! » s'écria-t-il en voyant certaines parties de la coupole de Parme. Et, de fait, il y a des groupes d'anges perdus dans les nuages, dont on ne voit que les longues jambes sans rien apercevoir des corps auxquels elles appartiennent. C'était peut-être un tour de force de dessin et de perspective plafonnante, mais le chanoine de Parme, habitué aux sobriétés de la peinture du quinzième siècle, qui se subordonnait toujours à l'architecture, était quelque peu scandalisé, et non sans raison, de voir des jambes et tout ce à quoi elles s'emmanchent, à la place de figures de saints, calmes, réfléchies ou extatiques.

Peut-être cependant ce détail lui faisait-il perdre de vue le bel ensemble de tout le reste de la coupole ; mais il faut bien le dire, le Corrège, avec tout son génie, et à cause de son génie même, hâta la décadence de la peinture monumentale, et jeta ceux qui le suivirent dans ce fastueux fatras où l'école italienne s'est perdue. Lui-même, au lieu d'être un contemporain de Raphaël, semble venir une génération après lui, tant il y a dans ses compositions plus d'indépendance envers les conditions hiératiques et architecturales de la peinture religieuse et un plus grand abus du métier. Si beaucoup, en effet, regrettent que Raphaël ne se soit pas arrêté à la chambre de *la Segnatura*, au Vatican, et à la manière de *l'École d'Athènes* et de *la Dispute du Saint-Sacrement*, on ne peut méconnaître, dans la plupart de ses grandes compositions ultérieures, une certaine sobriété de lignes, un certain respect pour la décoration d'architecture qui devait les entourer. Le Corrège, lui, ne s'en inquiète déjà plus, et, à part *la Vierge Glorieuse* « gothique » de Dresde, tous ses tableaux d'autel sont déjà des tableaux de galerie ou de chevalet, qu'on peut mettre n'importe où, sans que leur signification en souffre aucunement.

Le quatrième tableau d'autel que possède le musée de Dresde représente *la Vierge sur les Nuages*, au-dessus de saint Sébastien, de saint Geminien, qui rappelle, par le geste et par l'attitude, le saint Sixte de *la Madone* de Raphaël, mais dans une position retournée, et de saint Roch, qui semble dormir. Enfin, *la sainte Madeleine*, couchée et lisant, petite figure peinte sur cuivre en 1543, si connue par la gravure, montre, dans un des cabinets du musée, sa belle tête et ses beaux seins que la mortification n'a point encore offensés.

Comme on doit s'y attendre, d'après la provenance de la plupart des tableaux de la galerie de Dresde, les écoles de Modène, de Ferrare et de Milan doivent y être surtout représentées. Ainsi, il y a quatre tableaux du Parmesan qui

seraient fort beaux partout ailleurs, mais que le voisinage
du Corrège fait sembler noirs et durs ; sept Garofalo (1481
à 1559) d'une importance peu commune, et un nombre
égal de tableaux de Dosso-Dossi (1479 à 1560), un autre
Ferrarais qui oscille entre le Parmesan et Garofalo. Là ,
j'ai fait connaissance avec un de ses compatriotes , Ercole
Grandi (1491 à 1531) , qui en aidant à Ferrare son maitre,
Lorenzo Costa, à terminer le célèbre *Triomphe de César*, laissé
inachevé par le Mantegna , se prit à adopter le style de ce
dernier. Avec moins de grandeur que le Mantegna, mais avec
une couleur plus vénitienne, il possède plus de mouvement.

L'Arrestation au Jardin des Oliviers, la Marche au Calvaire
nous montrent , en effet , la foule des soldats qui enveloppent le Christ avec un empressement furieux, ou l'entrai-
nent dans ce tourbillon de leur marche hâtive, tandis qu'un
soldat, se retournant avec un geste d'une grande élégance,
donne à boire à l'un des larrons (1). Nicolo dell' Abbate , de
Modène (1512 à 1571), qui se perd en France dans la gloire
du Primatice, avec lequel il travailla à Fontainebleau , est
représenté par une magnifique composition, *le Supplice des
Apôtres saint Pierre et saint Paul*. Saint Paul est à genoux à
droite, et le bourreau, vu de dos , s'apprête à le décoller.
Saint Pierre, également à genoux et en prière, va être saisi
par deux bourreaux pour être attaché à la croix qui git à
terre. Pendant ce temps, la Vierge apparaît dans les airs,
emportée par un tourbillon d'anges sans ailes qui soulèvent les nuages où elle est assise, et l'Enfant-Jésus, qui che-
vauche sur le genou droit de sa mère, remet à deux d'entre
les messagers célestes les palmes qu'ils se hâtent de prendre pour les porter aux deux martyrs. Tout ce groupe qui
passe, roulant dans les airs comme un astre qui suit son
orbite, est d'une grande tournure, très florentin par le style
et par le ressenti du modelé , plus simple cependant que
dans les travaux de Nicolo que nous connaissons en France.
Quant au paysage, il est fort beau.

Puisque nous touchons à l'école florentine citons tout de
suite l'un de ses plus illustres représentants, Andrea del
Sarto (1483 à 1530), et *le Mariage mystique de sainte Catherine en présence de sainte Marguerite* , où l'Enfant-Jésus rit
d'un franc rire tout humain en passant l'anneau au doigt
de la vierge d'Alexandrie. Mais quel choix de lignes dans

---

(1) La collection de dessins du Louvre possède une ancienne copie de cette
composition.

tout l'ensemble ! quel dessin puissant et quelle souplesse de modelé !

Nous hésitons devant *le Sacrifice d'Abraham*, tableau fort usé, dont une réplique, d'une qualité inférieure, si nos souvenirs sont exacts, existe au musée de Lyon.

Francia Bigio (1483 à 1524), maître moins connu qu'il ne mériterait de l'être, est représenté par une composition un peu compliquée où figurent tout ensemble *Bethsabée et ses femmes au bain* et *David entouré de toute sa cour sur le perron de son palais, remettant à Urie le fatal message*. Le Francia Bigio est presque un Vénitien, tant sa couleur est intense et lumineuse, tant le modelé des corps y est large avec une certaine recherche de la nature, tant enfin un air transparent circule autour de tous les personnages. Ce tableau est daté de l'année du salut 1523 (A. S. MDXXIII), une année avant la mort du peintre.

L'école romaine, après *la Vierge de saint Sixte*, de son chef, n'a guère à nous montrer que la *Madonna della Scodella*, attribuée au premier de ses élèves, d'après Vasari. Mais cette grosse Vierge, un peu flamande, dont l'Enfant-Jésus, un peu flamand aussi, debout dans un bassin, presse la gorge rebondie, tandis que saint Jean répand sur lui l'eau d'une aiguière, préludant ainsi au baptême dans ces jeux d'enfants ; tout cet ensemble de formes rebondies aux chairs marmoréennes, caressées d'un pinceau un peu dur, ferait songer à l'un des élèves flamands de Raphaël, à Van Orley, plutôt qu'à Jules Romain.

Les Vénitiens ont tant vécu, ont peint si longtemps et avec un tel talent, que partout leurs œuvres abondent et que partout il y a des chefs-d'œuvre. Mais ici nous nous trouvons en présence du chef-d'œuvre par excellence, du *Denier de César*. Par quel miracle du génie dans ces deux figures à mi-corps, presque posées de profil, la finesse de l'expression dépasse-t-elle encore celle du pinceau et la splendeur du coloris ? Comment le Pharisien interroge-t-il si bien et avec tant d'astuce ? Comment le Christ lui répond-il d'un regard si pénétrant qu'il lit jusqu'au fond de la pensée, et d'une lèvre si dédaigneuse qu'il l'écrase sous sa supériorité. « Me donnes-tu 500 fr. si je te colle ? » dit fort agréablement un des personnages de M. Émile Augier, dans *les Effrontés*, à son ami, avec lequel il discute. Je crois que le Christ du Titien a « collé » son adversaire et lui a gagné le denier que celui-ci lui présente. Ce Christ est un gentilhomme vénitien, si l'on veut, mais il est si intelligemment beau, que nous le lui pardonnons aisément.

Une autre composition du Titien, presque aussi connue que la précédente, représente la Vierge assise, tenant l'Enfant-Jésus debout sur ses genoux et soutenu par saint Jean-Baptiste vieux, tandis que la Madeleine, saint Jérôme et saint Paul sont debout devant eux. Elle prouve que sans sujet bien compliqué, sans drame et sans action, un peintre de génie peut faire un chef-d'œuvre en vertu de la magie de son pinceau et de la grandeur morale qu'il fait rayonner au front de ses personnages.

Deux portraits de femmes, l'une vêtue d'une robe grenat et portant une fourrure à tête de martre, l'autre vêtue de blanc, un éventail à la main, peints simplement et largement, sont deux merveilles que nous choisissons encore parmi les neuf tableaux attribués au Titien.

Palme-le-Vieux (1480 à 1548) est également bien représenté, ainsi que le Véronèse, qui ne compte pas moins de quinze tableaux, grands et petits. Nous citerons surtout *les Noces de Cana*, un de ces repas dont Paolo Caliari dispose si bien la nombreuse ordonnance.

La Famille Concina, amenée par les trois Vertus théologales aux pieds de la Vierge, est une de ces compositions que le Véronèse affectionnait singulièrement, et dans lesquelles, mêlant l'humain et le divin, le réel et l'imaginé, il suivait, en l'altérant profondément, la tradition du moyen-âge, qui plaçait les donateurs d'une œuvre quelconque aux pieds ou sous la protection du saint auquel ils en faisaient l'offrande. *Les Pèlerins d'Emmaüs*, du musée du Louvre, dont la galerie de Dresde possède la partie centrale et exclusivement religieuse, sont un des plus magnifiques exemples de cette intrusion que le Véronès ne craignait point de faire des grands seigneurs ses contemporains parmi les personnages des récits de l'Évangile.

Le Moïse sauvé des Eaux est l'exécution en grand d'une composition que les musées de Dijon et de Lyon possèdent l'un et l'autre avec quelques variantes et quelques suppressions.

Je passe le Bassan et le Tintoret pour revenir à l'un des pères de l'école vénitienne, au Giorgone (1477 à 1511). Dans *Jacob saluant Rachel*, nous voyons déjà ce goût du naturalisme qui s'empara des peintres vénitiens avant tous les autres. Cette scène biblique est transformée en la scène familière d'un jeune homme qui embrasse une jeune fille, au milieu d'un groupe de bergers et de troupeaux, comme le Bassan eût pu l'imaginer quelque cinquante ans après. Mais l'éclat du coloris, qui sort avec une intensité et une harmonie merveilleuses du milieu d'ombres un peu noires, nous rappelle trop les qualités semblables qui se voient au *Concert champêtre* du Louvre, pour que nous ne croyons point sœurs ces deux œuvres semblables.

Citons encore, avant de quitter l'école vénitienne, un beau Christ debout, de grandeur naturelle, tenant un livre à la main, par Cima da Conegliano (1460 à 1517), et une *Présentation au Temple*, dont la belle couleur blonde et la l'air transparent, joints à la recherche des costumes orientaux, font songer à Gentile Bellini.

L'école bolonaise ne le cède en rien à celle de Venise par la beauté et l'importance des œuvres qu'elle a fournies au musée de Dresde. Il faut mettre en première ligne *le Baptême du Christ*, que le Francia (1453 à 1517), son chef, a composé avec des figures un peu émaciées, mais empreintes d'un grand sentiment religieux. Le Christ est debout dans l'eau ; saint Jean, à genoux sur un rocher, s'excuse de lui donner le baptême, et deux anges, du côté opposé, tiennent les vêtements du Christ. La scène se passe dans un paysage calme et profond, et produit un effet d'autant plus pénétrant que rien ne vient distraire l'attention.

Une petite *Adoration des Bergers*, achetée comme étant du Pérugin, est restituée au Francia, dont elle se rapproche davantage, mais sans que cette attribution nous semble bien certaine.

Luca Signorelli (1440 à 1521), contemporain du Francia, est venu prendre place à côté de lui depuis quelques années avec un tableau circulaire représentant une *Sainte Famille* au pied d'un rocher sur lequel chantent deux anges symétriquement assis comme sur un fronton. L'Enfant-Jésus est couché sur un pan du manteau de la Vierge, à genoux devant lui, tandis que le petit saint Jean lui soutient la tête et se retourne vers saint Joseph, qui lui parle. Tout, dans ce tableau, a été calculé pour rayonner autour de la figure de l'enfant et pour occuper sans vides le champ circulaire de la toile, dont la ligne qui enveloppe le groupe suit avec aisance le contour. La couleur, très intense de ton, un peu trop bistrée dans les chairs, montre en certaines parties quelques intentions de clair obscur.

Annibal Carrache (1560 à 1609), qui eut le tort de vouloir rechercher les qualités de toutes les écoles pour s'en faire un genre impersonnel qui fût la perfection même, très grand peintre, après tout, et s'appartenant plus qu'il ne le voulut peut-être, montre des tendances fort diverses dans les beaux tableaux que possède de lui le musée. C'est une

flagrante imitation du Corrège que dénote une *Vierge glorieuse entourée de Saints*, tandis que c'est de l'école de Raphaël que procède la magnifique composition de *Saint
Roch distribuant des aumônes*. Il y a certains groupes dans
ce tableau, notamment une femme qui descend les degrés
d'un escalier avec un enfant sur les bras, que l'on peut
mettre, pour la tournure et le style, à côté des plus belles
figures de *l'Incendie du Bourg* de Raphaël.

De fort beaux Guido Reni, entre autres, la composition
de *Ninus et Sémiramis* ; un tableau du Dominiquin, *Cha-
ritas*, peinture froide, excessivement modelée et empreinte
d'un vif accent de nature ; de nombreux Albane, des Guerchin très importants, complètent une salle bien faite pour
donner une haute idée d'une école que l'on méprise un
peu trop aujourd'hui, après l'avoir trop prônée jadis.

Entre les chambres qui renferment les écoles d'Italie et
celles où sont exposées les œuvres des autres peuples, la
suite des salles est interrompue par une rotonde surélevée
de quelques marches. Cette rotonde, éclairée par une lanterne qui dépasse les combles de l'édifice et masque son
milieu, est placée au-dessus du vestibule central, dont la
voûte dépasse le niveau du sol au premier étage. Ses murs
sont recouverts de quelques-unes des tapisseries exécutées
en Flandre d'après les cartons de Raphaël conservés aujourd'hui à Hampton-Court, en Angleterre. Au-dessous sont
étendues d'autres tapisseries tissées d'or et composées,
croit-on, par l'anversois Quintin Matsys, le forgeron de-
venu peintre.

C'est à peine si le temps m'a permis de parcourir les
salles et les cabinets placés de l'autre côté de cette rotonde ; aussi je serai bref à l'égard des chefs-d'œuvre qu'il
m'eût été si agréable d'y étudier.

L'école espagnole et l'école française sont les parties
faibles des musées de Dresde et du Belvédère ; mais, grâce
à la vente qui fut faite à Londres, en 1853, de la collection
que le roi Louis-Philippe avait réunie à Paris, les peintres
d'au-delà des Pyrénées peuvent cependant être appréciés
sur les bords de l'Elbe.

Le *Saint Rodrigue* de Murillo, prêtre en chasuble à riches
orfrois, recevant d'un ange la palme du martyre ; le *Saint
François d'Assise* visité par un ange, de Zurbaran; l'*Apôtre
Saint Paul* d'Alonzo Cano ; la *Sainte Marie l'Egyptienne* couverte d'un linceul par un ange, de Ribeira, comptent en
effet parmi les plus belles productions de l'école espagnole.

Ce sont le Poussin, Claude Gelée, le Guaspre, Hyac. Ri-

gaud, Watteau, sa suite et quelques autres, qui sont
chargés de représenter l'école française, avec Louis de Syl-
vestre, peintre ordinaire des électeurs de Saxe au commencement du dix-huitième siècle. J'avouerai que, pressé par
le temps, j'ai pensé avoir mieux à faire que les regarder.
Aussi, les négligeant beaucoup, c'est des étrangers surtout
que je me suis occupé.

On a fait à Holbein (1489 à 1554) presque le même honneur
qu'on a fait à Raphaël en exposant sa *Vierge de Saint Sixte*
seule dans une salle.

La Vierge au Bourgmestre est dans une autre pièce qui, à
l'une des extrémités du musée, fait pendant à celle que l'on
a réservée à Raphaël à l'autre extrémité. Van Eyck seul
a été admis à lui disputer les regards des visiteurs. Il est
vrai que cette *Vierge* est l'un des chefs-d'œuvre de l'école
allemande. Elle est debout, couronnée, vêtue de noir. L'Enfant-Jésus, qu'elle porte dans une nudité complète, se
penche d'un air câlin sur sa poitrine et étend la main
gauche sur la famille du bourgmestre Jacques Meyer à genoux. A droite sont les trois femmes : la grand'mère, la
mère et la fille ; à gauche est le père avec son fils, qui tient
par la main un enfant nu, debout et tourné vers le spectateur. Quel est cet enfant ? Les abstracteurs de quintessence
ont prétendu que c'était l'Enfant-Jésus lui-même, tandis
que le fils malade du bourgmestre était placé dans les bras
de la Vierge.

Je vous laisse à deviner ce que l'on a pu écrire de pages
sur l'art allemand et sur sa naïveté, sur la foi touchante et
familière de la bourgeoisie de Bâle et de la famille Meyer
en particulier ; mais nous avons bien peur que tout ceci ne
soit qu'une fable, car l'enfant placé au bras de la Vierge
n'est point malingre, il est seulement mignon. Pourquoi,
s'il n'était point le Christ, étendrait-il sa main d'un air pro-
tecteur sur sa famille agenouillée devant lui ? Au moyen-
âge le doute n'eût point été possible. L'Enfant-Jésus eût été
orné du nimbe crucifère et eût béni de la droite. En s'af-
franchissant des traditions hiératiques, Holbein a pu risquer
de n'être point compris ; mais en tous cas il a peint un magnifique tableau, magnifique par la largeur et par l'exactitude du modelé des enfants et des têtes, par l'accent de
nature et par l'intensité de prière que font voir les donateurs, et par l'harmonie d'un coloris intense. Holbein n'a
pris aux Italiens que ce qu'il lui fallait pour perdre la maigreur allemande, sans cesser cependant d'être Allemand
et d'être lui-même.

Le *Portrait de Thomas Morret*, orfèvre de Henri VIII, placé à côté, ainsi que l'étude dessinée qu'Holbein en fit d'après nature, peut encore passer pour une des plus belles œuvres du peintre d'Augsbourg. On l'attribua longtemps à Léonard de Vinci : c'est tout dire ; mais il fallait être aveuglé par une furieuse envie de posséder un Léonard pour avoir pu se méprendre de cette sorte. On compte neuf autres portraits, parmi lesquels il faut en noter deux qui représentent des femmes en robes à manches rouges : l'une coiffée d'un bonnet blanc, l'autre tenant un chapelet.

Au-dessous de la *Vierge* d'Holbein, est placé un triptyque attribué à Van Eyck (1390 à 1441). C'est encore une Vierge glorieuse assise sous un dais diapré de fleurs, les pieds sur un riche tapis de Turquie, dans une chapelle romane par l'architecture, gothique par la statuaire. Sainte Catherine et saint Michel, avec le donateur, sont peints à l'intérieur des volets ; à l'extérieur, c'est la salutation angélique exprimée par deux grisailles représentant deux statuettes d'ivoire. Tout dans cette peinture, d'une intensité de ton remarquable, rappelle Van Eyck ; mais est-elle de lui ? Nous n'oserions l'affirmer. Ce qui nous offusque, c'est l'importance donnée aux fleurs du dais et du tapis, qui se détachent du fond et viennent en avant des figures.

J. Van Eyck était amoureux de tous les détails dans ses tableaux, dont il poussait le rendu aussi loin que possible ; mais il savait les subordonner aux figures principales, et il nous étonne qu'il ait commis la faute que nous trouvons dans le triptyque de Dresde. Peut-être aussi, phénomène rare pour la peinture de cette époque, les couleurs ont-elles repoussé. Une prière, peinte en capitales gothiques qui paraissent sculptées en relief et se détacher sur la gorge du cadre, entoure le tableau central et est semblable à une inscription qui circonscrit aussi un portrait du Belvédère attribué à J. Van Eyck. Mais ce dernier tableau est évidemment une copie, et ces inscriptions sont ce qu'il y avait de moins difficile à imiter.

Dans un tableau de l'école de Van Eyck, représentant *le Baiser de Judas*, tableau assez ordinaire, du reste, où l'artiste s'est efforcé de rendre des effets de lumière et de clair obscur, j'ai été tout étonné de retrouver le groupe principal et l'intention d'un tableau que M. G. Hébert avait peint, il y a quelques années, sur le même sujet. Judas y a le même air bas et rampant, le Christ la même physionomie méprisante. Étrange ressemblance entre l'œuvre d'un

imagier gothique inconnu et celle de l'un de nos peintres
modernes les plus originaux !

On attribue à Roger Van der Weyden (1400 à 1464),
l'élève le plus direct des Van Eyck, un *Christ en Croix* qui
renferme un groupe fort beau, souvent reproduit par cette
école, saint Jean soutenant la Vierge, qui embrasse la croix.
La couleur y est plus claire et plus blonde que chez les
Van Eyck, et les plis déjà plus cassés annoncent cette déplorable école gothique qui remplit les églises et les musées de ses produits, d'où le sentiment et le style sont
absents.

Il ne peut exister un tableau où l'or et l'argent monnayé
jouent un rôle quelconque sans qu'on l'attribue immédiatement à Quintin Matsys.

Nous ne savons si c'est à ce titre que l'on a mis sous
son nom un tableau fort spirituellement composé, qui représente un fermier rendant des comptes à son propriétaire,
tandis que sa femme se lamente de la cherté des loyers ou
de la pénurie de l'argent. Celle du propriétaire essaie en
vain de la calmer. Le fils des deux paysans, encore indifférent à ces questions, porte philosophiquement les dé-
pouilles opimes de la basse-cour, redevances en nature ou
cadeaux destinés à fléchir la rigueur des maîtres.

Ce Quintin Matsys vivait au commencement du seizième
siècle (1460 à 1531), et, dans ce sujet familier, il devance
d'un siècle les plus illustres d'entre les petits maîtres flamands, ses héritiers.

Une chose qui me frappe et que j'avais déjà remarquée
dans la galerie du Belvédère, c'est la grande influence que
Léonard de Vinci a exercée sur ces écoles du Nord lorsqu'elles ont commencé à toucher au seizième siècle. Le modelé n'y est ni plus intime ni plus ressenti, mais il est plus
simple ; il supprime plus de ces plans secondaires qui,
n'étant que de légers accidents, ne modifient en rien l'individualité du modèle. L'éclat du ton y est plus tempéré par
ce *sfumato*, ce voile de couleur légèrement enfumée qui le
laisse rayonner d'une façon si pénétrante et si douce. Le
contour surtout y est plus mâle et plus plein. La peinture
précieuse de Léonard devait surtout plaire à ces artistes
patients et amis des détails ; aussi Jean de Mabuse (1470 à
1532), qui visita certainement l'Italie, accuse-t-il une influence flagrante du grand maître milanais et de tout l'art
italien.

Plus tard Raphaël exerce la même influence par l'entre-
mise de Bernard Van Orley et perd l'école flamande dans

un froid maniérisme italien, contre lequel le dix-septième
siècle exerça une heureuse réaction. Jean-de Mabuse accuse déjà ce maniérisme dans *l'Adoration des Mages* du
musée de Dresde, où les costumes de rois lui ont donné
matière à draperies ronflantes, tandis que les ruines où
s'abrite la Vierge lui ont permis d'accumuler toutes les
formes et tous les détails d'architecture antique ou moderne qu'il avait pu recueillir en Italie.

Nous avons peu de confiance dans les tableaux attribués
à Albrecht Dürer (1470 à 1528), si nous en exceptons un
Portrait d'homme vêtu de noir, coiffé d'une toque, sur un
fond rouge. J'y vois la main d'un maître, puissante et habile à se jouer de toutes les difficultés.

Le Lapin à la gouache, daté de 150?, n'est qu'une copie
de celui du musée de Florence, lequel n'est que la répétition d'une magnifique aquarelle, étude faite sur nature,
datée également de 1502, qui n'est pas une des moindres
richesses de la collection Albertine, à Vienne.

Une grande grisaille, représentant *le Christ portant sa
Croix*, signée du célèbre monogramme et datée de 1527,
sur un papier qui porte une longue inscription, me semble
fort lourde et très douteuse. Enfin une peinture à la détrempe sur toile, où est figuré le sommeil de Jésus veillé
par la Vierge et par une foule d'anges lilliputiens, est peut-
être exécutée par un élève d'Albrecht Dürer, d'après ses
cartons, car elle n'a ni l'éclat ni la légèreté des œuvres
similaires de ce maître. Le livret met le nom d'Herle d'Ulm
avec un point d'interrogation. Nous ferons comme lui.

Je citerai un triptyque de Burgkmeir (1472 à 1540), ami,
puis imitateur d'Albrecht Dürer, œuvre très sèche et très
contournée, représentant *le Martyre des onze mille Vierges*,
à cause de cette particularité que le mât du navire qui
porte sur le Rhin sainte Ursule et ses compagnes est la
croix même sur laquelle le Christ est fixé.

Si vous voulez maintenant contempler des Lucas Cranach-
le-Vieux, vous n'avez qu'à ouvrir les yeux. Tableaux religieux, tableaux profanes et portraits, longues figures nues
et maigres, plus grandes que nature vues en pied, et compositions à mi-corps, il y en a de tous côtés. C'est toujours
la même carnation d'un blanc rosé, souvent cernée d'un
trait noir qui sert aussi à modeler les cheveux ou à dessiner les traits du visage; petits traits et petite nature, qui
se dégagent à peine des maigreurs de la gothicité, mais
sur lesquels saillissent, avec tout l'accent de la nature largement et intelligemment interprétée, quelques magnifiques

portraits : d'abord, l'étude sur carton du *Margrave Georges de Brandebourg*, puis *le Portrait de Joachim Rehle*, œuvres qui ne le cèdent en rien aux plus belles qu'Holbein ait exécutées.

Ici s'arrêtent mes études. Quant au reste de la galerie, je n'ai fait que l'apercevoir, m'arrêtant ici et là, dans ma course, devant quelque œuvre hors ligne qui me fixait en place, quoique l'heure me talonnât de ses aiguilles trop hâtives.

Comme d'usage, P.-P. Rubens brille au premier rang parmi les peintres du Nord. Le *Quos Ego*, *Diane et ses Nymphes*, provenant de l'ancienne galerie d'Orléans ; *le Jardin d'Amour*, dont une répétition existe au musée de Madrid, et une copie, par Van Balen, au Belvédère ; *les deux Fils du Peintre*, répétition plus achevée du tableau de la galerie Liechtenstein, et plusieurs portraits fort beaux me sont surtout restés dans la mémoire parmi trente-quatre tableaux attribués au peintre d'Anvers.

Saint Jérôme en prière auprès de son lion endormi, sujet traité presque dans les mêmes dimensions par Rubens et par Van Dyck, permet d'apprécier la différence qui existe entre ces deux artistes considérés comme peintres d'histoire. Le lion de Rubens, même en dormant, est le plus terrible comme le plus puissant des animaux. Celui de Van Dyck, affaissé sur lui-même, ronfle comme un pourceau. Cette différence que l'on remarque dans les animaux se fait voir aussi dans les personnages. Et c'est une chose étrange de voir combien Van Dyck, si noble et si élégant dans ses portraits, perd cette qualité lorsqu'il s'essaie à peindre les sujets religieux ou historiques.

Je voudrais quitter Rubens et citer les portraits de Charles Ier, d'Henriette de France et de leurs enfants, parmi les dix-huit toiles que l'on attribue à Van Dyck ; mais il me faut revenir à *la Chasse au Sanglier*, esquissée par le premier d'un pinceau furibond.

Le sanglier vient de franchir un tronc d'arbre, et la meute, acharnée à sa poursuite, tombe sur lui en se culbutant, tandis que les chasseurs, lancés au galop de leurs chevaux, l'attaquent de leurs épieux dont le bois plie, ou sonnent de la trompe à pleins poumons. Rubens nous a habitués à ne point nous étonner des audaces de son crayon ou de son pinceau ; mais jamais la ligne et la couleur n'ont été emportées sur ses toiles par un mouvement plus vertigineux que dans cette esquisse, qui laisse loin derrière elle *l'Inondation en Phrygie* du Belvédère.

5

Rembrandt compte là aussi un chef-d'œuvre de même qualité que le beau portrait d'*Homme à la plume* de la galerie Liechtenstein. C'est Rembrandt lui-même, en costume galant, assis près d'une table bien servie, levant en l'air son vidercom rempli d'un vin blanc à la couleur ambrée et riant au spectateur, tandis qu'il tient sur ses genoux une belle jeune femme, la sienne, qui, vue de dos, retourne vers le spectateur sa noble tête blonde. La robe gris perle de la femme donne le ton général au tableau, que réveillent dans l'ombre la garde de l'épée qui scintille au côté du peintre, les pierreries qui ruissellent au cou de sa compagne et les pièces du service étalées sur la table.

Le Portrait d'une jeune Fille aux solides carnations rosées, une fille bien portante et de belle humeur; *un Héron* suspendu par les pattes, large étude lumineuse; une magnifique esquisse, deux fois répétée, de *la Mise au Tombeau*, éclairée par une torche et par une lanterne, sont de dignes pendants du premier groupe que j'ai cité.

On trouve à Raphaël une couleur lourde quelquefois; on me permettra bien, je l'espère, de trouver que Rembrandt n'est point toujours égal à lui-même, et que ses grandes figures du *Sacrifice de Manoé* sont tant soit peu vides, comme de grandes silhouettes sans corps; on me permettra aussi de trouver que l'aigle de Jupiter fit un bien vilain cadeau au maître de l'Olympe quand il lui apporta ce sale Ganymède qui pleure, qui crie et qui fait autre chose pendant sa course aérienne.

Un repas de personnages, antiques assurément, mais accoutrés à la diable, fort belle et fort importante composition du reste, a mis les esprits à la torture avant que d'être baptisé. Les uns y voient « le repas d'Esther et d'Assuérus, » d'autres « Samson expliquant des énigmes pendant un repas. » De fait, il y a un personnage très chevelu qui, les doigts d'une main posés sur ceux de l'autre, se retourne vers ses convives pour leur expliquer quelque fait ou leur conter quelque histoire qui les fait rire. Mais ce personnage ne pourrait-il point être Antoine expliquant aux rieurs comme quoi la jeune et belle femme assise à ses côtés, qui ne serait autre que Cléopâtre, vient d'avaler cette fameuse perle dissoute dans du vinaigre, ce qui devait faire un breuvage plus coûteux qu'agréable. Après cet essai d'explication, je compte qu'il y a en tout vingt toiles de Rembrandt, et je puis assurer que Ferdinand Bol, son imitateur, même à côté de lui, n'est point un peintre à dédaigner.

Il faudrait aller maintenant dans les cabinets pour énumérer la foule des petits maîtres hollandais dont les compositions familières ou les paysages sont des chefs-d'œuvre. Des Terburg, des Ostade, des Mieris, des Metzu, des Netcher, des Wouwermans, et non des pires, à enrichir tous les musées, tant ils sont nombreux; des Téniers par douzaines, s'y remarquent en nombreux exemplaires de choix parmi les tableaux des autres peintres qui font de l'espèce humaine l'objet de leurs études. Des Ruisdaël magnifiques, des Berghem, des Zachtleven, des Everdingen, des Moucheron, des Wynants, parmi les paysages; des Paul Potter, des Adriaan Van de Velde, des Asselyn, des Veenix et des Mignon, parmi les représentations d'animaux vivants ou morts, se détachent du nombreux cortége de peintures secondaires à qui cependant on fait encore une belle place dans l'histoire de l'art, grâce à quelque qualité qu'elles ont mise en relief. Je m'aperçois, en nommant les principaux d'entre les peintres présents, que j'aurais eu plus tôt fait d'énumérer les absents; mais je ne voulais dire que quelques mots du musée de Dresde, et l'on voit où la richesse de la matière m'a entraîné. J'ai fait ainsi le plus bel éloge possible d'une collection qui demanderait des mois pour être convenablement étudiée, et que ni livres ni gravures ne pourront jamais assez faire apprécier.

MUSÉE HISTORIQUE.

Ce qu'on appelle le Musée historique occupe, sur un des côtés de l'enceinte du palais des arts, qu'on appelle Zwinger, une galerie voûtée (gewehrgalerie) semi-circulaire, que l'on ne chauffe point, et où l'on n'entre qu'après avoir payé, et encore à certaines heures très matinales. C'est surtout une fort belle collection d'armures, d'armes et d'engins de chasse, à laquelle on a joint quelques meubles passés de mode, qui faisaient jadis l'ornement du palais des anciens électeurs, les portraits de ces électeurs et les trophées conquis par Jean Sobieski sur les Turcs, lors de la levée du siége de Vienne, en 1683.

Ce n'est point par la simplicité que brille l'art allemand au seizième siècle : l'ensemble s'y perd sous une multiplicité de détails souvent extravagants de forme ; aussi c'est avec bonheur que je noterai deux cabinets à pieds et à volets en ébène incrusté d'ivoire, dans le goût florentin. La forme en est simple, les profils, nettement accusés, dominent les ornements, qui sont d'une sobriété élégante. L'un de ces deux meubles est daté de 1568, et tous deux furent exécutés à Dresde, par Hans Scheffstein, et décorés à l'intérieur de peintures dans le genre de celles que fit Spranger à une époque un peu postérieure.

Ces Saxons du seizième siècle étaient de grands enfants auxquels il fallait de grands jouets ; aussi n'est-il pas étonnant que les collections de l'art industriel de cette époque nous fassent l'effet d'un immense magasin de bimbelots aussi précieux par la recherche de l'extraordinaire que par la richesse de la matière.

Ainsi, dans la même salle que les cabinets précédemment cités, on montre avec orgueil deux surtouts de table, deux rochers en minéraux précieux, tout chargés de verres et de flacons sur leurs anfractuosités, et contenant dans leurs flancs, l'un un cavalier, l'autre un canon. On poussait un ressort, et le cavalier s'avançait tenant à la main un verre plein. Le canon était lui-même un gobelet immense qu'il fallait vider. De là l'expression populaire est-elle venue ? « Boire un canon » se fait-il à l'imitation des électeurs de Saxe, ou « canon » est-il une des formes du mot « canne, » également venu de la Saxe pour s'implanter dans la langue française, comme le mot *cann* s'est fait anglais ?

La salle des armes et engins de chasse des anciens électeurs renferme une des plus curieuses collections que l'on puisse voir. Elle possède tout une série de cornets, depuis un oliphant d'ivoire du douzième siècle, sculpté de dragons se combattant, jusqu'à la corne de Henri IV de France. Quant aux colliers de limier brodés du nom du noble animal qui les portait, ils couvrent tout un pan de muraille. Les épieux, les arbalètes, les carabines, les couteaux et coutelas nécessaires pour « servir » la bête ; une pharmacie de chasse, les chaperons des faucons, les ustensiles de jardinage de je ne sais quel électeur, garnissent les autres murs ou remplissent le milieu de la salle.

Parmi les nombreuses armures de pied et de cheval qui sont conservées dans la galerie, j'ai noté l'armure de Christian II, en fer et en cuivre repoussés et dorés, fabriquée à Augsbourg à la fin du seizième siècle par Kolmann ; une armure italienne pour homme et pour cheval, du seizième siècle, en acier repoussé et ciselé sur un fond gravé et doré, ornée en outre de cartouches où sont figurés les travaux d'Hercule et d'autres histoires de la fable exécutées par la main d'un grand artiste ; une armure de deuil d'une grande élégance, décorée de sujets dorés en relief sur un fond noir.

Plusieurs harnois de joute complètent les observations que l'on peut faire à la collection Ambras, de Vienne, sur

le peu d'intérêt que les tournois devaient présenter aux
derniers temps. Ainsi le bouclier en bois que nous avons
déjà vu attaché au côté gauche du cavalier ne suffit plus à
sa sûreté : ce bouclier s'allonge en tous sens et s'amplifie
de façon à remonter jusqu'au niveau des yeux, protégeant
ainsi la gorge. Sans cette défense, la lance peut frapper le cou
au grand dommage de la tête, que la vigueur du coup risque
de renverser en arrière en brisant les vertèbres supérieures.
Cette carapace en bois s'étend aussi sur le bras droit, qui
porte la lance, laquelle traverse en outre un cône en fer
destiné à cacher l'ouverture ménagée pour son passage.
Enfin des pièces de fer attachées à la selle protègent les
jambes et les genoux. — Notez que les cavaliers sont armés par-dessous ce blindage.

Une selle du quinzième siècle dépourvue de toutes ses
garnitures m'a fort intéressé, parce qu'elle m'a expliqué
une chose qui m'avait semblé jusqu'ici plutôt une exagération d'artiste qu'un usage réellement adopté. Des miniatures et même des sceaux montrent des cavaliers debout
sur leurs étriers, à califourchon sur de hautes selles dont
le siège est très loin du dos de la monture. La selle de la
Gewehrgalerie est formée de panneaux qui portent sur le
dos du cheval, puis de deux hauts arçons que rejoint une
traverse distante de 20 centimètres au moins des panneaux.
C'est sur cette traverse que s'appuyait le cavalier, qui était
droit en selle, comme une paire de pincettes à califourchon
sur un bâton.

Viennent ensuite les armures de guerre des princes de
Saxe, plus intéressantes, pour le plus grand nombre, par
le nom de celui qui les a portées que par leur mérite in-
trinsèque. Puis sur les murs sont des panoplies d'épées,
de dagues, de fléaux et de toutes les armes offensives et
défensives que portaient cavaliers et soldats pendant le
seizième et une partie du dix-septième siècle. Une salle surtout est remarquable par les pistolets qui recouvrent ses
murs, et notez que ces pistolets, en assez grand nombre
pour armer tout un escadron, sont tous des œuvres d'art,
soit par leurs incrustations d'ivoire gravé, soit par leur
damasquinerie et leurs reliefs, soit enfin par leur construction. Parmi ces belles armes, dont un seul exemplaire
ferait la joie d'un amateur, je n'ai point été peu étonné de
rencontrer un revolver à six coups, imaginé et exécuté au
seizième siècle. La seule différence qu'il y ait entre lui et
ceux que l'on vient d'inventer, c'est que le canon ne se
meut point autour de son axe de façon à amener un nou-

veau coup chargé chaque fois que l'on arme le chien, mais qu'il faut faire exécuter de la main un sixième de révolution au faisceau des six canons, à chaque coup nouveau que l'on veut tirer.

Viennent ensuite les selles et les costumes d'apparat, les unes et les autres, soit sur des mannequins, soit dans des vitrines. Le tout se termine par les bottes que portait Napoléon à la bataille de Dresde, et par les cheveux de Moreau, tué à cette même bataille. Mais nous terminerons par la tente de Kara-Mustapha, prise à Vienne par Jean Sobieski ; elle est dressée dans une salle dont elle recouvre la voûte et les murs de ses draperies en coton rouge brodé de soie avec une rare magnificence. Partout sont accrochés les armes, les selles, les insignes, les drapeaux, les carquois, qui la garnissaient. Il ne manque rien à ce splendide abri que les hôtes terribles qui l'habitèrent jadis, lorsqu'ils menacèrent Vienne pendant si longtemps et de si près, qu'il fallut pour les chasser une coalition des princes allemands sous la conduite du duc de Lorraine et du roi de Pologne.

LE TRÉSOR ROYAL (GRUENE-GEWOELBE).

Le goût étrange des princes saxons pour la bimbeloterie précieuse se révèle au Trésor royal par l'intensité de richesse et le nombre des objets que l'on a sous les yeux. Ce Trésor, dont le nom allemand signifie la « voûte verte, » on ne sait point trop pourquoi, est placé au rez-de-chaussée du palais royal, construction sans prétention aucune sur la rue, mais décorée dans la cour intérieure d'un portique et de tourelles d'angle pour les escaliers. On dirait une construction réglée par des maçons, à laquelle des sculpteurs auraient été chargés après coup d'apporter quelques ornements, tant il y a peu d'accord entre toutes les parties de l'édifice, riche ici, là d'une nudité qui est de l'indigence. Le plus joli morceau de la Renaissance que nous ayons remarqué parmi toutes ces constructions est la porte d'une église aujourd'hui protestante qui s'ouvre en face de la Swinger. Cette porte, datée de 1555, se compose d'un entablement supporté par deux colonnes corinthiennes, encastrant une baie cintrée et surmonté d'un petit fronton et de statues. Toute cette architecture est couverte d'ornements un peu lourds, ainsi que le ventail de la porte elle-même, aussi orné de statues et de bas-reliefs que ceux de Saint-Maclou, de Rouen. Ce serait un ensemble à publier, comme un des meilleurs exemples que la Renaissance allemande puisse comparer aux œuvres de même époque que possèdent l'Italie et la France.

La Gruene-Gewœlbe, dont je m'écarte un peu, occupe une série de salles voûtées au rez-de-chaussée du palais, salles toutes couvertes sur leurs murs de panneaux en glaces, dont les bois d'encadrement, sculptés et dorés, s'épanouissent en feuillages enroulés qui se transforment en supports pour une foule d'objets d'art. D'autres supports sont accrochés aux montants et aux traverses en bois contourné qui cachent la jonction des panneaux, de sorte que tout cet ensemble de glaces, d'encadrements et de supports dorés, d'objets précieux par la matière et le travail, de vases étincelants d'or, d'émaux et de pierreries, abrités sous des voûtes richement peintes, réalise ces merveilleux palais dont parlent les contes de fées. Je citerai surtout un cabinet tout rempli de joyaux étincelants que l'on aperçoit d'une salle qui n'est guère moins riche que lui, sanctuaire d'art protégé par une grille merveilleusement ouvragée. Franchissez la grille à travers laquelle scintillaient tant de merveilles, le charme disparaît. Ce qui couvre les dressoirs, ce sont des perles extraordinaires montées en grotesques. Dans l'un, la perle fait le corps; dans l'autre, c'est la tête, et ainsi de toutes. Le reste est en or émaillé et décoré de pierreries. Figurez-vous les fantaisies de Callot réalisées en relief avec la richesse de la matière en place de l'esprit; au lieu de quelques gravures spirituellement touchées que vous feuilletez dans un livre, supposez que vous êtes entouré de petits monstres mal bâtis et contrefaits; songez aux sommes folles que cela a coûté et aux dépenses de talent que les ouvriers-artistes attachés à ce travail ont dû faire pour réaliser ces créations bizarres, et vous préférerez à toutes ces tristes merveilles un morceau de la plus vile matière, où quelque ciseleur inspiré aura taillé une œuvre grande par la pensée et par le style.

Le plus célèbre des artistes qui soumirent leur talent aux fantaisies baroques des électeurs est Melchior Dinglinger, des environs d'Ulm, qui apprit son art à Augsbourg et qui, étant venu s'établir à Dresde en 1702, y appela ses frères et en mourant (1731) y laissa un fils héritier de son art. Supputez, si vous pouvez, ce que fit de jouets d'orfèvrerie cette tribu augsbourgeoise pendant plus d'un demi-siècle ! Ce que les fabricants de jouets de Nuremberg ou de la Forêt-Noire exécutent en bois peint, les Dinglinger l'ont réalisé en or émaillé, et ils ont bâti pour l'amusement des grands enfants qui gouvernaient la Saxe des palais et des villages aux maisons d'agate ou de lapis lazzuli, ombragées d'arbres aux feuilles d'émeraude, au milieu desquels courent des ruisseaux de diamant. Le chef-d'œuvre de ces joujoux épiques est la *Cour du Grand-Mogol*, ensemble de cours aux constructions splendides, toute peuplée d'un monde de princes, de soldats et de serviteurs en or émaillé, exécutés avec un vrai talent.

Pour en finir avec ces puérilités, je citerai la salle des ivoires et la salle des œufs d'autruche. Dans l'une, à côté de quelques plaques du douzième et du quatorzième siècle, il y a une foule de gobelets, de vidercoms, de cornes à boire, de coupes et de groupes sculptés aux dix-septième et dix-huitième siècles par des artistes qui se sont fait un nom à ce métier.

Espèces de Flamands armés d'un ciseau, ils nous ont taillé quelque chose comme des Rubens en relief, des formes lourdes et rondes qui n'ont pour vivre ni la magie de la couleur du maître, ni l'élégance ou la fierté de la forme que doit montrer toute sculpture. S'il n'y avait encore que ces reliefs ! Mais un tas de chefs-d'œuvre du tour, produits de mains très habiles et très légères, qui n'ont absolument rien à voir avec l'art, garnissent les étagères. Plusieurs de ces pièces, qu'un souffle pourrait briser, sont dues à d'augustes mains électorales.

La salle à côté est toute remplie d'œufs d'autruche, soit naturels, soit sculptés, soit montés en argent doré, de manière à former des vases, des volatiles ou des dragons. A côté sont des nautiles que l'industrie des orfèvres saxons a transformés de la même façon.

Maintenant il faut, pour être juste, citer quelques pièces d'orfèvrerie, bassins, vases à vin et aiguières ou vidercoms d'une simplicité relative et d'un grand goût. Lorsque l'art domine la matière et y ajoute un nouveau prix, au lieu que ce soit celle-ci qui donne de la valeur à celui-là, nous ne haïssons point les pièces d'or ou d'argent ; mais il nous a été donné si souvent au Trésor de Dresde de voir des œuvres plutôt riches que belles, qu'il ne faut point se montrer difficile à accepter comme digne de remarque ce qui, dans un autre milieu, paraîtrait fort médiocre.

Moins maîtres des pierres dures qu'ils travaillaient, les lapidaires ont fabriqué avec la cornaline, l'agate, le lapis lazzuli, le jaspe ou le cristal de roche, des coupes et des vases de formes relativement plus châtiées. Les merveilleux ouvriers qui assouplissaient à côté d'eux l'or et l'argent, et qui les pliaient à tous les caprices de leur imagina tion, les ont garnis d'or, de pierres et d'émaux, sans réussir complétement à en gâter les contours.

Cependant, comme les quelques émaux limousins du seizième siècle, aiguières, plateaux et coupes, que possède la Gruene-Gewœlbe, appartiennent à un art plus élevé, étant plus châtié ! Qu'il y a plus d'harmonie dans le galbe des vases et dans la composition des ornements peints par nos artistes français, et surtout plus de sobriété !

Quelques bronzes de la fin du seizième siècle, mais surtout du dix-septième, reproduction de groupes connus ou de statues, reposant pour la plupart sur des socles d'ancien Boule, servent d'introduction à cette galerie, qui commence ainsi avec l'art sévère, ne tirant presque que de lui-même les éléments de la beauté, pour passer par toutes les imaginations riches et bizarres que j'ai indiquées, où ce même art n'est que l'auxiliaire sacrifié à la richesse, pour en finir enfin par la richesse seule qui ruisselle en colliers de perles, en rivières de diamants, ou qui brille au manche des couteaux de chasse, à la poignée des épées ou à l'agrafe des manteaux. Ce Trésor est enfin un conte des *Mille et une Nuits* réalisé par un buveur de bière dont la raison n'est pas toujours saine.

LE PALAIS-JAPON.

Traversons l'Elbe maintenant et visitons les collections du Palais-Japon. Sur notre route nous rencontrerons la statue équestre de Frédéric-Auguste, justement nommé le fort. Comme le cheval de Louis XIV sur la place des Victoires, la monture du gros électeur se cabre, mais les jarrets semblent avoir fléchi sous son propre poids et sous celui du cavalier, tant l'ensemble s'enlève lourdement. Le Palais-Japon n'a rien de japonais qu'une collection de porcelaines renfermée dans ses caves. C'est un vaste palais carré, entourant un cour intérieure et précédé d'un péristyle sur le fronton duquel on lit cette inscription assez menteuse : *Museum usui publico patens.* Or, ce musée n'est ouvert que moyennant finance, comme le musée historique, comme le Trésor royal. Il faut payer, et assez cher, pour voir la collection céramique, et payer encore pour voir les antiques. Si l'on était chauffé pour son argent encore ! Le thermomètre placé sur le pont de l'Elbe marquait — 4 degrés, et si la visite que j'ai faite dans le long circuit des caves qui renferment le musée céramique était à peu près supportable , à cause de la position de celles-ci au-dessous du sol, il m'était impossible de rester en place et de prendre des notes dans le musée des antiques, placé au rez-de-chaussée. Quant à la bibliothèque, que l'on dit être fort riche en manuscrits, elle était fermée à cause des fêtes de fin d'année.

Le musée céramique est surtout intéressant par les spécimens précieux qu'il possède des essais et des développements de la porcelaine de Saxe, la première qui fut fabriquée en Europe, au château de Meissen, à quelque distance de Dresde.

Ce fut un joyeux compagnon, alchimiste revenu des erreurs du grand-œuvre et de la transmutation des métaux, Johann-Friedrich Bottcher, qui dota l'électeur Frédéric-Auguste de cette découverte, au lieu de l'or qu'on lui demandait tout d'abord. Son premier résultat fut d'obtenir, en 1704, des vases en terre rouge, fort analogue au grès cérame, rugueuse, mais très dense et de formes assez pures.

Après deux années d'essais, en 1706, il réussit à polir cette terre et à lui donner l'aspect de ces poteries rouges romaines que l'on appelle « terre de Samos. » Mais ces produits avaient, de plus que les fragments antiques que l'on découvre, une densité et une dureté considérables, dues à un commencement de vitrification. Comme les grès d'ailleurs, ils ne sont plus de la faïence et ne sont point encore de la porcelaine. Le fer que renferme leur pâte les rend fusibles à une trop basse température pour qu'ils puissent subir la cuisson nécessaire à la porcelaine.

Les produits des années 1707 et 1708 sont noirs, glacés, et plusieurs ont été décorés avec de l'or.

C'est en 1709 seulement que Bottcher, ayant été amené d'une façon assez originale à découvrir un gisement de kaolin, produisit la première pièce de vraie porcelaine blanche, ce phénix dont il avait poursuivi la découverte dans tous les ateliers où l'enfermait l'électeur jaloux : dans un château pendant la paix, dans une forteresse pendant la guerre, mais toujours avec une table abondamment servie.

Comme c'était la porcelaine de Chine qui avait servi de type à Bottcher dans ses essais, c'est elle que l'on imita tout d'abord. Les premières pièces sont blanches, à reliefs et recouvertes d'une glaçure un peu verdâtre. Ces pièces, sont en tout semblables à celles qui furent essayées à Rouen, en porcelaine tendre, suivant M. André Pottier ; la nuance

de la couverte seule diffère. En France, à Rouen et à Saint-
Cloud, elle est d'un blanc laiteux, tandis qu'elle tire sur le
bleu verdâtre à Meissen.

En 1712 apparaît le décor bleu sur des services marqués
au revers de deux épées croisées, avec une petite croix à
leur point d'intersection, marque qui se simplifia plus tard
par la suppression de la petite croix et se réduisit à ces deux
épées bleues en sautoir que chacun connaît. Une marque
d'ouvrier, sans doute, composée d'un trait droit sur lequel
serpente une ligne ondulée, accompagne parfois la marque
de fabrique.

En 1726, sept ans après la mort de Bottcher, la fabrique
de Meissen, dirigée par J.-G. Horoldt, est parvenue à une
si exacte imitation de la porcelaine de Chine, qu'il faut une
certaine attention pour trouver une différence entre les
produits européens et les produits asiatiques. Je citerai
surtout un bol vert orné de médaillons en camaïeux, signé et
daté : « Meissen, 1727 ; » un service aux armes d'Auguste II,
des décors blancs sur fond blanc, et enfin des assiettes entièrement recouvertes d'un émail bleu nuageux, décoré en
or. Toutes les pièces du plus vieux Saxe sont surtout remarquables par la légèreté du décor qui se détache en émaux
très vifs sur le fond blanc de la porcelaine.

Ce n'est qu'après l'année 1740 que l'on voit apparaître le
décor le plus habituel auquel on reconnaît la porcelaine de
Saxe : ces fleurs européennes jetées avec tant d'abondance
et d'éclat, ces sujets soit peints de couleurs diverses, soit
en camaïeux dans des cartouches dorés. A la même époque
se développe la fabrication de ces statuettes recouvertes
d'une glaçure blanche ou d'un décor polychrome, qui ne
sont pas une des moindres gloires de Meissen. Le sculpteur Kandler, qui entra dans la fabrique en 1731, commença par y modeler des groupes d'animaux de grandeur
naturelle pour certains, comme les chiens et les oiseaux, et
d'une proportion assez considérable pour les plus gros
mammifères. Ces essais, restés à l'état de porcelaine blanche,
ne sont pas une des moindres curiosités de la collection,
qui possède encore d'immenses vases de formes baroques,
dans le style rococo le plus osé, d'un goût détestable,
mais chefs-d'œuvre de fabrication après tout. Kandler commença même l'exécution d'une statue colossale d'Auguste II, dont le modèle, en porcelaine blanche, avec son
piédestal et tous les groupes qui devaient l'accompagner,
est daté de 1753 et conservé dans le musée.

En 1770, commence la fabrication des statuettes en biscuit, c'est-à-dire en pâte de kaolin non revêtue de la glacure feldspathique, et comme l'art en Allemagne suit alors les fluctuations et les transformations de l'art en France, ces biscuits rappellent la sécheresse de formes à laquelle nous donnons le nom de style Louis XVI.

Cette partie si intéressante du musée céramique est précédée et suivie d'une immense quantité de porcelaines chinoises de toutes les fabrications, mais surtout décorées en bleu. Il y en a sur les tables, sous les tables, sur les étagères, contre les murs et contre les piliers; il y en a encore et toujours, d'immenses, de délicates, de splendides; mais ce sempiternel décor bleu, ces formes peu variées finissent par vous fatiguer, et c'est avec bonheur que l'on trouve cette oasis du vieux Saxe.

Quant aux fabrications des autres pays, le musée céramique de Sèvres, que M. de Ricoreux enrichit avec une sollicitude si persévérante, est d'une richesse et d'un complet dont le musée de Dresde est bien loin d'approcher. Ainsi, la fabrication française n'est représentée que par un plat de Bernard Palissy, un pot à l'eau en terre de pipe et un affreux service de Sèvres à portraits donné par Napoléon. Les fabriques princières d'Allemagne et de Russie sont plus favorisées que les nôtres, que ne peuvent point jalouser, du reste, celles d'Angleterre, à peu près absentes.

Le moyen-âge a laissé quelques fragments de céramique en relief émaillée qui appartiennent au quinzième siècle, et sont antérieurs aux travaux de Bernard Palissy en France et contemporains de ceux des della Robbia en Italie. Ce sont des roses et des frises, en feuillages déchiquetés, émaillées en jaune et vert; il y a même une tête de Christ dont les chairs sont recouvertes d'émail blanc, tandis que la barbe et les cheveux sont noirs. Ce sont les spécimens les plus anciens appartenant à l'art du Nord que nous ayons encore trouvés d'une fabrication dont les premiers essais, à date certaine, sont dus à Luca della Robbia, vers 1438, à Florence.

Le style gothique persévéra si longtemps en Allemagne, que nous n'oserions affirmer que les fragments conservés au Palais-Japon sont contemporains des essais italiens; mais ils doivent leur être postérieurs de bien peu d'années.

MUSÉE DES ANTIQUES.

Le musée des antiques, acquis en grande partie du prince Chigi, en 1725, par Auguste II, est surtout célèbre par la

Minerve combattant, statue de style éginète, dont Rauch
a essayé une restauration.

Cette Minerve, debout, est revêtue d'une longue robe à
plis serrés et anguleux, ornée antérieurement d'un large
galon descendant, qui représente une série d'hommes se
combattant. Par-dessus la robe descend l'ampéchonium serré
à la taille par une ceinture qui retient l'égide en peau de
bouc qui lui couvre les seins et descend en arrière jusqu'aux jambes. Cette égide est garnie du gorgonium (tête de
Méduse) et d'une frange de serpents. Les cheveux de la
déesse pendent sur les épaules autour de son visage, aux
lèvres minces et souriantes, aux yeux longs et bridés, au
menton mince et saillant, terminant un ovale aux contours
accusés. Quant aux bras, la restauration qu'on en a faite
n'a été ajustée qu'à un moulage en plâtre placé à côté de
l'original, de sorte que l'antique est resté dans l'état de
mutilation où il a été trouvé.

Un autel triangulaire en marbre pentélique, d'ancien
style grec, appartient au même art que la Minerve : art fin
et délicat dans les ornements et archaïque dans la statuaire.
Mais dans ces longues figures émaciées, dans ces physionomies graves et souriantes dont rien ne vient troubler la
sereine tranquillité, dans ces attaches fines, aux mouvements accentués, dans ces draperies qui se massent par longs
plis fins et serrés, dans tout cet ensemble il y a quelque
chose de si grand à cause de la simplicité des lignes, de
si monumental enfin, qu'on ne peut désirer rien de mieux
pour décorer l'architecture. On se prend à craindre que plus
d'indépendance, jointe à un sentiment plus intime de la
nature, ne rompe cet ensemble si beau que forment deux
arts tellement unis, que l'un donne de sa vie à l'autre, et
que le second transmet un peu de son calme au premier.

Un Bacchus asiatique sacrifiant est le seul morceau dans
lequel on aperçoive une trace de cette sculpture primitive ;
le reste appartient à l'art gréco-romain de l'empire. Certes,
il y a plus le souplesse dans le corps de ces quatre athlètes
qui là s'oignent ou s'essuient de leur strigille, et qui, plus
loin, se combattent ; dans ces deux torses charmants de
faunisques revêtus de la paradise, dont l'un danse, tandis
que l'autre, mollement appuyé, se livre au repos. La ligne
est plus ondoyante, les chairs ont plus de morbidesse dans
un Amour vainqueur d'un lion et dans les groupes lascifs
de deux satyres qui luttent, l'un avec une hermaphrodite,
l'autre avec une nymphe ; mais toutes ces œuvres charmantes seront aussi estimables ici que là, et je doute fort

que jamais architecture ait pu recevoir une décoration quelconque de leurs reliefs.

Un torse de guerrier blessé, magnifique par la largeur du travail ; trois sarcophages de la décadence, un Neptune sur un dauphin, complètent, avec trois belles figures romaines drapées et une statue cuirassée d'empereur romain (Marc-Aurèle), ce que nous avons pu voir, mais non étudier, tant le froid était intense.

L'art de la Renaissance n'est réellement bien représenté que par un Hercule en bronze florentin revêtu d'une belle patine noire, et par un buste en marbre jaune de Frédéric de Saxe, sculpté en 1498, œuvre plus intéressante que belle, mais qui indique quelles étaient les tendances de l'art allemand à l'extrême fin du quinzième siècle.

Dans tout ceci l'art du moyen-âge est bien absent, et ce n'est point à Dresde qu'il faut aller pour l'étudier. On m'avait vaguement dit à Vienne que j'y pourrais trouver une collection particulière qui renfermait des richesses de l'époque que je recherchais avant tout, et l'on m'avait engagé à l'aller visiter, ne fût-ce que pour donner des renseignements à ceux qui me suivraient.

Je me présentai donc un matin pour demander au propriétaire la faveur de visiter ses richesses pendant l'après-dînée, afin d'employer le reste du jour, lorsque les musées seraient clos. De la pièce où j'attendais le maître de la maison, je pressentis la nature de la collection, rien qu'à contempler les tableaux appendus aux murs. J'avais envie de me sauver, mais la peur d'être pris pour un voleur me retint. Un aimable vieillard me reçut et m'introduisit dans son cabinet. J'étais pris. Pendant plus d'une heure les boîtes succédèrent aux boîtes, les écrins aux écrins, contenant tous, comme choses précieuses, des émaux, des ivoires et de l'orfévrerie du moyen-âge, — j'avais annoncé, pour abréger la visite, qu'un goût très exclusif ne me permettait d'apprécier aucune œuvre d'une autre époque, — tous à l'état de fragments ou d'assemblages monstrueux, tous de la plus insigne fausseté. Avec quelle joie cependant le pauvre homme me les faisait admirer, les caressait de l'œil, les renfermait sous le satin et les replongeait dans leur tiroir ! Il était heureux dans son rêve ; mais quel réveil s'il s'avisait jamais de soumettre aux enchères ces belles choses que lui vendent les faussaires allemands ! Ce sont des gens très habiles, qui ont poussé très loin l'art du « trucage, » et qui sont doués d'une fière impudence. Que Dieu vous préserve à jamais de leurs œuvres d'art !

BAMBERG.

25 décembre.

Voici une brave ville allemande de l'ancien temps, où les enseignes se balancent encore à la porte des auberges, suspendues à l'extrémité de longues potences en fer magnifiquement ouvragées ; où, dans ces mêmes auberges, on vous sert des potages aux colimaçons, quelques spirales de chair dure, marbrée de noir, nageant dans un bouillon trouble ! Souvent ce n'est que le premier pas qui coûte ; ici, c'est la première cuillerée, car les autres suivent assez facilement, et ce potage n'est point des plus mauvais.

Si, tandis que nous y sommes, nous parlions un peu d'esthétique culinaire entre la poire et le fromage. Ici, cette locution est vraie, car le fruit précède toujours son savoureux compagnon, qui aide à boire les vins blancs de la Hongrie, de la Moselle ou du Rhin, servis dans des bouteilles au col effilé.

Vaut-il mieux suivre dans l'ordre du repas ces grandes divisions classiques de la cuisine française, dont le romantisme est venu rompre depuis quelque temps la superbe ordonnance ? ou vaut-il mieux mélanger le tout dans une olla-podrida fantaisiste que chacun fait à sa guise sur son assiette ? Doit-on séparer les entrées, les rôtis et les entremets, ou mêler tous les légumes cuits ou marinés à toutes les viandes et additionner le tout de compotes et de confitures ? Graves questions auxquelles on réfléchit en mêlant une compote de pêches à l'oie de Noël rôtie, des pruneaux à un râble de lièvre, des confitures de bar au poulet et de la compote de pommes accompagnée de salade au bœuf rôti, ou en découvrant une côtelette cachée par un œuf sur le plat. J'ai essayé de tous ces mélanges, que les Allemands, les deux bras appuyés sur la table, la tête penchée en avant, engloutissent à l'aide de leur couteau, auquel la fourchette, employée en guise de râteau, va chercher de toutes parts ce qui encombre l'assiette : légumes, viandes, confitures et salades. J'y ai renoncé après chaque expérience nouvelle ; mais il serait facile de s'habituer à cet aigre-doux qui résulte de la combinaison de tant d'éléments disparates.

De tout ce système je n'apprécie guère que le mélange
des rôtis et des légumes, et je ne hais pas qu'un repas,
comme un édifice bien décoré, aille de plus en plus savoureux et de plus en plus orné du premier service au
dessert, qui couronne le tout de ses caprices délicieux.

Après cette digression, où m'a conduit le potage aux escargots, on me permettra de reprendre mes études archéologiques et d'aller voir Mgr l'archevêque de Bamberg, officiant pontificalement dans sa cathédrale, au son des vio-
lons, pour célébrer le jour de Noël.

Cette cathédrale est une des plus intéressantes de l'Allemagne par ses dispositions générales, qui rappellent celles
de l'architecture rhénane, et surtout par sa sculpture. Sa
nef est terminée, suivant le type rhénan, par deux absides
opposées, l'une à l'orient, l'autre à l'occident; par deux
chœurs, par conséquent, élevés chacun sur une demi-
crypte qui en exhausse le sol d'un grand nombre de degrés. Au pied de ces degrés, qu'il divise en deux montées,
se dresse un autel. L'abside orientale est romane, percée
de grandes fenêtres circulaires, que surmonte une galerie
extérieure, dont les colonnes supportent une corniche ornée
d'arcatures, placée sous le toit.

Cette galerie, qui règne extérieurement au niveau de la
voûte absidale et qui allège les murs du poids d'une sur-
élévation nécessaire pour l'établissement du toit, est particulière à l'Allemagne ; mais souvent, au lieu d'être réelle,
comme à Bamberg, elle est simplement figurée et aveu-
glée par de grandes plaques de pierre noire qui remplissent
les entrecolonnements. Une tour romane s'élève de chaque
côté de cette abside. Elle est percée de plusieurs étages d'ouvertures en plein cintre, subdivisées par des colonnes intérieures, et terminée au-dessus de sa corniche par quatre
frontons qui accompagnent la naissance du toit : système
encore spécial au roman des bords du Rhin. Deux portes
cintrées s'ouvrent entre ces clochers et l'abside, à l'extrémité des bas-côtés de l'église, qui est à trois nefs. Une
grande incertitude règne dans les murs intérieurs des premières travées de cette abside et témoigne de nombreuses
reprises en sous-œuvre. En effet, à une première église,
fondée en 1004 par l'empereur saint Henri et en partie ruinée par un incendie, succéda une seconde église, en 1110,
qui ne fut achevée qu'en 1274. Aussi la nef, les transepts
et le chevet occidental sont-ils gothiques, mais d'un gothique lourd et timide, encore roman par la forme des piliers,
par le volume des moulures, par l'absence de galerie inté-

rieure et d'arcs-boutants extérieurs et par la rareté des ouvertures, si les arcs y montrent une acuité bien prononcée.

Les deux tours occidentales, pleines jusqu'au niveau des
corniches percées au-dessus de deux ouvertures comprises
sous une même ogive, montent carrément jusqu'à la hauteur du faîte. Là, elles deviennent octogones, étant accom-
pagnées sur les angles de tourelles également octogones et
à jour, formées de plusieurs étages de colonnes supportant
des arcs-ogives. Déjà M. Didron, dans les *Annales Archéologiques*, et M. Viollet-le-Duc, dans ses *Lettres d'Allemagne*,
avaient remarqué la parenté évidente qui existe entre les
tours de Bamberg et celles de Laon ; mais j'avais un certain intérêt, que je dirai tout-à-l'heure, pour rechercher
avec soin les traces de cette parenté. Or, en entrant dans
les cours voisines du chevet occidental, pour mieux apercevoir l'ensemble de ces tours, je découvris à la base des tourelles d'angle, que je ne pouvais voir de la rue étroite qui
entoure ce chevet, d'abord des statues, puis des bœufs pro-
jetant leurs têtes dans le vide. Ces bœufs existent à Laon,
où ils intriguent depuis longtemps les archéologues par
leur présence. La cathédrale de Laon a été dédiée en 1114
et achevée quelques années après ; elle est donc antérieure
à celle de Bamberg ; donc les tours allemandes ont été copiées sur les tours picardes. Qui en a apporté le dessin ?
Je pense que ce fut l'architecte picard, Villard de Honnecourt, qui fut mandé en Hongrie de 1244 à 1247, suivant
M. J. Quicherat ; en 1550, comme je le croirais plutôt.

Or, si l'on observe que des bases de colonnes se remarquent à la dernière assise de la partie carrée de la tour du
nord, bases qui ne portent rien et qui indiquent un changement du plan primitif à partir des imitations des clochers
de Laon ; si l'on feuillette l'Album de Villard de Honnecourt, on y verra sur une des pages l'une des tours de
Laon, tracée en plan et en élévation au verso d'une fenêtre
de Reims, dessinée par l'architecte picard lorsqu'il était
« mandé en Hongrie, » comme il le dit en termes formels ;
si l'on examine, sur une autre page, des figures d'apôtres
assis tenant des banderoles, figures qui ont une grande
analogie avec celles de l'un des portails romans de Bamberg, on devra convenir, sans vouloir montrer trop de complaisance pour un éditeur qui cherche partout des traces
de l'auteur qu'il a mis au jour, que cet auteur est passé par
Bamberg pendant les reconstructions du treizième siècle,
qu'il y a laissé voir ses dessins de France, et que, conseil-
lant d'interrompre les travaux des tours carrées déjà com-

mencées, il les a fait achever sur un plan octogone avec « filioles » d'angle, à l'imitation de celles de Laon, « les plus belles, dit-il, qu'il ait jamais rencontrées dans ses voyages. »

Trois ébrasements des portes de la cathédrale de Bamberg et les chancels du chœur oriental sont décorés de sculptures fort belles et fort intéressantes, en ce qu'elles sont un des jalons sur lesquels on peut se guider pour suivre la tradition de l'art allemand et écrire son histoire.

Aux colonnes du portail latéral nord, qui s'ouvre dans un petit corps avancé en saillie sur le mur du bas-côté, sont adossés les douze prophètes, portant debout sur leurs épaules les douzes apôtres, sculptés dans un style un peu sauvage. Les apôtres sont nimbés et les prophètes ne le sont pas, mais les uns et les autres ont les pieds nus, contrairement à l'usage iconographique qui réserve à Dieu, aux anges et aux apôtres seuls la nudité des pieds. Cette superposition fraternelle des prophètes et des apôtres n'existe en France qu'aux vitraux de Chartres, mais elle est ordinaire dans les monuments de l'orfévrerie allemande, où l'Ancien Testament est toujours montré comme étant la figure de l'Evangile. Ainsi, chaque prophète étant l'auteur de paroles qui se sont trouvées réalisées ou enseignées dans l'Evangile et résumées dans le *Credo*, chaque apôtre étant cru avoir composé l'un des versets de ce *Credo*, chacun de ces apôtres se trouve naturellement avoir été devancé dans le temps par l'un des prophètes qui étonnèrent Jérusalem.

Cette union me semble mieux indiquée encore dans les sculptures du chancel oriental. Sous chacune des arcades romanes qui le décorent extérieurement, sont placées deux grandes figures ; celles-ci, tournées l'une vers l'autre, semblent discuter avec une grande animation dans les gestes et dans le visage. Ne sont-ce pas encore les prophètes et les apôtres qui citent, les uns les versets de leurs prophéties, les autres ceux de leur *Credo*, et qui s'essaient à les faire concorder ?

La même idée a présidé à la décoration du calendrier d'un livre d'Heures exécuté pour Jean, duc de Berry, au commencement du quinzième siècle. A chaque mois, un prophète et un apôtre sont debout l'un à côté de l'autre, tenant des banderoles où sont inscrits les paroles des prophéties et les versets correspondants du *Credo*. Mais, de sa main libre, l'apôtre attire à lui le manteau du prophète. A mesure que l'on avance dans l'ordre des mois, un moindre

pan de manteau couvre les épaules du prophète, qui se
trouve découvert en décembre. Lui-même, pendant ce temps,
il enlève une pierre d'un édifice placé à côté de lui, de
sorte que l'édifice croule peu à peu et n'est plus qu'un
monceau de ruines à la fin de l'année. Cet édifice est la
synagogue. Dans le haut du calendrier, la prédication des
apôtres reconstruit l'église et la Jérusalem céleste.

C'est ainsi que, dans cette suite de miniatures admirables, a été reprise l'idée de Bamberg, et qu'ont été figurés et l'accomplissement des prophéties et le triomphe de
la nouvelle loi sur l'ancienne.

Les figures du chancel de Bamberg, expressives au possible, très réelles et d'une nature un peu vulgaire, — ce qui
est une rareté excessive pour le douzième siècle, — de types
très individuels, d'une grande liberté et d'une grande énergie de mouvements dans leurs attitudes souvent forcées,
mais prises sur la nature, n'étonnent plus lorsque l'on a
été quelque peu familiarisé avec la sculpture allemande
du quinzième siècle. Des deux côtés c'est la même recherche de l'expression à travers l'individualité et la bonhomie des types ; des deux côtés c'est la même convention
dans les draperies, assez singulièrement alliée à la réalité
des figures. Aux figures du douzième siècle les plis sont
cordiformes et tourmentés, et les vêtements s'envolent parfois en draperies boursouflées. Aux sculptures du quinzième
siècle les plis sont roides et cassés, et les vêtements s'éta-
lent en flots aigus d'étoffes métalliques. Entre ces sculptures des deux époques extrêmes, celles d'Ervin de Steinbach, qui m'avaient tant étonné à Strasbourg, servent de
transition à la fin du treizième siècle. D'autres statues de
cette époque peuvent aussi combler la lacune dans la cathédrale même de Bamberg. Ainsi, contre les piliers adossés au chancel nord, il y a de grandes figures isolées, qui,
prises dans leur ensemble, doivent représenter *l'Annonciation* et *la Visitation*, et qui appartiennent à la même école
que les statues de Strasbourg. Les physionomies y sont très
accentuées, ainsi que les mouvements, qui s'accusent vigoureusement sous l'ampleur des vêtements admirablement drapés. Un *Jugement dernier*, sculpté au treizième
siècle dans le tympan de la porte où sont superposés les
apôtres et les prophètes du douzième siècle, montre encore la même énergie d'expression et d'attitude. La Vierge,
implorant son fils pour les humains, se précipite à ses
pieds, qu'elle saisit avec un élan et une passion que l'on
sera longtemps à retrouver dans la statuaire.

En revenant à cette porte latérale nord, nous revenons aussi à l'opposition de l'ancienne loi et de la nouvelle, de l'église et de la synagogue.

Sur l'avant-corps où elle s'ouvre, on a placé, à la fin du treizième siècle, la figure de l'Eglise, la couronne en tête. Au-dessus sont des symboles évangéliques accouplés deux à deux : animaux bicéphales, lion et bœuf. Puis, sous le dais où ils sont posés, est assise une figure drapée, dont la tête manque et qui tient un rouleau à la main. De l'autre côté est la synagogue, les yeux bandés et sans couronne, dont l'étendard se brise et qui perd les tables de la loi. Au-dessous, un diable, qui fait pendant aux symboles évangéliques du côté opposé, descend sur un personnage assis, où M. Viollet-le-Duc a cru voir un juif coiffé d'un bonnet pointu, où j'ai cru, moi, reconnaître un roi. Quel est, en tout cas, ce personnage que tente le démon et postérieur à la chute de l'ancienne loi, à laquelle il semble encore soumis, opposé à cet autre personnage qui, au contraire, proclame la loi nouvelle ? Celui-ci, quel est-il lui-même ? Nous y verrions assez volontiers Constantin et Julien l'Apostat l'un faisant triompher l'Eglise, l'autre essayant de reconstituer le judaïsme.

Au tympan du portail oriental, au nord de l'abside du douzième siècle, sont sculptés le Christ et la Vierge assis sur un trône et entourés d'une assemblée de saints, parmi lesquels est un guerrier, — peut-être saint Henry, — costumé comme Guillaume le-Conquérant dans la tapisserie de Bayeux. Seulement sur sa cotte, qui se termine en caleçon, les mailles ne sont point indiquées. Sur le chapiteau des colonnes de l'ébrasement sont sculptés les apôtres assis, six d'un côté, six de l'autre. Les apôtres de chaque série tiennent une seule et même banderole d'une main, et leurs attributs de l'autre. Sur la banderole devait être inscrit le *Credo*. Ce sont ces apôtres que l'on croit reconnaître dans les croquis assez inexacts de Villard de Honnecourt. Le portail latéral placé au sud de l'abside est surtout remarquable par deux statues nues d'Adam et d'Eve, de très grande proportion et d'une recherche de modelé assez remarquable. La décoration de cette porte est complétée par de belles statues de saint Pierre, d'un autre apôtre, de saint Etienne et de sainte Cunégonde, femme de saint Henry et fondatrice avec lui de la cathédrale de Bamberg, où ils furent enterrés. Le tombeau des deux souverains fondateurs, sculpté en marbre blanc à la Renaissance, de 1499 à 1513, par Tilman Riemenschneider, de Wurtzbourg, occupe le milieu de la nef

et porte leurs effigies couchées sur un massif décoré de bas-
reliefs relatifs à leur histoire. Dans l'un, qui représente sainte
Cunégonde vendant ses joyaux pour payer le salaire des
ouvriers employés à la cathédrale, je n'ai pas été peu étonné
de voir un calice à anse. Peut-être à cette époque, où cette
sorte de calice était abandonnée, en existait-il encore un de
cette espèce dans le trésor de la cathédrale. Ce monument
funéraire succède à une autre tombe de marbre, qui fut
construite en 1147, lors de la canonisation du saint empereur, dont quelques ossements vinrent alors garnir des reliquaires dont l'un est venu se placer dans les vitrines du
musée du Louvre.

De nombreuses effigies tombales d'évêques sont dressées
contre les murs et contre les piliers de l'église, et une particularité de celles-ci, c'est qu'au lieu d'être posées de face,
suivant l'usage, elles sont montrées de profil, dans l'attitude de la marche, comme en un bas-relief égyptien. Enfin, une fort belle statue équestre de saint Henry, sculptée
au treizième siècle et portée par un large culot feuillagé,
s'appuie sur la face du chancel oriental, et par sa belle
tournure nous fait regretter que l'on ait jadis détruit l'effigie équestre de Philippe-le-Bel, qui se trouvait contre un
des piliers de Notre-Dame de Paris.

Au milieu du chœur occidental est le sarcophage en
marbre du pape Clément II, orné de quelques reliefs représentant des Vertus. Des peintures du treizième siècle décoraient à l'extérieur le chancel de ce chœur, et elles se voient
encore à la voûte de l'abside. A côté, sur un autel du
transept sud, se dresse un beau christ en bois, du douzième
siècle pour le moins, et dans les murs d'une longue chapelle
latérale, ancienne salle capitulaire peut-être, sont incrustés les monuments en bronze d'une foule de chanoines des
quinzième et seizième siècles.

La statuaire, on le voit, joue un rôle important dans la
cathédrale de Bamberg, et l'on peut en suivre la succession,
plutôt que les transformations, depuis le onzième jusqu'au
seizième siècle, dans de magnifiques exemplaires. Aussi
quiconque voudra étudier l'histoire de la sculpture au moyen-
âge sera-t-il obligé de venir dans cette jolie petite ville
de Bavière, dont les environs semblent charmants, et qui
possède ce magnifique musée dans sa cathédrale. A côté de
la salle capitulaire s'ouvre le trésor, bien déchu de son
ancienne splendeur. Les pièces les plus importantes en sont
deux autels portatifs en vert antique, montés sur des boîtes
décorées d'émaux rhénans et d'ivoires du douzième siècle.

J'ai noté, en outre, un pied de croix et deux boutons de crosse en cristal de roche taillé, un crosseron en émail de Limoges, du treizième siècle, portant le groupe de l'Annonciation dans sa volute, et deux peignes en ivoire. La présence si fréquente des peignes dans les trésors des églises ne doit point surprendre. Ces meubles, de la toilette la plus intime, étaient destinés aux évêques, afin qu'ils pussent mettre quelque ordre dans leur chevelure avant de monter à l'autel, et un lieu leur était parfois réservé dans l'église. Ils servaient sans doute aussi dans les cérémonies de l'ordination. Le trésor de Bamberg possède encore le couteau avec lequel saint Barthélemy fut écorché. Nous ne savons si la lame a servi pour ce cruel martyre, mais si sa gaine en ivoire sculpté d'entrelacs fort beaux ne peut remonter jusqu'au temps des apôtres, il faut bien en faire honneur au onzième siècle. Beaucoup d'églises ont possédé des couteaux dans leurs trésors. Déposés sur l'autel par certains donateurs, ils étaient les témoins muets de leurs promesses. Gaignières a fait dessiner la figure de couteaux de donation et copier la formule qui était inscrite sur le parchemin qui leur était attaché, formule que M. Léopold Delisle a retrouvée dans les manuscrits de la bibliothèque de la rue de Richelieu et publiée avec la « Lettre de l'abbé Haimon sur la reconstruction de l'église de Saint-Pierre-sur-Dive. »

Enfin un vase polygonal, fait en plaques d'ivoire, monté également sur un pied en ivoire et décoré de quelques ornements dorés, connu sous le nom de « lampe de nuit de Cunégonde, » me semble un ciboire du douzième siècle, peut-être italien.

Je ne parle pas des reliquaires modernes à qui sont échus les crânes de saint Henri et de sainte Cunégonde, non plus que de riches vêtements ecclésiastiques, parmi lesquels il y en a qui ont été d'anciennes et amples chasubles que le mauvais goût moderne a taillées et étriquées, puis rendues inflexibles à l'aide d'une épaisse doublure.

J'oublie des stalles du quinzième siècle, j'oublie les restaurations et les créations de M. Heideloff, de Nuremberg. Pour faire du roman, il a imité l'architecture antique pour la forme et l'a décorée des feuillages aigus du douzième siècle, sans s'inquiéter de la matière qu'il employait, bois, pierre ou bronze, et si la nature de ces substances ne leur imposait point des formes, des dimensions ou des fonctions différentes.

J'ai dit que l'archevêque de Bamberg officiait, et je n'ai point remarqué sans surprise que l'on portait devant lui la croix à double branche. Dans l'ancienne liturgie, c'était la croix accompagnant la crosse qui distinguait seule les archevêques des évêques, que la crosse seule précède. Les croix à double branche étaient surtout des reliquaires renfermant des parcelles de la vraie croix. Ce n'est guère que vers la fin du quinzième siècle que l'on a imaginé de représenter les archevêques avec cette double croix et les papes avec la croix à triple branche, qui n'a jamais existé en nature, que je sache. Il serait donc intéressant de savoir si les archevêques de Bamberg ont adopté ce nouveau signe de suprématie, qui serait particulier à la Bavière, ou si cette croix à double branche est la tradition d'une ancienne croix-reliquaire.

A part sa cathédrale, fort importante, on le voit, et qui suffit à illustrer une ville, Bamberg ne possède plus grand'-chose. Il y a bien encore sur la hauteur l'église Saint-Michel, du quinzième siècle très sec et assez nu, garnie cependant d'un porche latéral qui abrite les figures du Christ ayant les vierges sages à sa droite et les vierges folles à sa gauche.

Tout, dans le reste de la ville, est d'un rococo assez extravagant, surtout l'Hôtel-de-Ville, bâti dans une île et à cheval sur le pont d'une petite rivière, la Regnitz, qui traverse la cité. Il y a peu d'architecture, mais beaucoup de peintures sur la façade, et ces peintures figurent des niches ornées de statues impossibles, des colonnes, des corniches et tout ce que peut inventer une imagination sans frein ; c'est laid, mais cela fait rire. Combien de choses sérieusement laides n'ont même pas ce mince mérite?

NUREMBERG.

26 décembre.

Si je suis dans la métropole des jouets, je ne saurais le dire. A Nuremberg, où l'on pense sans doute qu'il n'y a pas de bonne fête sans lendemain, toutes les boutiques sont fermées. Mais je suis certainement dans la patrie d'Albert Durer, car je reconnais le fond de certaines de ses compositions dans la silhouette du vieux château qui domine la ville. Le grand donjon si nettement profilé sur le ciel avec son haut toit aigu, les pans de murs tortueux qui entourent son préau en suivant les plis et les reliefs du rocher qui leur sert de première assise, les galeries en bois qui garnissent à l'intérieur les murs de ceinture et qui surplombent en balcons délabrés au faîte des pignons, les escaliers accrochés aux murs, je les connaissais avant de les avoir vus. Le grand artiste de Nuremberg les avait étudiés comme peintre et même comme ingénieur; car, ainsi que Léonard de Vinci avait fait à Milan et Michel-Ange à Florence, il avait fortifié et défendu sa ville assiégée. On retrouve aujourd'hui la trace des ouvrages qu'il avait élevés en avant des anciens murs du quatorzième siècle, et M. Viollet-le-Duc, qui, non content de la part que lui ont faite son talent comme dessinateur et comme écrivain, sa science comme architecte, aspire encore à la gloire des Vauban et des Jomini, les a décrits et loués dans ses *Lettres sur l'Allemagne.*

Pour moi, pauvre ignorant en ces matières, dans ce vieux château où je suis monté dès le soir de Noël pour profiter des dernières lueurs du jour expirant, je n'ai considéré que le pittoresque de son délabrement et que la vue de la cité ensevelie sous la neige et plongée dans le repos d'un jour férié. Cette neige assourdissait le bruit des pas des rares promeneurs errant dans les rues; nulle rumeur de la ruche humaine, noyée dans le crépuscule, ne montait à la hauteur où j'étais assis, tandis que derrière moi le soleil disparaissait à l'horizon, traçant une large traînée de pourpre scintillante sur le tapis de neige qui couvrait la plaine. Rien n'était triste comme cette ville endormie dans le repos et qui semblait avoir suspendu son activité pour un temps.

Dans les rues de Nuremberg, suffisamment larges, mais fort capricieusement alignées, j'ai retrouvé les curieuses échauguettes suspendues aux façades que j'avais déjà vues à Dresde. Presque chaque maison a la sienne, et l'on ne saurait imaginer quelle tournure pittoresque ces accessoires parasites donnent aux façades, même quand elles sont fort simples, mais surtout lorsque la Renaissance y a brodé quelques légers caprices. C'est à la Renaissance, en effet, qu'appartiennent toutes les vieilles maisons de Nuremberg; quant aux modernes, elles sont surtout gothiques. Ce ne sont point les particuliers seuls qui sacrifient à ce goût romantique pour les traditions du moyen-âge, mais l'État lui-même suit le courant. La Poste, élevée d'hier, et la gare du chemin de fer, sont en style ogival, un peu sec et allemand, il est vrai, mais moins déplaisant à l'œil, surtout par la neige, que les glaciales imitations de l'antique.

Quant aux principales églises, elles sont également gothiques et fort intéressantes par leur architecture en même temps que par le mobilier qui les garnit.

L'église Saint-Sebald est célèbre par la châsse que Pierre Vischer, aidé de ses fils, enveloppa d'un édicule de bronze au commencement du seizième siècle. La châsse elle-même, en forme de maison et toute couverte de lames d'argent chargées d'armoiries, semble appartenir au quinzième siècle.

Elle est posée sur un massif décoré de bas-reliefs représentant la légende de saint Sebald. Ce massif repose sur une plate-forme portée par d'énormes escargots et servant de point d'appui à huit piliers qui montent jusqu'au-dessus de la châsse et supportent trois dômes qui la recouvrent. A ces piliers sont adossées les statues des douze apôtres, figures que le moulage et la gravure ont popularisées; contre le massif se dressent deux autres statuettes non moins célèbres : celle de saint Sebald, tenant le simulacre de son église, et celle de Pierre Vischer lui-même, coiffé de sa large calotte, le tablier de cuir sur ses habits de travail, tenant le marteau et le burin du ciseleur.

Vous dire maintenant la complication des formes architecturales accumulées dans son édicule par le sculpteur nurembergeois, les candélabres, les balustres, les consoles, les colonnettes, les culs-de-lampe, les dais, les contre-forts, les arcs et les coupoles qui s'y juxtaposent et s'y étagent ; vous décrire les tritons, les chimères, les angelots, les bêtes et les gens qui l'animent, cela serait une chose impossible. Cela est riche, cela est extravagant ; mais en somme c'est une fort belle œuvre, inégale dans sa facture, comme elle est inégale dans le style de sa statuaire. Le style sévère et la grande tournure des apôtres s'y allient à la bonhomie naïve du saint Sebald et du Pierre Vischer, ainsi qu'au style tourmenté des vertus ou des sibylles qui sont assises à la base du monument. Celui-ci, qui n'est point de dimensions très considérables, occupe le milieu du chœur de l'église. Et notez que cette église est livrée aux protestants, qui n'admettent ni le culte des reliques, ni celui des images ! Cependant les tableaux sont encore accrochés aux murs et les statues aux portails, les rétables peints ou sculptés reposent encore sur les autels, le Christ étend encore ses bras sur la croix au fond du sanctuaire, ou couronne encore sa mère dans une auréole glorieuse ; le tabernacle est encore tout prêt à recevoir la réserve eucharistique ; le culte catholique n'a qu'à venir et à poser une pierre consacrée sur l'autel, il trouvera l'église Saint-Sebald et l'église Saint-Laurent toutes prêtes à le recevoir. Un pareil spectacle a de quoi nous étonner, nous autres Normands, dont les monuments ont été mutilés par les calvinistes lors des guerres de religion, à la fin du seizième siècle ; mais il n'en est que plus admirable, car une grande intolérance envers les catholiques se joignait, à Nuremberg, au xvie siècle, à ce grand respect pour les choses d'art.

L'église de Saint-Sebald est de deux époques bien caractérisées et possède deux absides opposées. L'abside orientale, naturellement plus ancienne, appartient encore au style roman. Elle est circulaire et flanquée de deux tours sous lesquelles s'ouvrent les portes qui donnent entrée à l'extrémité des bas-côtés. Ceux-ci ont été élargis et exhaussés au quatorzième siècle, de façon à faire modifier entièrement les dispositions des murs de la nef. Enfin cette nef a été poursuivie à la fin du quatorzième siècle vers l'occident, terminée par un sanctuaire semi-circulaire et enveloppée de bas-côtés aussi élevés qu'elle, qui la pourtournent entièrement et dépassent en largeur la construction primitive. On a ainsi deux églises d'inégale largeur, opposées par le pied. Il y a certes de la grandeur et de l'air dans ce chevet, qui communique avec le chœur par de hautes arcades et qui lui verse la lumière des grandes fenêtres percées entre les puissants contre-forts qui le bu-

lent, et à cet égard les dispositions de Saint-Sebald mé-
ritent d'être étudiées.

En outre des sculptures de ses portails latéraux, cette
église possède une foule de fort beaux bas-reliefs à l'extérieur de son chevet occidental. Ce sont d'abord, sur la
face des contre-forts, dix scènes de la Passion d'un fort beau
caractère, et qui, étant moulées, remplaceraient avec
avantage plusieurs de ces affreuses peintures ou lithogra-
phies, et ces non moins atroces reliefs en carton-pâte qui
déshonorent la plupart de nos églises.

Les artistes de Nuremberg avaient une singulière affection
pour ces sujets de la voie douloureuse, et le plus connu
d'entre eux, celui auquel on attribue volontiers tous les
reliefs que l'on y a taillés au commencement du seizième
siècle, Adam Krafft, a sculpté un Chemin de la Croix d'un
pathétique parfois sublime. Voici comme on raconte l'histoire de cette œuvre. Un patricien de Nuremberg trouva, à
son retour de Jérusalem, que le nombre des pas qui sépa-
raient la maison de Pilate du Golgotha était égal à celui qui
séparait sa propre maison du cimetière de la ville. Il lui
avait fallu faire deux voyages successifs pour rapporter cette
mesure. Il commanda alors au sculpteur Adam Krafft la
représentation des stations que fit le Christ sur le chemin
du Calvaire, et plaça celles-ci à travers la ville, entre sa
maison et le cimetière, aux différentes distances qu'il avait
mesurées. C'est cette série de bas-reliefs qui m'a guidé au
cimetière, où je voulais voir la tombe d'Albert Durer.

A la porte du cimetière se dresse le calvaire. La Mise au
Tombeau est incrustée dans le mur du cimetière lui-même.
N'est ce pas une chose touchante que cette pensée ? Et l'on
ne peut songer sans émotion que l'homme, en allant se
reposer enfin dans le tombeau du rude combat de la vie,
suit cette voie marquée par les stations douloureuses que
fit le Christ pour notre salut ?

L'imagier, disons mieux, l'artiste s'est noblement acquitté
de la tâche qui lui était confiée, et plusieurs de ses bas
reliefs sont d'un pathétique d'autant plus grand qu'il est
naïf. Le sentiment est si profond et si intense, qu'il rend
sublime ce qui un peu plus eût pu devenir ridicule. Je
citerai, entre autres, la scène où le Christ succombe sous la
croix. Harassé, rompu, il est étendu à plat, les mains pro-
jetées en avant, entouré de soldats qui le moquent et le
rudoient. L'on sent si bien que ses forces l'ont abandonné,
qu'on ne sait s'il pourra franchir les quelques pas qui le

séparent de la station dernière, celle où il reposera couché
sur la croix.

Ce pathétique est dans les traditions allemandes, et Adam
Krafft avait pu en trouver un modèle dans un immense
bas-relief qui occupe, sur les murs extérieurs de Saint-Sebald, tout l'intervalle de deux contre-forts et les faces latérales de ces contre-forts eux-mêmes. Trois scènes y sont
sculptées : la Marche au Calvaire, la Mise au Tombeau, la
Résurrection. Dans la Mise au Tombeau, la plus importante
de toutes, tandis que les saintes femmes éplorées entourent
le Christ, la Madeleine s'élance sur lui et dépose sur le
corps divin un ardent baiser où son âme passe tout entière. Devant cette œuvre je me rappelais ces pages brû-
lantes où le R. P. Lacordaire peint avec un style si étrangement passionné l'affection de la Madeleine pour le Sauveur.
Au-dessous de ce bas-relief, une pierre moulurée, qui se
projette en avant et sur laquelle on lit la date de 1427,
porte une lanterne qui, jadis toujours allumée, marquait
aux passants la place où reposait la réserve eucharistique.
En effet, une armoire creusée dans l'épaisseur de la muraille, derrière la Mise au Tombeau, servait de tabernacle
et protégeait l'hostie derrière les portes bardées de pen-
tures magnifiques. N'étaient-ce pas de grands artistes que
ces hommes qui, faisant marcher l'art d'accord avec la foi,
savaient marquer par un admirable symbolisme que l'hostie reposait dans le tabernacle, comme le Christ était couché dans son tombeau, entouré de respect et d'amour ?

L'église Saint-Laurent, du quatorzième siècle, est à trois
nefs égales et terminées par un chevet polygonal. Son portail, très orné de sculptures fort belles, est décoré d'une
rosace comprise entre deux clochers surmontés de hautes
flèches, le tout chargé de nombreux détails un peu secs et
multipliés. Le défaut de cette riche façade, c'est sa richesse même et l'accumulation des étages dans les clochers. En France, ces étages seraient peu nombreux et s'al-
longeraient en se rapprochant du sommet, de façon à
former un ensemble élégant et simple à la fois. En Allemagne, on a suivi aux quatorzième et quinzième siècles les
traditions romanes. Aux clochers gothiques de Saint-Laurent comme aux clochers romans de Bamberg, c'est par
une série de petits étages accumulés qu'on arrive à obtenir
de la hauteur.

Des chapelles latérales garnissent les bas-côtés de cette
église Saint-Laurent, mais si peu profondes, que les murs
qui les séparent semblent, ce qu'ils sont en effet, des

contre-forts intérieurs contreboutant la poussée des nervures de la voûte.

Notons ces nervures, qui supportent les voûtes de la grande nef de leur réseau compliqué, qui se croise en tous sens. Notons encore une galerie intérieure suspendue aux murs du chevet, à la naissance des voûtes, et qui rappelle une disposition semblable de la cathédrale de Coutances.

Comme à Saint-Sebald, tout le mobilier catholique est encore en place dans cette église protestante. Les anges céroféraires sont agenouillés sur les trefs en bois qui vont d'un pilier à l'autre autour du sanctuaire.

Une effigie de la Trinité en bois sculpté, peint et doré, dans une gloire radiée, est encore suspendue à la voûte du sanctuaire. Elle tomba de vétusté il y a quelques années, et l'on s'empressa de la restaurer. De magnifiques rétables, moitié sculpture, moitié peinture, sont encore sur les autels. Voici comment ils sont d'ordinaire disposés. l'autel est sans gradins, des colonnes très courtes supportent le rétable et forment au-dessous de lui comme une niche profonde et basse qui devait jadis recevoir les reliquaires. Cette niche est parfois close par des volets que l'on ouvrait pendant le service divin. La partie centrale du rétable est ornée de grandes statues en bois peint et doré, dont quelques-unes sont fort belles, et deux volets peints sur leurs deux faces viennent les protéger hors le temps des offices. Plusieurs de ces rétables sont des chefs-d'œuvre de peinture et de sculpture, qui n'ont point d'analogues en France.

Ce que l'on vient voir surtout à Saint-Laurent, c'est le tabernacle imaginé et sculpté par Adam Krafft, le plus laborieux et le plus intrépide ciseleur de pierre que l'on ait jamais vu. Décrire cette œuvre serait chose assez difficile, c'est à peine si les dessinateurs peuvent s'en tirer. Il y a d'abord une plate-forme entourée d'une balustrade reposant sur trois figures accroupies. Comme à la chaire, comme au buffet d'orgue de Saint-Étienne de Vienne, on assure que l'une de ces figures est celle de l'imagier lui-même. Du milieu de la plate-forme s'élèvent quatre piliers ornés de statuettes sur leurs angles et garnis de grillages en fer dans leurs intervalles. C'est le tabernacle proprement dit. Trois bas-reliefs représentant les scènes de la Passion reposent sur les piliers. Au-dessus un fouillis de tiges prismatiques, fleuronnées, fleuries, feuillagées, se croisent en tous sens et forment un inextricable réseau de dais, de pinacles, de supports, où s'agite le drame de la Pas-

sion : ici le Christ devant Pilate, plus haut la Crucifixion ;
puis, cette végétation exubérante monte, monte toujours,
se croisant, se tordant et s'enroulant sous la courbe de la
voûte en une grande spirale terminale. Est-ce de la pierre ?
Est-ce du métal ? Ce doute est la plus grande critique que
l'on puisse faire de ce chef-d'œuvre du ciseau. C'est qu'en
effet toutes les convenances de la matière sont méconnues,
et que par endroits la pierre y semble tordue comme le
serait une tige de métal.

Aujourd'hui les tabernacles s'élèvent tous en arrière de
l'autel, mais celui-ci est adossé à l'un des piliers du chœur,
du côté de l'évangile, ou au nord dans une église orientée.
Cet usage est le plus ordinaire dans les églises où l'on retrouve encore dans les murs, comme à Saint-Sebald, l'armoire destinée à la réserve eucharistique.

L'église catholique dédiée à la Vierge (Frauen-Kirche),
est un joli petit édifice de la fin du quatorzième siècle,
composé de trois nefs d'égale hauteur, d'où se dégage le
sanctuaire polygonal faisant suite à la nef centrale. Les piliers qui supportent les voûtes à nervures n'ont pour chapiteau qu'une simple moulure, quand ils en ont. En avant
du portail s'élève un porche tout orné de statues et que
l'on a clos de portes pour agrandir l'église. Au-dessus du
porche est une chambre pour l'horloge. Le pignon de
l'église s'élève en arrière, garni à son milieu d'un clocher
à demi engagé, dont la flèche manque malheureusement.

Cette jolie façade compose un ensemble rare avec la Belle-
Fontaine, qui s'élève à quelque distance en avant ; malheureusement, les formes classiques des échoppes en bois du
marché viennent jeter la monotonie de leurs lignes horizontales à travers tout ce luxe capricieux de gothique flam-
boyant, ascendant et contourné. Cette fontaine est formée
d'un bassin inférieur d'où sortent huit piliers, auxquels sont
adossées les figures des neuf preux et des sept électeurs
d'Allemagne ; au second étage, huit piliers en retraite sont
ornés des statues de huit prophètes ; puis une haute flèche
s'élève au-dessus de ces deux étages, dont je n'indique que
l'ossature en supprimant les arcs qui les relient, les clochetons, les crochets, les fleurons, les moulures qui les décorent. Tout cet ensemble monte jusqu'à la hauteur de 20
mètres, à ce qu'on assure. Une de ces belles grilles en fer
forgé dont j'ai déjà eu l'occasion de parler entoure ce monument depuis le seizième siècle, sans l'empêcher de servir aux besoins de la population. D'autres fontaines existent
à Nuremberg, qui jouissent d'une grande réputation ; mais

celles-ci sont en bronze, et on les avait recouvertes d'une petite maison de bois pour les protéger contre la gelée et la neige ; quant à la Belle-Fontaine, qui est en pierre, on la laisse exposée aux intempéries : il semble que c'est le contraire qu'il faudrait faire.

Rentrons, s'il vous plaît, dans la Frauen-Kirche, où j'ai plusieurs choses intéressantes à vous faire voir : d'abord des confessionnaux du quinzième siècle, les plus anciens que l'on connaisse. Lassus les avait reproduits en les vieillissant de deux siècles dans le tome Ier des *Annales Archéologiques*, ce qui me dispense de les décrire. Les statues peintes du chœur, figurant l'Adoration des Mages, sont de fort belles œuvres du commencement du quinzième siècle, ainsi que certains anges porte-flambeaux. On fait surtout remarquer un bas-relief représentant la Vierge portant l'Enfant-Jésus adoré par les anges, œuvre très fine et très remarquable, attribuée à Adam Krafft, comme tous les reliefs un peu remarquables de Nuremberg. Enfin, un fort beau triptyque à fond d'or, représentant au centre la Messe de saint Grégoire et plusieurs saints sur les volets, est attribué à Michel Wolgmuth. Ce tableau est le premier de tous ceux que l'on prête au maître d'Albert Durer, non seulement qui vaille quelque chose, mais encore qui soit une œuvre recommandable. Tout ce que j'ai vu de M. Wolgmuth jusqu'ici est d'un sec, d'un anguleux, d'un maigre et d'une dureté qui ne laissent point soupçonner les harmonies et l'ampleur du tableau de la Frauen-Kirche.

Il n'y a point de tableau qui puisse être comparé à celui-ci dans la chapelle Saint-Maurice, petite nef rectangulaire du quinzième siècle, que l'on a transformée en musée de l'école allemande. Il y a là peu de tableaux qui vaillent, quoiqu'on puisse y faire une fort agréable connaissance avec l'ancienne école de Cologne, ainsi qu'avec certains disciples d'Albert Durer, comme Hans Schaufelin et Hans Culmback, qui, moins connus que Hans Burgkmair, mériteraient une plus grande part de renommée. Dans tout ceci, il n'est guère question d'Albert Durer, la grande gloire de Nuremberg. Ses fresques de l'Hôtel-de-Ville, représentant le triomphe de Maximilien, existent à peine, et encore ont-elles été entièrement repeintes, et il n'y a pour le représenter qu'un seul portrait appartenant à un particulier. Mais quel portrait ! Il est exposé dans une chambre dénudée qui n'a pour tout ameublement qu'une table chargée de toutes les cartes que les visiteurs y ont déposées, et deux chaises devant un chevalet, sur lequel est

posée une boîte dont le couvercle à coulisse est peint
d'armoiries. Ces armoiries singulières que j'avais vues
plusieurs fois répétées sur les écussons des anciennes
familles patriciennes suspendus aux murs de l'église Saint-
Sebald, représentant un patin ou soulier élevé, sont les
armes parlantes, je crois, de la famille Holzchuber, à laquelle appartenait le personnage dont le portrait est arrivé
d'âge en âge et par hérédité au propriétaire actuel. Voilà
certes de quoi donner quelque espoir au visiteur que
l'aspect du lieu aurait un peu décontenancé. Mais la
réalité dépasse l'espoir, lorsque, le couvercle ayant glissé dans
ses rainures, la figure du vieux Holzchuber apparaît tout-
à-coup au fond de son cadre noir. La bouche pincée et
l'œil froncé, il vous regarde de travers. Sanguin de com-
plexion, à ce qu'on devine à son expression et à la couleur de son visage rendu plus rouge encore par la blancheur des cheveux et de la barbe, cet homme devait avoir
des colères terribles, mais passagères. C'est pendant un de
ces accès, où le sang monte au cerveau et empourpre la
face, que le peintre l'a saisi et rendu avec une force d'expression et une largeur d'effet qui n'excluent point la mi-
nutie des détails. Les paupières flasques et ridées, les plis
des lèvres, les poils de la barbe, rien n'est oublié, et cependant la vie est sous la peau, l'œil est en feu, la bouche
va s'ouvrir pour quelque bourrasque, la narine se dilate
et respire bruyamment. Tout agit, et cependant rien ne
grimace, rien n'est violent ni outré. C'est même un portrait, et, de plus, un magnifique portrait.

C'est après avoir vu ce chef-d'œuvre que j'ai voulu faire
un pèlerinage à la tombe d'Albert Durer. Je m'étais lancé
sur les boulevards extérieurs, cherchant un des bas-reliefs
de la Passion d'Adam Krafft pour me guider dans ma route.
Mais je ne rencontrais rien que des familles bourgeoises
s'ensoleillant par la neige, comme celles de Leyde, au premier acte de *Faust*. Je tournais toujours, laissant derrière
moi les tours et les courtines, et je ne trouvais rien. J'eus
alors l'idée de demander mon chemin. Mais le premier
bourgeois ne savait pas plus de français que je ne savais
d'allemand. Même ignorance chez le second bourgeois et
même malheur avec le troisième. Je me rappelai alors les
pantomimes saugrenues qui, dans les ballets, remplacent
le discours, et je me mis gravement à imiter avec mon
parapluie sur la neige les gestes d'un homme qui creuse
une fosse ; puis, me croisant les bras sur la poitrine et fermant les yeux, je feignis de me coucher dans la tombe

imaginaire que j'avais ouverte. J'eus un plein succès. *Kirchehof!* s'écria mon Allemand en me baragouinant force explications que je n'écoutais point, étant tout occupé à suivre la direction que m'indiquaient ses bras. En effet, vingt pas plus loin je me trouvais en face de l'une des stations du Christ. Je m'étais trop hâté de demander mon chemin, mais j'avais pu me convaincre que j'avais un certain talent de mime que je m'ignorais entièrement.

Hélas! la tombe où le corps d'Albert Durer repose depuis le mois d'avril 1528, — avons-nous assez jeté à toutes les gémonies les reliques de nos grands hommes! — cette tombe était recouverte de sa maisonnette hivernale, soudée au sol par la neige plusieurs fois fondue et gelée. Du reste, elle doit peu se distinguer des autres tombes, toutes composées d'une pierre épaisse posée à plat; quelques cartouches sculptés qui renferment une inscription, parfois des armoiries en bronze, sont leur seul ornement.

Dans une chambre qui s'élève en un des coins du cimetière, sont exposés derrière le vitrage des portes les morts de la veille, couchés dans leurs plus beaux habits. Il y avait ce jour-là un vieillard, une femme et un petit enfant qui dormait comme en son berceau. La dame avait son tour en faux cheveux, son bonnet à rubans jaunes et sa robe de soie. Puis, pour que les mains ne tombassent pas sur le corps d'une façon inerte, des anneaux étaient passés aux doigts. Ces anneaux, attachés à des cordelettes, s'engageant dans des poulies de renvoi et munies de contre-poids, soulevaient les mains et leur donnaient des façons gracieuses. Quelle triste puérilité en face de la mort!

Mais à Nuremberg cela ne dure qu'un temps, tandis qu'en Sicile, chez les Capucins de Syracuse, cela dure toujours. Le cimetière des bons Pères est une grande salle voûtée, autour de laquelle des squelettes, revêtus du froc et leur tête de mort recouverte du capuchon, pendent fort laidement et avec toutes sortes de contorsions et de dislocations anguleuses et horribles. Puis au milieu de la salle sont empilées des caisses oblongues fermant à clef et distinguées par une étiquette. Ces colis sont des cercueils pleins. On m'en ouvrit un, après m'avoir demandé si j'étais Anglais, parce que les Anglais, voire même les Anglaises, ont la réputation de voler, pour les emporter comme souvenirs de voyage, les petits doigts des morts qu'on leur montre.

Le mort que l'on m'exhiba était un petit vieillard tout sec, tout ratatiné, vêtu comme aux jours de gala, grimaçant entre les deux pointes de son col de chemise, qui

BIBLIOTHÈQUE IMPÉRIALE

7

montaient jusqu'à ses pommettes saillantes sous la peau par-
cheminée. Il avait des gants blancs sur ses phalanges roi-
dies, et des escarpins par-dessus des bas blancs sur ses
orteils contournés. Restes affreux et ridicules de l'un des
premiers de Syracuse, que sa famille venait parfois contempler en cet état !

À Nuremberg, au moins, cette mascarade de la vie ne
dure que deux jours, puis la dépouille mortelle est livrée
à la terre et aux mystères de la décomposition, qui la réduit à n'être plus un jour, quand la famille elle-même est
éteinte, qu'une poussière ignorée dont personne ne s'inquiète plus.

———

Il existe à Nuremberg un musée national d'antiquités,
peu riche encore, mais qui est bien le local le mieux approprié et le plus pittoresque que l'on puisse voir. Figurez-
vous un petit monastère tout entier du quinzième siècle,
avec sa grande chapelle, flanquée d'un côté d'une chapelle
plus petite et de l'autre d'une sacristie ; avec deux cloîtres,
l'un grand et l'autre petit ; avec ses bâtiments claustraux et
toutes ses dépendances, le tout restauré et en aussi bon
état que si l'on venait de le bâtir. Les grandes pièces, statues et retables, dans la chapelle, l'orfèvrerie dans la sacristie, le mobilier ecclésiastique dans la petite chapelle, les
effigies tumulaires et les fragments d'architecture dans les
galeries des cloîtres, la bibliothèque dans les dortoirs, les
archives et les bureaux dans la maison de l'abbé, le con-
cierge à la place du frère portier, voilà quel est l'aménagement de ce musée, que je souhaiterais à M. A. Pottier, pour
y étaler les richesses du musée d'antiquités de Rouen, trop à
l'étroit dans l'ancien cloître du couvent Sainte-Marie. Quelle
belle chose il en ferait dès aujourd'hui ! À Nuremberg, il
faudra du temps ; mais en suppléant aux originaux absents
par les moulages obtenus de toute l'Allemagne, comme on
commence à le faire, on pourra dans quelques années offrir
de curieux sujets d'étude aux antiquaires et aux archéologues, auxquels on évitera ainsi de fatigants voyages, et
Nuremberg y possédera un attrait de plus.

RATISBONNE.

27 décembre.

Encore une vieille ville, et des plus anciennes qui se puissent voir. Je doute, en effet, qu'il y ait une seule des maisons qui en bordent les rues tortueuses dont la fondation ne remonte au douzième ou au treizième siècle, comme il est facile de s'en apercevoir à quelque fragment de moulure ou de sculpture échappé aux arrangements ultérieurs. Plusieurs de ses maisons sont même tout entières de style ogival primitif. Celles-ci, ce ne sont point de paisibles maisons de citadins, comme celles que l'on trouve encore dans certaines villes de France : ce sont des maisons guerrières, de vraies forteresses adossées à une tour carrée dont les cinq à six étages sont éclairés de fenêtres à moitié civiles, à moitié militaires. Ces tours contiennent presque toutes, à ce qu'on assure, une chapelle pour les habitants et pour la garnison, qui s'y renfermaient en temps de guerre, et leur présence donne à la ville un aspect rude et guerrier que n'explique que trop l'histoire de cette malheureuse cité. Mais ces tours, excellentes pendant le moyen-âge, n'ont servi de rien à Ratisbonne contre les boulets de Napoléon. Ceux-ci, du reste, ont abattu tout un quartier, et c'est à ces démolisseurs un peu brutaux que Ratisbonne doit la seule rue alignée qu'elle possède. Cette rue conduit au chemin de fer, dont la station s'élève à peu près à la place où l'empereur reçut la blessure que la mauvaise gravure d'un mauvais tableau a rendue si populaire.

Tout le monde connaît, en effet, cette estampe qui représente l'empereur un pied botté dans l'étrier et l'autre posé à terre et entouré de bandelettes, et s'arrachant, pour monter à cheval, aux mains des chirurgiens qui le pansent. Il était impatient, en effet, de hâter la ruine du mur qui empêchait ses troupes d'entrer dans la ville et d'y poursuivre l'armée autrichienne en retraite et s'empressant de traverser le Danube. Quel affreux encombrement il dut y avoir ce jour-là sur ce pont du Danube, si étroit et si long, et sous l'arcade resserrée de la tour qui le défend du côté de la ville ! C'est là que dut s'arrêter la poursuite, après que nos troupes, s'avançant pas à pas dans le réseau des rues, en chassaient peu à peu l'arrière-garde autrichienne obstinée à la résistance, pour laisser au reste de l'armée le temps de se mettre à l'abri sur la rive gauche du fleuve. Plusieurs des édifices de Ratisbonne conservent la trace de cette attaque de 1809, et l'on m'a montré au sommet du pignon de l'église Saint-Jacques-des-Ecossais le trou qu'y avait creusé quelque boulet égaré dans sa course.

Mais cette église est autrement intéressante que par cette pierre qu'un boulet français a brisée. C'est la seule église romane que je connaisse, en dehors de l'Italie, qui soit entièrement en forme de basilique et couverte par une charpente apparente sur sa nef centrale. Quant aux bas-côtés, ils sont voûtés. En la rebâtissant en 1109, on a dû y employer plusieurs des éléments de l'église primitive, d'une quarantaine d'années antérieure. En effet, les supports des arcades qui séparent la nef des bas-côtés sont d'abord des colonnes à chapiteau excessivement bas et à bases armées de griffes ; puis, ce sont des piliers dans les parties les plus voisines du chevet, qui est circulaire, voûté sur nervures et accompagné de deux clochers.

L'iconographie du portail latéral, qui a été reproduit dans les *Monuments anciens et modernes* de M. J. Gailhabaud, est une énigme que personne n'a pu encore déchiffrer. Il y a bien dans le tympan de sa profonde voussure le Christ entre deux saints ; puis, dans une frise au-dessus, le Christ entre les douze apôtres ; mais les hommes et les bêtes qui reçoivent la retombée des moulures de cette voussure ou qui garnissent l'intervalle des colonnes de l'ébrasement ; mais les monstres de toute espèce qui se combattent sur les parois du mur, les statues en forme de pion d'échiquier, qui supportent l'arcature qui surmonte ces étranges bas-reliefs, rien de tout cela n'a semblé explicable jusqu'ici. L'ensemble en est fort riche et appartient au roman méridional plutôt qu'au roman du nord. A l'intérieur, contre le montant de la porte, le moine qui éleva ce frontispice à son église s'est représenté à genoux, tenant une règle dans ses mains.

De l'ancienne église de l'abbaye bénédictine de Saint-Emméran il ne reste plus qu'une crypte et quelques bas-reliefs, avec l'ancien siége en pierre de l'abbé, relégués sous un porche. Quant aux murs de l'église, plutôt des trois églises accolées, s'ils sont anciens, ils ont été déguisés au dix-huitième siècle sous tant de stucs et sous tant de peintures, qu'il est impossible d'en rien reconnaître aujourd'hui, et c'est grand dommage. Le siège, dont l'onglée m'a empêché de prendre un croquis ; ces bas-reliefs, dont un moulage existe, et que leurs inscriptions doivent dater ; cette crypte, formée en tous sens de cinq travées supportées par des colonnes que je crois carolingiennes, d'après le style des ornements de leurs chapiteaux cubiques ; tout cela donne de vifs regrets en songeant à ce qui a été abattu, ruiné et mutilé.

Cette crypte s'enfonce dans une vaste chapelle bâtie au pied de l'église principale, église à trois nefs qu'accompagnent de chaque côté deux églises plus petites à une seule nef. Sur un des côtés de cette pièce on a bâti, au dix-huitième siècle, un immense rocher où est figuré en relief le groupe du Christ au jardin des Olives et des trois apôtres endormis, le tout peint des plus atroces couleurs dont jamais barbouilleur ait décoré une enseigne. Rien n'est si puéril ni si laid. A l'opposite est une représentation fort intéressante du Saint-Sépulcre, tel qu'il existait encore au commencement de ce siècle sous le dôme de l'église qui recouvre le Calvaire de ses voûtes. Une figure du Christ est couchée sous la petite arcade que l'on a creusée dans le rocher. Les parois de celui-ci, dressées en dehors, sont recouvertes d'un ornement de colonnes supportant des arcades simulées, avec un petit clocher surmontant le tout. Une crèche, à cause de Noël, enjolivait de toutes les niaiseries modernes l'intérieur de cette copie du tombeau du Christ.

Le palais du prince de Tour et Taxis, le plus riche de tous les maîtres de poste de l'univers (1), occupe les bâtiments fort simples de l'ancienne abbaye qui s'élèvent au milieu de jardins fort beaux..... en été.

La cathédrale de Ratisbonne, consacrée à saint Pierre, est un des plus beaux édifices gothiques de l'Allemagne. Elle a été bâtie à la fin du treizième siècle, d'après le système français. C'est une église à trois nefs sans transepts, chacune des nefs étant terminée par une abside polygonale, et les deux nefs latérales, quoique très larges, étant plus basses que la nef centrale, qui est ornée d'arcs-boutants et éclairée par un rang de fenêtres hautes. Il y a deux rangs de fenêtres au chevet, séparées par une claire-voie au niveau de laquelle se trouve une galerie extérieure.

____

(1) Les princes de Tour et Taxis ont reçu le privilège du service de la poste aux lettres dans une certaine partie de l'Allemagne, en échange de leur principauté.

C'est à peu près la disposition du chevet de Notre-Dame
de Dijon.

Le portail, élevé sur de nombreux degrés, est percé de
trois portes et flanqué de deux hautes tours quadrangulaires que l'on achève. En avant de la porte centrale on a
eu la singulière idée de bâtir un porche triangulaire dont
le pilier d'angle est en alignement avec le trumeau de la
porte. Cette disposition insolite a fait écrire de grands mots
à un auteur qui a gâté les bonnes choses qu'il disait par
ses façons prétentieuses de les dire : « Ce portail, loin de révéler aux yeux les mystères d'un temple chrétien, présente
la façade d'un hôtel-de-ville, ornée au premier étage de
son balcon, sur lequel s'ouvrent deux grandes fenêtres, et
surmontée d'un pignon aigu dont le milieu est marqué par
une tourelle féodale. » Il fallait avoir beaucoup de bonne
volonté pour trouver quelque chose de féodal dans ce petit clocher suspendu au pignon, et n'en déplaise à l'auteur
de l'*Art en Allemagne*, il est impossible de ne point reconnaître la façade d'une église, et d'une grande église, dans
le portail de Saint-Pierre de Ratisbonne.

Quant à la sculpture, qui est de deux époques, elle est
moins mauvaise que ne le dit M. H. Fortoul, bien qu'elle
appartienne à un style quelque peu tourmenté.

Le puits de la cathédrale de Ratisbonne est célèbre dans
le monde archéologique. Il est creusé dans le bas-côté sud
de l'église, sa margelle est du quinzième siècle, et sur le
pilier qui supporte le sollite en pierre où est attachée la
poulie, sont sculptées les figures du Christ et de la Samaritaine. Il était impossible de choisir, on le voit, un sujet
mieux approprié à la décoration de ce puits, dont les eaux
ont une destination tout ecclésiastique. Quelques ciborium
du quatorzième siècle, supportés par deux colonnes et adossés
aux murs des bas-côtés, abritant chacun un autel sous leur
voûte, sont des monuments très élégants, dont nous avions
déjà rencontré les similaires à Saint-Étienne de Vienne, et
que nous nous étonnons de ne point retrouver plus souvent imités au moyen-âge. Leur présence, conforme aux anciennes traditions encore suivies dans quelques basiliques
romaines, nous semble donner plus de majesté à l'autel
et apporter un nouvel élément pittoresque à l'édifice.

Une suite de chapelles et de cloîtres environne l'église,
au chevet de laquelle se dresse une lanterne des morts.
Dans le préau du cloître et contre l'une des galeries, s'élève une petite chapelle byzantine, c'est-à-dire surmontée
d'une coupole flanquée de trois absides circulaires sur

trois des côtés du carré qui forme son plan. Ces petites chapelles claustrales sont fréquentes en Allemagne. Dans le cloître de Klosterneuburg j'en avais déjà examiné une qui est bâtie sur un plan octogone, et d'autres cloîtres en possèdent de semblables.

Les archéologues allemands ne croient point que ces chapelles aient été des baptistères, malgré leur forme qui s'adapterait merveilleusement à celle d'une cuve baptismale, et ils semblent assez fondés dans leur opinion, eu égard au style relativement moderne de la plupart de ces chapelles. Ils pensent que c'était un lieu de retraite et d'oraison pour les moines ou pour les chanoines qui fréquentaient le cloître qui les entoure. Néanmoins, ce petit édifice byzantin, dans un cloître du quinzième siècle, est une chose assez extraordinaire pour mériter une étude sérieuse.

L'Hôtel-de-Ville de Ratisbonne est un petit édifice du quatorzième siècle, dont la grande salle a vu s'assembler plusieurs diètes, et qui conserve encore le trône où se sont assis des empereurs d'Allemagne. Aujourd'hui on y tire la loterie et on y donne des concerts. De vieilles tapisseries du quinzième siècle garnissent les murs, et il en est une, entre autres, que le froid et l'obscurité m'ont empêché de noter à mon grand regret. Elle représente un sujet assez ordinaire au moyen-âge, *le Combat des sept Vices contre les Vertus*, qui leur sont contraires. Mais ce qui n'est point ordinaire, ce sont les armures dont les quatorze adversaires sont revêtus et les emblèmes qui distinguent ces Vertus et ces Vices. Ainsi, la Colère, qui combat la Modération, est à cheval sur un loup qui mange un coq; elle porte un aigle ou un corbeau pour cimier et pour armes sur son écu, et un animal embroché sur le pennon de sa lance. Quant à la Modération, elle reçoit d'un ange son bouclier, sur lequel est peint un agneau dans les flammes ; un oiseau à longue queue lui sert de cimier et un poisson décore le pennon de sa lance. Un ours caractérise la Luxure et lui sert de monture. La Pudeur se défend avec une fleur. Il y aurait là un ample sujet de recherches à faire dans *les Bestiaires*, ces récits d'histoire naturelle où la fantaisie domine l'observation, où le symbolisme domine le tout.

Comme dans presque toutes les constructions civiles du moyen-âge, les différentes salles de cet Hôtel-de-Ville sont éclairées par des séries de fenêtres juxtaposées, qui prennent le plus de jour qu'elles peuvent dans les rues étroites de l'antique cité, et qui n'en prennent guère par les sombres

journées d'hiver. Un escalier extérieur sert d'accès au vestibule de cette salle historique, et deux soldats cuirassés et
casqués, placés aux fenêtres qui dominent la porte, en dé-
fendent l'accès à coups de pierre. Mais ne craignez rien :
ils sont sculptés.

Voulez-vous descendre dans la chambre aux tortures ?
Ici, à cette table, derrière cette claire-voie, était assis le
greffier qui, sans être vu, inscrivait tous les aveux arra-
chés au patient par la douleur.

Maintenant choisissez le genre de supplice. Voici un chevalet formé d'une planche dont la tranche est coupée en
biseau, et deux poids pour vous servir d'étriers. Voici un
lit garni de tourniquets à ses deux extrémités, sur lequel
on vous étendra pieds et poings liés, tandis qu'un cylindre
armé de piquants en bois sera posé sur la planche en guise
de traversin. Vous plairait-il, lesté d'un certain poids aux
pieds, d'être suspendu par les poignets à cette corde qui
passe par une poulie fixée au plafond, et d'avoir en même
temps le cou pris dans un carcan dont vos deux bras appuient
la traverse contre votre nuque ? Pour vous reposer, on vous
assiéra dans un bon fauteuil dont le siège est hérissé de
chevilles en bois. Le bois meurtrit et le fer pourrait blesser
le patient ! Puis, si vous êtes par trop endurci et si vous
refusez de répondre, on vous transportera dans un petit caveau parfaitement planchéié et lambrissé, mais dans lequel
il vous sera absolument impossible de vous tenir debout.
C'est avec ces charmantes horreurs que la justice arri-
vait jadis à la conviction. Aujourd'hui... Les Anglais prétendent que nous avons remplacé avec avantage la torture
physique par la torture morale que le juge d'instruction
et le président de la cour d'assises infligent au prévenu.
Chez eux, c'est aux témoins que cette torture est infligée
par l'avocat du prévenu !

Outre les rudes vestiges d'une vieille ville de guerre,
Ratisbonne m'a offert enfin quelques costumes. Partout
dans les villes, c'est le même habit européen qui domine
presque exclusivement. Mais ici l'accoutrement des paysans
et des paysannes, venus à la ville pour fêter encore Noël
deux jours après qu'il est passé, présente ce qu'on peut
appeler de la couleur locale.

Les hommes portent la culotte de peau noire et les
grandes bottes à l'écuyère, et sont vêtus d'un gilet court et
d'une veste ronde en drap vert, ornés l'un et l'autre d'une
infinité de boutons d'argent qui doivent avoir été d'anciennes pièces de monnaie. Il y en a le long des parements,

sur les poches, partout, enfin, où l'on en peut aligner des rangs pressés. Un bonnet rond fourré d'astrakan, une grande pipe et un bâton complètent le costume, qui n'a rien de très extraordinaire. Les femmes en sont restées aux modes que portait en France Catherine de Médicis lorsque régnait son fils Henri III. Elles ont le jupon demi-court, ample sur les hanches, descendant à plis serrés jusqu'au dessus des chevilles et enveloppant le corps d'un cylindre cannelé; le corsage, d'étoffe dissemblable, est à manches qui, bouffantes sur l'épaule, vont en se rétrécissant jusqu'au poignet. Le corset en velours noir, tout soutaché de passementeries d'or, est placé par-dessus et retenu sur la poitrine par une infinité de chaînes d'argent fixées à de nombreuses agrafes ciselées. Un châle de laine protège le cou de ses plis nombreux. Quant à la coiffure, elle consiste en un mouchoir de soie noire ou de coton rouge plié en pointe et noué négligemment derrière la tête, ses coins flottant sur la nuque. Sur le chef de quelques vieilles femmes, j'ai vu un antique chapeau de feutre à forme haute et à longs bords plats ; mais les jeunes Bavaroises ont adopté la coiffure des dames de l'Archipel grec ou du golfe de Naples. Quelle différence il doit y avoir entre les filles élégantes dont les aïeules posaient devant Phidias, et les courtes paysannes qui, aussi larges des épaules que des reins et chaussées de grosses bottes, faisaient résonner le sol sous leurs pas !

MUNICH.

28-31 décembre.

Regrettez-vous le temps où le ciel sur la terre
Marchait et respirait dans un peuple de dieux?
Où Vénus Astarté, fille de l'onde amère,
Secouait, vierge encor, les larmes de sa mère,
Et fécondait le monde en tordant ses cheveux?
Regrettez-vous le temps….

Certes, ainsi qu'Alfred de Musset, vous le regrettez ce temps,

Où les nymphes lascives
Ondoyaient au soleil parmi les fleurs des eaux,
Et d'un éclat de rire agaçaient sur les rives
Les faunes indolents couchés dans les roseaux.

Le roi Louis de Bavière le regrettait aussi; mais comme il ne pouvait donner un corps à ces charmantes fictions créées par le génie de la Grèce, il s'est contenté de peupler sa ville renouvelée des Grecs d'un monde d'images peintes ou sculptées. Pauvres images grelottantes sous un climat qui est celui de Stockolm, comme on aurait envie de vous prêter son manteau, lorsque la neige couvre la terre, lorsque le givre se colle aux carreaux, lorsque tout est glacé sous un ciel nuageux !

Rien ne peut exprimer la singulière et pénible impression que l'on ressent en présence du contraste si grand de ces peintures extérieures et du chaud éclat de leurs couleurs avec ces frimas et ce repos attristé de la nature.

Ainsi, sur la place du théâtre, tandis que mes mains engourdies ne pouvaient déplier une lettre que je venais de prendre à la poste, sur le mur rouge du portique de cette même poste des hommes nus, postillons idéalisés, conduisaient des paires de chevaux copiés au Parthénon, et, sur le fond bleu du fronton du théâtre, Pégase s'envolait du milieu des neuf Sœurs, tandis que sur celui de son péristyle Tepsys menait sa troupe peu vêtue.

Si toutes ces représentations eussent été en marbre ! Le marbre ne vit ni ne grelotte; mais en « plate peinture, » comme on disait jadis, la chose dépasse la plaisanterie et tout ce qui devrait être permis de servilité au pastiche. Peintures encore, sous les arcades qui entourent le jardin du palais, peintures sur les murs de la nouvelle Pinacothèque, peintures sur les anciennes portes ; tout cela fait, en décembre, un singulier effet.

Le roi Louis, qui a bâti une ville nouvelle à côté de l'ancienne ville, qui aurait pu impunément être quelque peu éventrée, tout fier, sans doute, d'avoir donné un roi allemand à la Grèce, a voulu transporter les monuments de la Grèce dans sa capitale allemande, en compagnie d'une certaine quantité d'édifices empruntés à l'Italie.

Il a d'abord tracé une large rue que bordent les ministères, l'Université, la Bibliothèque publique, l'église Saint-Louis, et que terminent à son extrémité un arc de triomphe dominé par la statue de la Bavière triomphante traînée par quatre lions, et à sa naissance une grande tribune fort mal imitée de celle des *Lanzi* à Florence. L'original est un monument d'un gothique italien assez laid et qui n'a de valeur que par les admirables statues qu'il abrite. Mais cette *loggia* de Munich, sans le *Persée* de Cellini, sans la *Judith* de Donatello, sans l'*Enlèvement des Sabines* de Jean de Bologne, alourdie dans son ensemble et dénaturée dans ses profils et n'ayant rien à abriter, est un assez triste monument. A gauche de cette rue, en plein champ, on a bâti une basilique adossée à un temple grec, élevé sur un nombre considérable de degrés, temple qui n'est qu'un musée de moulages. En face s'élève un autre monument grec, la Glyptothèque, c'est-à-dire le musée de sculpture. Sur le côté, on bâtit encore les Propylées, c'est-à-dire l'entrée... de la ville, colonnade de l'ordre dorique, sous laquelle on ne passera pas, comprise entre deux tours carrées, ornées de bas-reliefs et percées de galeries au-dessous de leurs créneaux.

Plus loin, dans un autre champ, est la Pinacothèque, qui affecte à peu près les distributions intérieures du musée de Dresde. Plus loin encore est la nouvelle Pinacothèque, destinée à renfermer les œuvres des artistes vivants. Puis, d'un autre côté de la ville, tout au milieu de la campagne, sur la déclivité d'un pli de terrain, se dresse la statue immense de la Bavaria, en avant d'un portique qui suit les trois côtés d'un parallélogramme. Contre ses murs peints en rouge, sont posés les bustes des grands hommes de la Bavière ; mais ils sont tellement rapetissés par les dimensions colossales de la statue, qu'ils semblent être là comme les *poupées* qui servent de but dans un tir au pistolet.

Quant à ce colosse, dont on a fait tant de bruit, qui, le
bras en l'air, tient une couronne suspendue sur un champ
de navets, c'est la statue la plus gauche, la plus niaise et
la plus molle de contours que l'on puisse imaginer. Mais
le portique lui-même, exécuté avec une pierre très résis-
tante et très dure, qui donne sous l'outil des arêtes d'une
grande netteté, est une des choses les mieux réussies de
Munich.

L'obélisque élevé à la mémoire des Bavarois morts dans
nos rangs pendant la campagne de Russie est une autre
imagination baroque du roi Louis. D'ordinaire, les qualités du bronze font employer ce métal pour les œuvres qui
présentent des reliefs accentués et qui réclament de fines
ciselures. Mais couler des cubes en bronze et les entasser
comme de la pierre n'était jamais venu à l'idée de personne
avant que le célèbre amant de Lola Montès eût fait dresser
l'obélisque en bronze de Munich. Toutes ses faces sont
lisses et nues, à l'exception de la base, qui est décorée sur
ses angles de quatre têtes de bélier reliées par des guirlandes. Pourquoi ces têtes de bélier ? Est-ce parce que les
Bavarois ont la tête dure, ou parce que ces pauvres soldats qui suivirent la fortune de nos armes se sont laissés
tuer comme des moutons ? Ce sont, en tous cas, de singu-
liers ornements pour un monument funéraire.

Du reste, c'étaient de tristes architectes que ceux du roi
Louis, et, si plusieurs de leurs monuments valent quelque
chose à l'intérieur, à l'extérieur ils n'existent pas, et c'est
quand ils ont copié les monuments grecs qu'ils ont seulement fait œuvre qui vaille.

Un détail donnera une idée de leurs aberrations. La
Glyptothèque est un édifice carré, à un seul étage, dont les
murs pleins sont creusés de niches carrées qu'habitent les
statues des grands sculpteurs de l'antiquité et de l'Allemagne moderne. Un fronton supporté par huit colonnes do-
riques domine un péristyle au fond duquel s'ouvre la porte
en bronze du musée. Trois gradins forment le soubassement de ce frontispice ; mais comme ils sont trop hauts
pour être enjambés, les trois marches d'un escalier ont été
taillées dans chacun d'eux. Or, savez-vous quel est leur
emmarchement ? Dix-huit centimètres au plus, c'est-à-dire
que le tiers au moins du pied se trouve dans le vide, soit
que l'on monte, soit que l'on descende. Et ni la montée, ni
surtout la descente, n'étaient faciles par le jour de dégel où
nous nous morfondions, plusieurs visiteurs et moi, à l'abri
de nos parapluies, sous ce péristyle inhospitalier, en atten-

dant qu'il fût agréable au gardien de venir ouvrir le musée ; car personne ne loge dans ce temple : pour qu'on y pût loger, il faudrait y établir une cheminée. Un tuyau de cheminée dépassant la corniche d'un monument grec ! Y songez-vous ? Aussi n'y a-t-il ni cheminée, ni fenêtre, ni sonnette, ni gardien permanent, ni personne à qui l'on puisse s'adresser, ni calorifère surtout, dans ce musée.

Ses salles voûtées garnissent les quatre côtés d'une cour sur laquelle elles prennent jour par des fenêtres hautes et latérales, un vrai jour d'atelier.

La Glyptothèque est surtout célèbre par les marbres d'Egine qu'elle possède. Ces marbres, qui décoraient les deux frontons du Panhellénion, élevé à Egine un demi-siècle environ avant la construction du Panthéon d'Athènes, appartiennent à l'ancien style archaïque, dont le trépied de Dresde est un magnifique exemple. Les érudits de tous les pays, et surtout de l'Allemagne, se sont évertués à préciser le sujet de l'action représentée par les groupes qu'ils forment, et l'opinion la plus générale admet que l'un figure « le Combat autour du corps de Patrocle, » l'autre « le Combat d'Hercule et de Télamon contre Laomédon. » Une autre question plus intéressante pour l'histoire de l'art a été soulevée sur leur style et sur une certaine différence que l'on a cru reconnaître entre la facture des têtes et celle des corps. On a prétendu que les premières, traitées avec une certaine roideur archaïque, étaient en désaccord avec les formes plus souples des membres et du torse. Ces têtes, en effet, grimacent comme les figures que l'on voit sur les plus anciens vases peints : les yeux sont longs et bridés ; les lèvres, minces et rentrées, sont relevées aux coins par un éternel sourire, et le menton s'allonge à l'extrémité d'un visage large du haut, étroit du bas ; les cartilages du nez, les arètes des paupières et des lèvres, tout est nettement ciselé et circonscrit. On a vu là la volonté de s'asservir à une tradition dont on s'était affranchi dans les corps traités avec un sentiment plus délicat de la nature. De cette observation on a déduit tout une série de conséquences sur l'époque de ces marbres, sur l'art traditionnel et sacerdotal, sur l'indépendance de Phidias et mille autres choses.

Or, il est bien difficile d'admettre qu'un artiste capable de modeler un corps avec assez de souplesse pour qu'on le rattache à l'école de la nature se soit astreint à tailler ses têtes suivant un patron convenu, sans jeter les yeux sur celle du modèle vivant et palpitant qui posait devant lui pour le reste de sa statue. Les artistes, les vrais, s'occupent peu des théories et des symboles : ils s'avancent résolûment à la recherche de l'inconnu et poursuivent incessamment ce problème que bien peu ont résolu, l'alliance de l'idéal et de la nature. L'on peut avoir pour certain que celui qui le résout en un point de son œuvre, autant qu'il lui a été donné de le faire, le résoudra dans son œuvre tout entière. Il sera tout entier à la tradition ou tout entier à l'indépendance, sans être esclave ici et là souverain. L'œuvre sera une et homogène et non hybride et dissemblable en ses parties.

Maintenant nous ne craignons pas d'affirmer que ceux qui ont vu deux styles dans les marbres d'Egine ont mal vu, la plupart avec des idées préconçues et un parti pris de phrases faites à l'avance.

Il suffit, ce nous semble, d'examiner avec soin tous ces fragments, que Thorwaldsen a restaurés avec un grand talent, pour reconnaître que si les corps sont modelés avec une apparente largeur, cela tient aux dégradations que les atteintes du temps ont fait subir à la surface du marbre, qui est toute rugueuse, comme si elle était simplement ébauchée.

Les pluies, suivies de soleils trop intenses, et les gelées ont enlevé toutes les finesses de l'outil, de telle sorte que partout où ces causes de destruction ont pu exercer leur action le marbre est rentré dans l'état où l'avait laissé le praticien, avant que le maître animât la statue en accentuant ses formes emprisonnées sous la matière. C'est cet accent qui a disparu sur le torse et sur les membres des statues d'Egine, tandis qu'il est resté sur les têtes protégées par le larmier du fronton. A cette cause toute physique et tout accidentelle il faut en ajouter une autre, qui appartient à l'art : c'est que pour rendre les traits si déliés du visage, placés à de telles hauteurs qu'en un fronton, aussi visibles que les saillies des membres, plus larges et plus puissantes, il a été nécessaire d'accentuer plus vigoureusement les premiers que les secondes de telle sorte que ces duretés voulues et nécessaires, s'ajoutant à la conservation plus parfaite des têtes, forment avec les autres parties usées par le temps le contraste que l'on a observé, en lui attribuant une cause différente et en en tirant des conséquences fort hasardées.

A côté des deux groupes que Torlwaldsen a restaurés, complétés et restitués, ainsi qu'ils devaient être sur le fronton du temple de Jupiter Panhellénien, gisent les fragments qui, trop mutilés ou trop petits pour avoir pu entrer dans la restauration, ont servi du moins de renseignements et témoignent du scrupule qui a présidé à l'accomplissement de cette œuvre ingrate. Des trous percés au front, au cou, aux bras de certaines statues démontrent que celles-ci avaient reçu des ornements métalliques, et servent à prouver que nous avons encore beaucoup à apprendre sur l'art grec, trop généralement considéré jusqu'ici comme un modèle de simplicité et de retenue.

Ces deux frontons suffiraient seuls pour illustrer le musée de Munich, mais d'autres œuvres y sollicitent encore l'admiration ou l'étude. Distribuées dans plusieurs salles qui se succèdent, ces sculptures sont classées d'après l'ordre chronologique et d'après les sujets qu'elles représentent : d'un côté du musée sont placés les Dieux, de l'autre les Héros, et après les Héros les Romains.

L'ÉCOLE DE MUNICH.

Entre ces deux séries, qui fractionnent la Glyptothèque en deux grandes divisions symétriques, deux salles de repos, séparées par un vestibule placé dans l'axe du bâtiment, ont été recouvertes de peintures sur leurs voûtes. Ces peintures, dues à Cornélius, font, à ce qu'on assure, l'orgueil et l'admiration de l'Allemagne. Jusqu'ici, elles n'ont guère été goûtées par aucun des Français qui les ont visitées, et je suis trop de mon pays pour ne point partager le sentiment de mes devanciers. Il se peut que, conformes à la symbolique de Kreutzer, les différents sujets de la Genèse païenne peints dans la salle des Dieux soient en outre inspirés de la philosophie de Fichthe ; il se peut que l'Amour, le créateur universel, y montre partout l'humanité escaladant le ciel et en chassant les dieux ; tout cela doit se dérouler suivant un programme très savant et assurément fort ingénieux, mais aussi tout cela est fort mal dessiné et encore plus mal peint.

Certes, il est convenable que les artistes, élargissant le cercle de leurs études, ne se confinent point dans la pratique exclusive de leur art et apprennent à penser en même temps qu'ils savent peindre ou sculpter ; mais je crois que les beaux-arts possèdent en eux-mêmes cette vertu singulière de plaire et de s'imposer sans qu'ils expriment pour cela une idée ; ou plutôt je crois qu'un grand artiste, sans qu'il en ait conscience, exprimera toujours une idée, par cela seul qu'il est grand et que la pratique de l'art ne lui sera qu'un instrument docile, toujours prêt à rendre visible ou tangible ce qu'il pense, de même qu'un grand écrivain sera toujours celui qui sera animé de grandes pensées. Mais cela ne veut pas dire qu'il suffise de se perdre dans les brouillards de la philosophie et de se nourrir de fortes études pour devenir un grand artisan dans l'art de dire, de peindre ou de sculpter. D'ailleurs, les idées complexes semblent contraires aux arts, où l'élément pittoresque doit surtout dominer, tandis qu'avec des idées simples ceux-ci ont souvent produit des chefs-d'œuvre. Ainsi, pendant tout le quinzième siècle italien et une partie du seizième, Giotto, Fra Angelico, Mantegna, G. Bellini, Philippino Lippi, le Francia, Sandro Boticelli, le Pérugin, Raphaël, Fra Bartolomeo, Andrea del Sarto et le Corrège, et tant d'autres que j'oublie, ont peint des chefs-d'œuvre en représentant ces vierges glorieuses qui, assises sur un trône, sont entourées de quelques saints qui ont vécu lorsque depuis longtemps le *bambino* avait souffert la passion et était remonté aux cieux. La critique moderne, d'accord en cela avec nos peintres, trouve le sujet illogique et absurde. Illogique, j'en conviens ; mais quant à le trouver absurde, c'est autre chose. Rien n'est absurde de ce qui élève l'âme en charmant les yeux, de ce qui transporte les sensations et la pensée au-dessus et au-delà de notre nature infime.

Il se peut donc que Cornélius soit un grand philosophe et un penseur profond, mais il n'est assurément ni un grand peintre ni même un grand dessinateur. Certes, sa pensée n'est point vulgaire, mais sa main est inhabile à traduire sa pensée. Il a beau s'inspirer de Michel-Ange, ses personnages sont emphatiques sans être grands, et je nommerais vingt peintres capables d'imaginer des compositions mieux conçues et surtout mieux exécutées que les sujets de la salle des Dieux et de celle des Héros.

Dans un autre monument, l'église Saint-Louis, un édifice nul au point de vue de l'architecture, M. Cornélius a osé refaire le *Jugement dernier* de Michel-Ange, et cela à Munich, à côté de ces trois magnifiques *Jugements derniers* de Rubens que possède la Pinacothèque. Cette audace n'a point réussi au peintre qui, s'il a su éviter les dissonances et les duretés des peintures de la Glyptothèque, s'est complu dans un ton jaune sans harmonie et sans ressort. Je suis loin de nier le talent de Cornélius ; mais moins pompeusement annoncées et exécutées avec moins d'emphase, ses compositions seraient d'honnêtes décorations, dont il n'y aurait pas grand'chose à dire, à moins qu'elles ne nous étonnassent, nous autres Gaulois, par quelques germanismes de forme et d'expression inusités chez nous.

Un autre peintre, dont le nom fait en France moins de tapage, M. Henri Hess, mériterait peut-être plus de considération qu'il n'en jouit dans notre pays. Il est impossible de voir rien de plus religieux et de plus charmant que les décorations de l'église de Tous-les-Saints. Encore une église dont l'extérieur est nul au point de vue de l'architecture. A l'intérieur elle est imitée des églises byzantines, c'est-à-dire que sa nef est recouverte par des coupoles sur pendentifs. Il y a deux coupoles et une abside semi-circulaire, séparées entre elles par de grands arcs. Ce sont aussi de grands arcs qui recouvrent les tribunes qui surmontent les bas-côtés. Le jour arrive par une rosace qui s'arrondit au dessus de la porte d'entrée, et par des fenêtres semi-circulaires percées dans les murs latéraux des tribunes. Des colonnes en marbre supportent ces tribunes, dans l'intervalle des piliers qui soutiennent les arcs de la voûte, et des revêtements en marbre recouvrent les murs. Puis, sur le fond d'or des voûtes et des coupoles se développe, dans un ingénieux arrangement, l'histoire de l'Ancien et du Nouveau Testament. Ces peintures, qui s'inspirent de l'école italienne du quatorzième siècle, et surtout du Giotto, sont d'un style très élégant et très religieux tout ensemble ; elles sont, avec moins de fierté dans le dessin mais avec plus de grâce, l'équivalent des belles frises que M. H. Flandrin a peintes dans l'église Saint-Vincent-de-Paul, à Paris. Aussi cette chapelle de la cour est à l'intérieur le monument le plus ravissant et en même temps le plus riche et le mieux réussi de Munich.

M. H. Hess ne semble pas avoir été aussi heureux dans les peintures de la Basilique, qui, moins archaïques peut-être, péchent par cette boursouflure et par cette dureté de coloris qui sont les défauts les plus ordinaires de l'école allemande moderne. Ce reproche peut s'adresser surtout aux scènes de la vie de saint Boniface, l'apôtre de l'Allemagne. Quant aux peintures de la tribune, qui représentent, comme dans les anciennes basiliques romaines, le Christ dans sa gloire bénissant une assemblée de saints, elles se rapprochent davantage des belles compositions de la chapelle de la Cour.

Nous ne savons de quelle estime jouit M. H. Hess parmi ses compatriotes, mais nous ne craignons point d'affirmer qu'en France on le placerait au-dessus de M. Cornélius. Comme ce dernier, malheureusement, il semble peu soucieux de l'exécution matérielle de ses compositions. Aussi l'unité que devrait avoir la décoration de ces monuments, que l'on a eu le bon esprit de confier à un seul artiste, est-elle détruite par la diversité des aptitudes et des talents de ceux qui l'ont exécutée.

M. Kaulbach, rival de Cornélius, ne peut être complète-ment jugé à Munich. Il n'y a qu'un tableau de lui à la Nou-velle Pinacothèque, qui est comme le musée du Luxem-bourg de la Bavière, puisqu'elle ne reçoit que les œuvres des artistes vivants, et il vaudrait mieux, pour M. Kaulbach, de n'avoir point fait exécuter les ridicules peintures à fresque qui illustrent les murs extérieurs de ce musée. Ces peintures, qu'un rude climat aura bientôt effacées d'ailleurs, représentent quelque chose comme l'histoire des arts sous le roi Louis, — l'histoire des arts en Bavière, s'entend. Ces dix fresques immenses, traitant dans le style épique les scènes de la vie ordinaire des artistes, font l'effet de ces vers burlesques où l'alexandrin majestueux s'essaie avec pompe à dire des gaudrioles. Figurez-vous des rapins en blouse, plus grands que nature, dessinant le nez de César sous la surveillance du maître coiffé de sa casquette favo-rite et revêtu de sa bonne redingote verte ; figurez-vous surtout une caricature traitée avec les dimensions et avec le sérieux des peintures de la chapelle Sixtine.

Cette malencontreuse caricature, qui représente le com-bat des romantiques et des classiques, est une plaisanterie un peu trop forte, eu égard à sa solennité, et devenue lourde à force d'être grande. Le monstre hybride du clas-sicisme, cerbère sans corps, griffon portant en guise de bec d'aigle trois têtes d'académicien grimaçantes sous leurs perruques à ailes de pigeon, défend de l'ongle l'antre où il a emprisonné les trois Grâces, fort mal à l'aise dans leur étroit réduit. La troupe des romantiques, les uns à cheval sur Pégase, comme les quatre fils Aymon sur leur bon coursier, les autres accourant à pied, sous la conduite de Minerve la bien casquée, assiège la bête malfaisante, tandis qu'un peintre rococo, voltigeur de l'ancien régime, dort profondément tenant un mannequin dans ses bras. Que Grandville, que Charlet ou Daumier crayonnent cette charge sur la pierre lithographique, et je pourrai rire avec eux : le caprice aura guidé leur main hâtive, et l'œuvre aura été enlevée de verve pendant la courte du-rée d'un éclat de rire ; mais esquisser une telle œuvre, l'étudier pour l'exécution, la mettre aux carreaux pour la grandir et l'étaler sur un mur avec toute la solennité d'une composition magistrale où le beau seul devrait resplendir, cela fait rire, mais rire de ceux qui , ayant eu cette pensée, ont eu le courage malheureux de l'exécuter.

La Destruction de Jérusalem, tableau exposé dans l'une des salles du musée, dont ces fresques malencontreuses sont censées décorer l'extérieur, est une œuvre plus sérieuse et d'une valeur plus grande. La gravure a fait connaître cette belle composition , dont le carton fit partie de l'exposition universelle des beaux-arts en 1855.

Titus , précédé des trompettes qui sonnent une marche triomphale , entre dans Jérusalem , que ses soldats mettent en feu. Le grand-prêtre se suicide devant l'autel , tandis que deux groupes principaux fuient sur le premier plan en suivant des directions divergentes. A gauche , c'est un juif chassé par les anges et condamné , comme Ashavérus , à marcher sans cesse : emblème de cette race qui , dispersée sur la terre , traverse les nations sans avoir de patrie. A droite s'avance , sous la conduite d'un ange , une famille chrétienne , portée en partie sur la paisible et forte monture que ne dédaigna point le Christ , et que le moyen-âge osa célébrer dans ses offices religieux. Ce groupe est fort beau ; ses lignes plus calmes , son expression plus attendrie , contrastent heureusement avec les violences du reste de la composition. Ici on sent l'inspiration de Raphaël ; c'est celle de Michel-Ange qu'on devine ailleurs. Quel dommage que l'exécution , molle et indécise , ne réponde pas à la pensée , à la volonté de bien faire !

Les œuvres d'Overbeck manquant à Munich, il n'est point possible d'y étudier, à côté de ses élèves ou de ses disciples, ce père de l'école allemande régénérée.

Comme rien n'est stable ici-bas , pas plus les traditions d'école qu'autre chose , les jeunes artistes de Munich , plus épris de l'art que de la pensée , se mettent à peindre de bons tableaux , à la grande confusion des purs Allemands , qui reprochent à ces derniers de ne rien signifier. En tête de ces novateurs bien-venus , est M. Ritel , l'auteur d'une *Tête d'Italienne* et d'une *Judith*, peintures lumineuses , modelées en pleine pâte, d'un grand charme et d'un grand caractère.

Il est un autre artiste, célèbre en Allemagne, qui a rempli Munich de ses œuvres , c'est le sculpteur Schwanthaler. Il a tout fait, tout dirigé ; il est partout. C'était un homme d'un talent facile ; mais comme les peintres , ses émules dans la décoration du nouveau Munich, il eut trop peu de souci de l'exécution de ses œuvres ; il sembla oublier, comme eux , que, dans la statuaire, plus encore que dans

la peinture, l'idée la meilleure ne vaut guère si elle est
mal rendue, tandis qu'une idée vulgaire peut acquérir un
certain mérite par les qualités inhérentes à l'exécution.
Certes, il n'y a rien qui choque dans ces statues, dans ces
bas-reliefs, dans ces frises qui ornent les places de Munich
ou les frontons et les frises de ses monuments, mais il n'y
a rien non plus qui captive, qui charme ou qui étonne. La
statue colossale de la *Bavaria*, dont on a fait tant de bruit,
est même un morceau sans force et sans grandeur réelle,
prêtant beaucoup plus à la moquerie qu'à l'admiration.

Parmi ces échantillons de tous les styles que le roi Louis
a groupés dans sa capitale, il a bien voulu admettre le
style gothique, mais c'est dans un faubourg qu'il a relégué
l'église célèbre par les vitraux qui garnissent ses fenêtres.

Cette église d'Au, bâtie presque exclusivement en briques,
appartient au style ogival du quatorzième siècle. Elle est
à trois nefs à l'intérieur, bien que son extérieur n'annonce
qu'une seule nef, tant à cause de son grand comble que
de son abside, uniques tous deux. Il est vrai que le portail
principal, sur lequel s'élève le clocher, est percé de trois
portes correspondant aux trois nefs. Quant aux terminaisons
de celles-ci, du côté du chevet, c'est affaire de distribution
intérieure. On a trouvé moyen d'y avoir place pour des
sacristies, de telle sorte que, contrairement aux principes
du système ogival, l'extérieur est en complet désaccord avec
la forme intérieure.

Les hautes fenêtres latérales qui éclairent les trois nefs
et celles du chevet sont garnies de vitraux peints fabriqués
à la manufacture royale de Munich. Si un vitrail est un
tableau, certes ces peintures sur verre sont fort belles; si
un vitrail est une décoration architecturale, elles sont fort
laides. Aux époques où la peinture sur verre fût un art
spontané, du douzième au seizième siècle, quel qu'ait été le
style adopté, on s'ingénia à garnir les fenêtres d'un brillant
et harmonieux écran. C'était comme un tapis transparent
où les couleurs également disséminées appelaient partout
les regards, en laissant pénétrer partout une égale quantité
de lumière; c'était le vitrail enfin qui dominait et non le
sujet, tandis que dans les vitres peintes de Munich on s'est
efforcé de faire un tableau avec ses centres lumineux, ses
tons dégradés et ses ombres intenses : ici la lumière pénètre
à flots, là elle est entièrement interceptée, la forme de la
fenêtre disparaît pour faire place à je ne sais quelle ouverture bizarre et sans forme que les tons clairs du tableau
découpent dans la composition.

Les auteurs des vitres peintes de l'église d'Au se doutaient
si peu de ce qu'est un vitrail, que, dans la bordure des
vitres blanches qui garnissent les fenêtres, au-dessus de ces
compositions tant admirées, aucun ton n'y rappelle ceux
du tableau et ne prolonge sur la surface entière les modulations de la gamme colorée qui resplendit aux parties inférieures. L'emploi de ces vitres blanches est même une
faute, car celles-ci augmentent l'intensité du ton de ce qui
est coloré et surtout de ce qui est noyé dans l'ombre.

Il se peut maintenant que les figures soient admirablement modelées, et que chaque morceau mis sous l'œil soit
irréprochable au point de vue de la perfection ; mais qu'importe si l'ensemble manque au but que la logique lui assi-
gnait ?

LE MUSÉE HISTORIQUE ET LES COLLECTIONS RÉUNIES.

A côté de la Glyptothèque, dont nous avons déjà parlé,
et de la Pinacothèque, dont nous parlerons bientôt, Munich
possède deux collections fort importantes. L'une est le Musée
historique, l'autre s'appelle les Collections réunies.

Le Musée historique est né de la même pensée qui a fait
créer à Paris le musée de l'hôtel de Cluny, et en province
tant de musées d'antiquités nationales. Destiné à conserver
tout ce que renfermaient d'œuvres d'art les couvents ou les
églises supprimés, de meubles inutiles les résidences
royales, le Musée historique est déjà fort nombreux et attend
un local digne de lui par ses proportions et par son luxe.
On le bâtit dans la rue Maximilien, large voie qui se greffe
à angle droit sur la rue Louis, l'œuvre du roi dont elle porte
le nom. Comme presque toutes les constructions publiques
que l'on élève aujourd'hui en Allemagne, ce musée est
imité du style gothique. En attendant qu'il soit prêt à recevoir les objets qui doivent y être exposés, ceux-ci sont em-
magasinés dans les salles d'un ancien couvent. C'est là que
je les ai vus, grâce à l'obligeance du conservateur, M. le
marquis d'Arétin, qui voulut bien s'y morfondre pendant
quelques heures en ma compagnie. Le froid était tel, qu'il
me fut impossible d'y prendre un croquis et même une
note. D'ailleurs, j'appréciais trop, pour vouloir en abuser,
la gracieuseté que me faisait le directeur, en quittant à
mon intention le bon poêle qui devait brûler chez lui, pour
ces salles dont, malgré fourrures et paletots, le séjour était
glacial. Des ivoires carolingiens, par où elle commence,

aux porcelaines de Sèvres, cadeau de Napoléon, par où elle finit, cette collection renferme des échantillons de tous les arts industriels qui ont satisfait au luxe des époques qui se sont succédé entre ces limites extrêmes : le neuvième et le dix-neuvième siècle.

Le Trésor de Bamberg, qui devait être un des plus riches qui aient jamais existé, à en juger par ce qui nous est parvenu, a donné quelques-unes de ses épaves pour représenter l'art des temps les plus reculés. Quand les originaux ont fait défaut, on a eu recours au moulage, et l'on n'a point eu tort, surtout quand il s'agit des ivoires et des bronzes. Mieux vaut dans une collection historique la reproduction d'un monument que l'on n'a pas qu'une lacune. Des mouleurs très habiles existent dans presque toutes les villes importantes d'Allemagne, et celui de Munich, le *formator* J. Kreittmayer, doit être cité parmi les meilleurs. Avec les moulages qu'il m'a été donné de voir en Allemagne, avec ceux que la société Arundel a fait exécuter en Angleterre, il serait possible de créer un musée réunissant presque toutes les pièces rares des collections de l'Europe susceptibles d'être moulées, musée précieux, puisqu'il permettrait de comparer une foule d'œuvres disséminées aujourd'hui et de fournir à l'étude des exemplaires plus fidèles qu'une gravure et même qu'une photographie.

A mesure que l'on avance dans le moyen-âge, le Musée historique devient de plus en plus riche, soit en pièces d'orfèvrerie, soit en vêtements ecclésiastiques, soit en sculptures. Il y a surtout une prodigieuse quantité de ces rétables, moitié sculpture, moitié peinture, semblables à ceux que j'ai déjà signalés à Saint-Laurent de Nuremberg et qui sont sans équivalents en France. Les armures sont fort peu nombreuses, et l'on m'en a expliqué la raison. Il en existait en assez grand nombre jadis, qui étaient la propriété de l'Etat ; mais le roi Louis en a fait porter à la forge plusieurs charretées pour fabriquer une grille très laide qui protège les abords de la Pinacothèque. C'est ainsi que se comportent les princes amis des arts. Que font donc ceux qui ne le sont pas ? Quelles tristes pages il y aurait à écrire sur le vandalisme officiel et princier !

Comme le Trésor impérial de Vienne, comme la Grüne-Gewœlbe de Dresde, le Musée historique de Munich possède fort peu de majoliques italiennes, et celles qu'il a recueillies appartiennent aux derniers temps de la fabrication. Les émaux de Limoges sont également très rares, et l'on a toutes les peines du monde à prouver aux conservateurs et aux gardiens qu'ils ne sont pas italiens. Les faïences de Palissy sont absentes, les grès flamands ne sont guère communs. Il reste les vidercoms en verre émaillé d'armoiries, de telle sorte que ce qui constitue le fond de nos collections françaises et leur partie la plus brillante n'existe point dans les collections allemandes. En revanche, celles-ci possèdent à profusion des ivoires de la fin du seizième siècle et surtout du dix-septième siècle, des matières dures taillées en coupes de toutes formes et montées en or ou en vermeil ciselé et émaillé, puis des quantités de meubles et de cabinets en ébène incrustée d'ivoire ou plaquée d'ambre jaune; les formes de ceux-ci sont tourmentées, les ornements et les moulures les chargent en abondance. Impuissants à trouver la grâce dans la simplicité, les Allemands ont cherché la richesse dans la profusion. Quant aux tapisseries qui garnissent les murs d'une longue galerie et ceux d'un salon, il est impossible d'en voir de plus importantes, de plus belles, d'un travail plus précieux et de mieux conservées; ces tapisseries sont une des richesses de ce musée.

Des meubles du temps de Louis XIV, plus lourds qu'en France; d'autres, du temps de Louis XV, plus follement contournés qu'ils ne l'étaient dans le boudoir de Mᵐᵉ de Pompadour, montrent avec quelle persévérance le goût allemand, à la suite des inventeurs étrangers, transformait tout en ayant soin d'en exagérer les défauts.

Parmi tant de meubles de toutes les époques, on ne peut guère trouver de réellement original que la ferronnerie allemande du quinzième et du seizième siècle, qui, presque toujours formée de tôle découpée et légèrement amboutie, possède une physionomie toute spéciale. Les armoires de la même époque, décorées de réseaux flamboyants sculptés sur leurs panneaux, de créneaux capricieusement découpés au-dessus de leurs corniches et de ferrures aux nombreux méandres, d'où naissent des épanouissements feuillagés, sont encore tout-à-fait spéciaux à la Bavière et sans analogue en France, où le bahut était surtout usité. En Bretagne, on retrouve quelque chose d'à peu près semblable. Mais là l'ornementation gothique, persévérant jusqu'à la fin du seizième siècle, y a donné une physionomie trompeuse à des meubles dont la forme appartient réellement à la période de la Renaissance.

J'étais recommandé à un confrère en archéologie, à M. de Hefner-Alteneck, auteur d'une histoire du costume en Allemagne, et qui achève aujourd'hui sur les arts du moyen-âge et de la Renaissance un ouvrage remarquable par ses nombreuses gravures, qui représentent très fidèlement une foule de monuments curieux. Sous sa conduite, je visitai les Collections réunies, dont il est le directeur. Le Musée historique serait mieux son affaire. Ces Collections réunies forment un assez pauvre musée, où il y a un peu de tout, mais principalement une nombreuse série de modèles en relief d'édifices antiques, qui, dit-on, ont coûté des sommes fabuleuses.

Parmi les objets exposés, je me suis surtout attaché à deux bracelets égyptiens en or qui ont une certaine importance pour l'histoire de l'émaillerie. M. Jules Labarte avait reconnu ou cru reconnaître de l'émail dans la matière, colorée en rouge ou en bleu, qui remplit les alvéoles d'or dont ces bracelets sont couverts, et il s'était basé sur ces deux monuments dans ses *Recherches sur la Peinture en émail*, afin de prouver que l'émail était connu de toute antiquité. De plus, pour corroborer son opinion, M. J. Labarte avait donné au mot *Electrum* une signification que M. F. de Lasteyrie a combattue avec des raisons qu'il sera difficile de réfuter. Mais quelle que soit l'issue de ce combat de linguistique, où les textes jouent le grand rôle, les bracelets existent toujours, et je dois déclarer qu'examinés avec soin, — je n'avais pas de loupe, mais de bons yeux, — ils m'ont convaincu que la matière qui en remplit les alvéoles, brillante et naturellement polie à la surface, y a été déposée liquide ou y a été liquéfiée. En effet, la surface de chaque alvéole est ou creuse ou bombée, suivant que la pâte liquide adhérait ou n'adhérait point aux parois métalliques.

Maintenant, je ne saurais dire si cette pâte, déposée humide, a été simplement séchée au feu ou si elle a été vitrifiée de façon à former un véritable émail. Peut-être l'analyse chimique pourrait aider à résoudre la question sans qu'il fût besoin de mutiler ces charmants bijoux : leur matière rouge s'effrite et tombe, formant une poussière rouge sur la tablette qui les porte, et cette poudre serait en quantité suffisante pour donner des résultats certains à un chimiste expérimenté.

Les choses les plus intéressantes du musée, après ces bracelets, sont les fragments en bronze d'un magnifique char étrusque tout orné de bas-reliefs, dont certaines parties ont été distraites d'une façon fort peu intelligente et incrustées dans les murs de l'une des salles de la Glyptothèque. Qu'on transporte le tout dans ce musée, ou qu'on le laisse dans les Collections réunies, peu importe ; mais il est utile de rapprocher tous ces fragments épars et d'essayer d'en reconstituer l'ensemble.

Quelques antiques , quelques ivoires du moyen-âge , des émaux peints de Limoges, en plus grande quantité qu'en aucun musée d'Allemagne , quelques armes fort belles du seizième siècle, sont tout ce que j'y ai remarqué d'important avec une quantité de ces ivoires et de ces buis du dix-septième siècle qu'on rencontre partout. Une grande partie de ceux-ci est attribuée à un ancien berger des environs d'Augsbourg, qui est parvenu à posséder un talent très réel. Ses œuvres , en effet , sont bien supérieures à cette foule de groupes et de bas-reliefs que produisirent les imagiers d'alors en transportant dans la sculpture les réalités charnues de la peinture flamande.

Enfin , des porcelaines orientales et des armes turques , des panoplies composées d'ustensiles divers, appartenant aux peuplades sauvages de l'Amérique du Sud et de l'Océanie , garnissent les vitrines et les armoires de ces salles un peu vides.

Dans une dépendance des constructions de ce musée, est ouverte une exposition permanente de peinture. Une société des Amis des Arts en fait les frais. Tous les mois environ on renouvelle les toiles exposées , et tous les ans on tire au sort entre les souscripteurs les tableaux achetés avec les fonds versés par eux, augmentés des droits d'entrée.

Ces différents établissements occupent le premier étage de constructions qui entourent le jardin public (Hofgarten), au-dessus d'arcades où sont peints les hauts faits des troupes bavaroises. Mais comme il y avait plus d'arcades que de hauts faits à représenter , la plus grande partie des travées est remplie par des vues d'Italie , peintes par Rottmann , avec un grand talent et avec cette sûreté de main et cette fraîcheur de ton qu'exige et que produit l'encaustique. C'est au même artiste que l'on doit les vues de la Grèce de l'une des salles de la nouvelle Pinacothèque , vues animées par quelque effet de lumière grandiose ou bizarre. Dans la salle où ces fresques sont exposées, le spectateur, comme dans les panoramas, se trouve sous un grand vélum qui assombrit le milieu de la salle et laisse seulement la lumière frapper les peintures , qui y gagnent un ressort infini.

D'autres établissements que le Musée historique et les Collections réunies renferment à Munich quelques monuments du moyen-âge. Ce sont la Reiche-Capelle (la chapelle riche) et la Bibliothèque. La première était fermée à cause des fêtes de fin d'année, et je n'eus ni le temps ni le courage de faire les démarches nécessaires pour engager le haut dignitaire de la cour de Bavière qui en a la garde à venir s'y morfondre pour mon agrément particulier. Il y avait là cependant des émaux grecs très importants et différents autres objets intéressants que je connaissais par l'ouvrage de M. de Hefner-Alteneck ; mais il faut bien laisser derrière soi des choses que l'on n'ait point vues, qui vous donnent des regrets et vous engagent à revenir.

La Bibliothèque était encore visible de huit heures du matin à onze heures, — ces Allemands sont terriblement matineux, — et au petit jour j'étais à l'autre bout de la ville, à l'extrémité de Ludwigs-Strass, devant sa façade en briques, imitée de la robuste architecture florentine, et l'un des monuments les mieux réussis de Munich. Un magnifique escalier monumental, digne d'un palais, conduit aux salles de lecture. On critique les proportions de cet escalier, trop vastes, dit-on, pour les quelques lecteurs qui le gravissent ; mais où serait le mal quand un peu de place serait perdue et quand les magnificences des vestibules et des degrés annonceraient la grandeur de l'établissement ? Le malheur est qu'aucune galerie n'y correspond par ses dimensions. Tout le premier étage a été divisé en soixante-dix-sept salles dont une soixantaine est affectée aux livres, le reste servant de salles de lecture, de cabinets pour les conservateurs et de bureaux pour le catalogue. Ce dernier occupe un grand nombre d'employés. Il est divisé en une foule de sections et de sous-sections correspondant aux différentes branches des connaissances humaines et aux diverses salles de dépôt des livres. Avec son aide, on peut demander un livre en donnant soit son titre, soit le nom de son auteur, et les renseignements sur la place qu'il occupe étant trouvés en peu de temps dans un des nombreux volumes du catalogue, il vous est presque immédiatement apporté. Quelle différence avec notre Bibliothèque de la rue Richelieu, où l'impossibilité de trouver les livres est si grande, que les employés eux-mêmes vont chercher à l'Arsenal ou à Sainte-Geneviève les ouvrages qui leur sont nécessaires !

Mais ce n'étaient ni les divisions intelligentes du catalogue ni celles des salles qui m'intéressaient à la Bibliothèque de Munich : c'étaient les manuscrits et surtout leurs couvertures, dont je savais que plusieurs, provenant de Bamberg, étaient des chefs-d'œuvre d'ivoire, d'émail et d'orfèvrerie. Mais la salle des manuscrits n'était point chauffée, le crayon tremblait dans mes doigts, et, malgré mon ardeur, j'allais m'avouer vaincu, lorsque l'employé qui m'accompagnait me demanda grâce. En ayant l'air de

lui céder, je fis une retraite honorable, après avoir examiné
et manié pendant une heure une certaine quantité de pièce
qui eussent demandé plusieurs journées d'études assidues.

Les manuscrits de Bamberg sont au nombre de cinq, et
trois d'entre eux sont ornés de plaques d'ivoires antérieures
au onzième siècle, car ils ont été donnés à la cathédrale par
l'empereur saint Henri, qui mourut en 1024. Ces plaques
d'ivoire sont montées en orfévrerie et ornées de pierres simplement polies, montées dans des sertissures très saillantes
et portées sur des arcades à jour, ce que je crois être un des
caractères de l'orfévrerie aux époques carolingiennes. Un
manuscrit attribué à saint Erard, de Ratisbonne, qui pro-
vient de l'abbaye de Saint-Emmerand, est renfermé dans un
étui en or repoussé, représentant Jésus-Christ dans sa
gloire. Des émaux cloisonnés, c'est-à-dire d'origine byzantine, accompagnés d'inscriptions latines également en
émail, qui servent de fond à ce relief, sont intéressants pour
l'histoire des influences contraires qui se combattirent dans
l'art allemand vers les dixième et onzième siècles, commençant alors une lutte qui se continua jusqu'aux quatorzième et quinzième siècles.

Je citerai encore le livre d'Heures de Charles-le-Chauve,
écrit en 870, qu'accompagne une reliure, fort probablement
contemporaine, formée d'or repoussé, orné de pierres cabochons, et un Evangéliaire dont la couverture porte un ivoire
du onzième siècle représentant un évêque d'Augsbourg.

Je me suis longuement arrêté devant le livre d'Heures de
l'empereur Louis de Bavière (1287-1347), dont le texte et les
miniatures appartiennent à l'art italien, dont la couverture
est formée de grands émaux translucides sur relief en argent, malheureusement très mutilés. Ces émaux, qui représentent d'un côté la Vierge entre deux saints, de l'autre
Jésus-Christ en croix entre saint Jean et la Vierge, le tout
compris sous des arcatures d'orfévrerie, est orné d'écus portant, les uns les armes de Bavière, les autres la vouivre de
Milan. Cette orfévrerie me semble italienne et me paraît
devoir faire attribuer à l'Italie une grande part dans la pratique des émaux sur relief.

Parmi les autres manuscrits, remarquables seulement par
leurs miniatures, je citerai les Psaumes d'Orlando di Lasso,
ornés à la fin du seizième siècle par un peintre de Munich; un
Bréviaire imprimé avec dessins marginaux d'Albert Durer, et
surtout un manuscrit du quinzième siècle que l'on attribue à
Memmling, comme c'est l'habitude de le faire en Allemagne
pour tous les manuscrits remarquables de cette époque.

Je le note, parce que l'une de ses miniatures est l'exacte
reproduction d'une miniature de l'un des manuscrits de
la bibliothèque Leber, à Rouen (1), miniature qui ne le cède
en rien par la beauté à celle de Munich. L'encadrement
seul diffère dans les deux peintures, qui sont dues, sinon à
la même main, du moins à un même atelier, qui devait
exister dans les Flandres.

LA PINACOTHÈQUE.

Le musée de tableaux de Munich reproduit dans ses
dispositions et presque dans son plan les dispositions et le
plan de la galerie de Dresde. Seulement, les escaliers sont
relégués à l'une des extrémités, et quatre pavillons font
saillie aux quatre angles du monument. Comme à Dresde,
les grands tableaux occupent les salles centrales, éclairées
par le haut, les petites toiles des cabinets placés au nord
et éclairés latéralement.

Sur toute la façade du sud s'étend une *loggia* imitant
celle du Vatican. Ses peintures décoratives ont aussi la
prétention de rappeler celles de Raphaël. Mais, au lieu de
retracer la Genèse de l'humanité, celles-ci représentent la
Genèse de la peinture. Le rez-de-chaussée est occupé par de
grands vestibules, par la collection des dessins et des gravures, par celle des vases antiques et par l'administration.

Ce qui frappe surtout dans ce musée, c'est le nombre
et la splendeur des Rubens, mais ce qu'on y étudie le
plus, quand on s'occupe un peu de l'histoire de l'art, c'est
la collection des peintres primitifs de l'Allemagne et des
Flandres, réunie par les frères Boisserée, à une époque où
l'on n'avait que mépris pour ces incunables de l'art. On
l'a acquise en 1827. Toute l'histoire de la peinture dans
le Nord y est écrite, parfois en de magnifiques exemplaires,
parfois sur des tableaux d'école décorés de noms trop éclatants pour tromper qui se défie, mais qu'il serait bon de
rectifier. Beaucoup de ces œuvres sont quelque peu effacées
et altérées par suite de la manie des restaurations, et de plus
on a eu la malencontreuse idée de diviser et d'espacer sur
le mur les feuillets d'anciens triptyques et de changer
ainsi la signification d'œuvres faites pour être réunies.
Ainsi, je citerai un magnifique triptyque de Jean Memm-

---

(1) J'ai publié une gravure de cette miniature dans les *Annales
Archéologiques*, tome XII, et dans un tirage à part intitulé *l'Office
au quinzième siècle*.

ling, qui porte sur le catalogue les numéros 48, 49 et 51. Le volet de gauche représente un effet matinal, et le volet de droite un effet de soir, qui doivent ou peuvent s'accorder avec les tons du sujet central. Cet accord existe-t-il ? Je n'en sais rien, car *dispersa jacent membra po... matis*, et l'œil est impuissant à en resouder les tronçons.

Si les enseignements que donne la collection Boisserée sont inattendus pour nous autres Français, qui ne possédons presque rien de l'école allemande dans nos musées, ils sont loin d'être complets. Les villes que je dois visiter avant de rentrer en France ont encore à m'offrir un certain nombre d'œuvres hors ligne, nécessaires pour compléter les notions si neuves pour moi, que je recueille, chemin faisant, et c'est après les avoir vues que je compte réunir le résultat de mes observations. Aujourd'hui, je ne m'occuperai que d'un homme, le plus grand d'entre tous les artistes allemands, d'Albert Durer. Les tableaux de la Pinacothèque de Munich, rapprochés de ceux du Belvédère à Vienne ; le portrait de Nuremberg et les magnifiques dessins de la collection Albertine à Vienne, sans parler des gravures que l'on peut voir partout, me semblent suffisants pour montrer toutes les faces de ce talent multiple.

On a appelé Albert Durer le Raphaël allemand, et je pense que c'est à tort. S'il fallait comparer le peintre de Nuremberg à quelque artiste italien, c'est avec Léonard de Vinci que je lui trouverais plutôt de l'analogie : comme lui, il était inquiet et chercheur, et tous deux, grands de taille et élégants d'attitude, devaient posséder ces longs doigts spatulés, méticuleux, amis des détails et de l'action, que montre le portrait que le premier fit de lui-même dans sa jeunesse, portrait qui se voit à la Pinacothèque. Dominé par sa nature italienne, le Vinci sut bien vite, dans ses tableaux, subordonner le détail à la masse et à l'ensemble. Mais que de peines et de temps il perdit à vouloir être universel, à compter et à dessiner un à un les poils d'un sanglier, les écailles d'un lézard ou les plumes d'un oiseau ; à vouloir être sculpteur et mécanicien, ingénieur militaire et ingénieur hydraulicien, physicien et artilleur ! Il fit de tout et toucha à tout. Il fit une statue équestre que les troupes de Louis XII détruisirent en la prenant pour but en tirant à la cible. Il creusa des canaux, établit des écluses, inventa la pompe rotative et le canon à vapeur, enfin écrivit à rebours un livre sur l'art à peu près inintelligible.

Albert Durer s'amusa aussi à compter les poils d'un lièvre et à le peindre avec un tel scrupule, que sa main habile, suivant deux fois le même trait avec une fermeté rare, put ombrer les poils de ses longues barbes. S'attachant à l'aile d'un martin-pêcheur, qu'il devait appliquer plus tard au dos de ses anges, il en détailla les plumes et les barbes avec un scrupule que la photographie seule peut dépasser ; puis il tailla en bas-relief le bois ou la pierre lithographique, fortifia Nuremberg assiégée et porta la gravure à l'eau-forte à un point qu'elle n'a point dépassé. Exprimant de sa pointe docile toutes ses mélancolies, donnant une forme à toutes les fantaisies bizarres de son cerveau allemand, il ouvrit à l'art des sentiers inconnus, en dehors des voies frayées avant lui. Enfin, il inventa des méthodes de dessin et écrivit aussi, sur l'art, un livre qui n'est guère plus intelligible que celui du Vinci. Mais ce qui différencie les deux peintres, c'est que Durer n'arrive jamais à l'unité dans les vastes sujets et qu'il lui faut restreindre le nombre de ses personnages pour ne point se perdre dans la multiplicité des détails. J'en prendrai pour exemples deux tableaux du Belvédère : *Le Massacre des Chrétiens par les ordres de Sapor* et *la Sainte Trinité.*

Le premier de ces tableaux, dont le dessin existe à la collection Albertine, représente, en figures de petite proportion, le roi Sapor au milieu d'un paysage, entouré de sa cour et de ses soldats. Les chrétiens sont amenés devant lui et condamnés à divers supplices dont les épisodes remplissent toute la toile. C'est un tableau très amusant que l'on peut regarder comme on feuillette un album, découvrant deci et delà des groupes grotesques ou terribles, allant du roi à ses soldats, de ceux qui tremblent à ceux qui affrontent le martyre avec le courage que donne la foi, se complaisant à contempler les culbutes que font tous ces petits hommes, qu'on précipite du haut d'un rocher et s'étonnant de voir, au beau milieu de tout ce tumulte, la figure calme d'Albert Durer, accompagné de son ami Pirkheimer, et tenant un bâton auquel est attaché un papier où, au-dessous du célèbre monogramme, on lit l'inscription : « *Iste faciebat, anno Domini* 1508, *Albertus Durer alemanus.* »

Il y a plus d'unité dans *la Trinité*, bien qu'on puisse encore comparer ce tableau aux anciennes miniatures, quant à la diffusion de l'effet, encore augmentée par la valeur nouvelle que certaines couleurs, les bleus notamment, me semblent avoir acquise en prenant de la vigueur. Dieu le père, coiffé de la tiare et revêtu d'une chape que les anges tiennent ouverte, porte Jésus-Christ cloué sur la croix, tandis que la colombe plane au-dessus de sa tête. Des anges portant les instruments de la Passion volent de chaque côté. A droite est le chœur des patriarches, à gauche celui des vierges martyres portant des palmes. Au-dessous se presse le cortége des saints et des saintes, agenouillés sur les nuages, qui s'étendent au-dessus de la profonde perspective d'un beau paysage. Sur les terrains du premier plan, Albert Durer s'est représenté lui-même portant une tablette avec son monogramme et l'inscription : « *Albertus Durer noricus faciebat anno a virginis partu* 1511 (1). » Il ressort de la composition même de ce tableau, plus concentrée et plus calme que celle du précédent, une plus grande harmonie dans l'effet et dans la couleur, mais c'est avec peine cependant que l'on peut y faire abstraction de certaines figures d'une vulgarité repoussante.

Albert Durer, en effet, ne me semble point avoir jamais pu s'élever jusqu'à cette beauté idéale impersonnelle qui, créée dans les profondeurs de l'abstraction, devient un type sous la main d'artistes mieux doués que lui à cet égard. Ses personnages sont toujours quelqu'un. Ainsi, la Pinacothèque possède deux tableaux qui passent pour être les chefs-d'œuvre de Durer, et qui montrent, l'un les apôtres Pierre et Jean, l'autre Paul et Marc. Ces figures, plus grandes que nature, sont peintes avec une largeur d'effet, une ampleur de draperies et une harmonie de couleur, que le maître n'a jamais dépassés, et qui approchent parfois de Rubens par l'intensité de l'éclat. Cependant, ces figures ne sont point celles des apôtres, de ces hommes que leur divine mission a placés au-dessus de l'humanité. Ce sont quatre personnages très vivants, et qui, s'ils représentent quelque chose, représentent les quatre tempéraments humains.

Certes, il est impossible de mieux caractériser le sanguin et le bilieux que dans ces figures de Paul, au visage empourpré, et de Marc, au teint olivâtre ; le nerveux et le lymphatique que dans celles qui représentent Pierre occupé à lire dans le livre que Jean tient ouvert à ses côtés ; mais, pour puissants que soient ces types, ils ne planent point au-dessus de la commune espèce.

------

(1) Cette composition devait être la partie centrale d'un tableau d'autel, dont un dessin de la collection de M. F. Reiset, acquise dernièrement par Mgr le duc d'Aumale, montre l'ensemble. Un fac-similé de ce dessin a été exécuté par M. L. Gaucherel, pour accompagner une étude sur Albert Durer, publiée par M. E. Galichon, dans le tome VII de *la Gazette des Beaux-Arts*.

Du reste, cette préoccupation du tempérament ou du
caractère semble se montrer dans la plupart des portraits
d'Albert Durer. Celui du vieux Holzchuber, à Nuremberg,
montre, comme nous l'avons déjà dit, un homme colère ;
celui de Jean Kleberger, au Belvédère, dessiné et modelé
en 1526 avec une précision sans égale, dénote, au contraire,
l'énergie indomptable.

Le seul tableau de Durer où j'entrevoie l'impersonnalité
d'un type général est *la Naissance du Christ*, qui me semble
être le panneau central d'un triptyque dont les deux volets
représentent deux Nurembergeois, les chevaliers Baum-
gartner, peints de grandeur naturelle, debout dans leurs
armures. Aujourd'hui les volets sont loin du tableau qu'ils
accompagnaient en faisant valoir ses suaves douceurs par
l'opposition de leurs puissantes réalités. Albert Durer n'a
jamais caressé aucune figure d'un pinceau plus attentif à
exprimer la grâce et la beauté plastique que la Vierge à
genoux, qui, ses belles mains élégantes croisées sur la poitrine, penche sur la crèche sa tête rayonnante de jeunesse
et de bonheur. Il dut peindre ce tableau d'un éclat si
tempéré lorsque la contemplation des maîtres vénitiens lui
eut enseigné la couleur et le grand art d'introduire l'unité
dans une composition, malgré la complication des épisodes.

Du reste, comme la plupart des peintres graveurs, Albert
Durer semble porté par son instinct vers la peinture mono-
chrome. Toutes les ressources de la palette ne sont-elles
pas inutiles, en effet, à qui sait si bien rendre sur une estampe, par les seules oppositions du blanc et du noir, les
effets de lumière que son imagination a rêvés? Ainsi le portrait de son père, la première peinture de lui qui soit
connue, et qu'il exécuta en 1497, à l'âge de douze ans, est
plutôt un dessin coloré à l'huile qu'une peinture. Il en est
de même du portrait d'Oswolt Krel, daté de 1499, et de
son propre portrait, exécuté l'année suivante, avec une recherche de pinceau et un précieux dans le faire qui semblent déjà dénoter une étude de Léonard de Vinci. Même
en 1516, il écrivit plutôt qu'il ne peignit le portrait de Michel Wohlgemuth, son maître, avec une précision et une
absence de coloration qui m'ont fait songer à ce portrait de
Lamennais que fit Ary Scheffer d'un pinceau si sobre. Dans
tous ces tableaux, où la perfection du détail disparaît dans
l'enveloppe générale, c'est à peine si quelques tons de chair
viennent égayer la couleur et donner la vie par le sang à
ces têtes qui vivent si puissamment, du reste, par l'intelligence et par les mérites du dessin.

On voit quel intérêt présente la Pinacothèque de Munich pour l'histoire d'un peintre que nous ne connaissons en France que par un de ses côtés, par celui, du reste, où il est incontestablement sans rival. Mais, quelle que soit la haute idée que ses gravures puissent donner de la pensée et du talent d'Albert Durer, celles-ci ne le montrent pas tout entier, et devant ses toiles d'une exécution si parfaite, on ne peut s'empêcher de regretter que, pour lui, l'idéal italien n'ait pu franchir les montagnes du Tyrol.

Nous avons dit que Rubens était magnifiquement représenté à Munich ; en effet, on y rencontre deux de ses compositions où, sous prétexte de la grande scène du *Jugement Dernier*, il a deux fois étalé aux yeux ces orgies de chairs lumineuses où il trouve le moyen d'être égal à lui-même sans se répéter. « Ni la parole, ni le burin, ni la plume, ne peuvent donner une idée de cette couleur, qui conserve dans l'harmonie le dernier degré de l'intensité et de la violence. Jamais l'imagination de Rubens ne s'est livrée avec plus d'ardeur aux sensualités de la peinture. Des groupes de femmes nues sont précipités dans les abîmes, tout exprès pour montrer l'abondance et la palpitation de leurs chairs, et pour abandonner aux griffes du diable ou aux convoitises du spectateur leurs poitrines pantelantes, leurs épaules inondées de cheveux d'or et la volupté grossière de leurs flancs émus... Mais quelle étrange façon de comprendre les conditions de l'art ! et qui pourrait croire que la même scène, celle du *Jugement Dernier*, a pu être si diversement conçue par le génie de Michel-Ange et par celui de Rubens ! »

Etrange génie en effet que celui du peintre d'Anvers, qui, par les qualités intrinsèques de sa peinture, fait que celle-ci « triomphe de tout ce qui n'est pas elle, de la raison, des convenances, de l'histoire et du *costume* (1) ! » Tout ce que nous avons jusqu'ici vu de Rubens nous semble s'effacer devant cette éclatante fanfare de tons joyeux que font éclater à la vue *la Damnation des Réprouvés*, *le grand Jugement Dernier*, qui lui fait pendant, et son esquisse *le petit Jugement Dernier*. Celui-ci n'a rien perdu de sa couleur et de sa fougue en quittant des dimensions exiguës et les audaces d'une exécution sommaire, pour remplir un cadre immense de ses groupes plus laborieusement étudiés. Quatre-vingts compositions de Rubens remplissent une salle et un cabi-

____

(1) Ch. Blanc, *De Paris à Athènes*, dans la *Gazette des Beaux-Arts*, tome VIII.

net. Parmi celles-ci, les moins intéressantes ne sont point les esquisses de la *Galerie de Médicis*, dont le musée du Louvre possède les tableaux.

Les écoles d'Italie sont moins complétement représentées à Munich que celles du Nord, et encore faut-il beaucoup rabattre des attributions données aux tableaux qu'on y trouve. Les conservateurs de la Pinacothèque ne me semblent point, en effet, avoir été assez scrupuleux, et le désir de paraitre posséder les œuvres de certains maîtres leur a trop légèrement et trop souvent fait braver les critiques que serait en droit de leur adresser une certaine classe du public.

Tout musée veut posséder des Raphaël, quand un seul bien authentique suffirait à l'illustrer, et la Pinacothèque n'a pas résisté à cette tentation. A côté de *la Madonna del Tempi*, qui est un tableau incontestable et de plus un chef-d'œuvre appartenant à l'époque florentine de Raphaël, il y en a trois ou quatre autres fort discutables et une *Sainte Famille* qui n'est plus que la ruine déplorable d'une magnifique composition.

Un tableau du Pérugin, qui représente *la Vierge apparaissant à saint Bernard*, me semble, par l'imprévu de l'arrangement, par la vigueur du ton, par l'énergie du mouvement, quelque chose de singulier dans l'œuvre de ce peintre aux compositions ordinairement si calmes et si cadencées. La Vierge, accompagnée par deux anges, arrive, en effet, comme dans un tourbillon, et se pose de profil devant le pupitre où saint Bernard, tout-à-l'heure occupé à écrire, relève la tête tout ému et s'étonne, ainsi que les deux saints placés derrière lui. Le jour où il composa cette scène, le Pérugin semble avoir oublié les traditions de toute sa vie pour s'élancer d'un pas résolu vers le mouvement que l'art du seizième siècle imprima à toutes ses compositions.

On doit placer sur la même ligne que ce tableau une composition fort belle du Francia, représentant *la Vierge à genoux devant l'Enfant Jésus*. Le divin enfant est couché au milieu des roses, et rien n'égale la respectueuse affection dont témoignent le visage et l'attitude de la Vierge. Une copie de ce tableau existe à Dresde, attribuée à Abrogio Borgognone, artiste lombard, contemporain du Francia, qui s'est ingénié à semer la robe de la Vierge du mot PAX, surmonté d'une couronne.

Après un Mantegna douteux, un Léonard de Vinci très discutable, un Giovanni Bellini tout effacé, je ne citerai qu'une *Annonciation* de Philippo Lippi (1400-1459); *le Christ apparaissant aux saintes Femmes*, de Lippino Lippi (1460-1505), le premier appartenant encore à l'école gothique, le second montrant déjà le dessin ressenti de l'école florentine. *Les Trois Archanges*, attribués à Andréa Verocchio (1432-1488), laissent apercevoir tout ce que Léonard de Vinci doit à son maître par rapport à la largeur du dessin, à l'agrément des figures et à cette grâce particulière qui appartient aussi à un autre des élèves de Verocchio, à Lorenzo di Credi (1453-1531), auteur d'une charmante *Sainte Famille*. Il faut demander aussi à Domenico Girlandajo (1449-1493), auteur d'un magnifique triptyque dont une *Vierge glorieuse* occupe le centre, ce qu'il a pu donner de fierté dans la tournure et de précision dans le modelé à Michel-Ange, son élève, qui jamais n'a pu atteindre à la richesse de sa couleur.

Jusqu'ici, l'école française a été un peu sacrifiée dans toutes les collections que j'ai visitées ; mais à la Pinacothèque elle se relève et se révèle par des chefs-d'œuvre.

Le roi Midas et Bacchus est, par rapport au charme des figures et à la splendeur du coloris, l'un des plus beaux tableaux de Poussin que nous connaissions, si *l'Adoration des Bergers* témoigne de cette foi unie à la raison qui fait que tout concoure à l'effet et à l'unité d'une composition.

Agar chassée et *Agar secourue par l'ange* ont été pour Claude Lorrain l'occasion de peindre deux magnifiques paysages, un de ces matins lumineux et l'un de ces soirs empourprés où des horizons infinis se noient dans les froides vapeurs de l'aube ou dans les chauds embrasements du soleil à son déclin.

Enfin, *Jésus chez Marthe et Marie*, d'Eustache Lesueur, montre à son plus haut degré cette qualité tou'e française de subordonner l'art à l'expression et de parler à l'esprit autant qu'aux yeux.

M. Calamatta vient de graver avec quelque dureté cette composition suave, et son estampe, dont la Chalcographie du Louvre possède aujourd'hui la planche, ne saurait traduire cette lumière tiède et tempérée qui enveloppe et caresse ce groupe fortuné, attentif à la parole du Maître, qui, elle aussi, caresse et éclaire. Marthe elle-même, Marthe l'empressée, s'arrête au milieu de ses agitations pour entendre ce que Marie écoute à genoux, tandis que, loin du groupe calme et attentif, les serviteurs mettent la nappe, apportent les plats et s'empressent pour le festin.

Devant ce chef-d'œuvre, il m'est venu un vif sentiment de la patrie. A travers les agitations du voyage, le calme de la vie de famille s'est aussi laissé entrevoir ; mes grandes étapes sont terminées, et je m'achemine pour revenir goûter à cette « meilleure part » de la vie... un peu lentement, il est vrai.

AUGSBOURG.

1er janvier.

LA CATHÉDRALE.

J'ai quitté Munich ce matin, à quatre heures, et tout le monde veillait encore à l'hôtel, si c'est veiller que de se tenir tout debout à moitié abruti par la boisson, la fatigue et le sommeil. La veille au soir, j'avais trouvé la salle à manger transformée en salle de concert et en tabagie, de sorte que j'avais soupé au son d'un quatuor assez discordant et au milieu d'une épaisse fumée de tabac. C'est ainsi qu'à Munich l'on dit adieu à l'année qui s'en va et que l'on reçoit l'année qui vient. Le bruit venait à peine de cesser et le repos commençait à régner dans l'hôtel lorsque l'heure du chemin de fer a remis tout le monde sur pied.

Il pleut et il dégèle, de sorte que j'arpente les rues d'Augsbourg les pieds dans l'eau et l'eau sur la tête. La pluie se change en verglas sur mon parapluie, qui s'alourdit considérablement, si bien qu'il m'est impossible de le fermer lorsque je veux pénétrer dans la cathédrale. Je lutte avec les baleines rebelles et la soie durcie, au grand plaisir des Augsbourgeois et des Augsbourgeoises qui se rendent à la messe du Saint-Esprit, et je prends bravement mon parti d'entrer avec mon parapluie presque ouvert. L'église était pleine et la température élevée. La glace se détache d'abord le long des arêtes, puis contre la soie, et tombe bruyamment sur le plancher qui recouvre en hiver la dalle des églises. Je trouble quelque peu le recueillement des fidèles qui m'entourent; mais je tiens bon contre la honte, et, la messe finie, je reste seul en possession du monument.

La cathédrale d'Augsbourg est à deux absides, comme la plupart des anciennes églises allemandes; mais celle-ci a subi tant et tant de mutilations, d'additions et de reconstructions de tous les styles et souvent sans style, qu'il est bien difficile, surtout à l'extérieur, de se faire une idée de son plan. C'est du quatorzième siècle surtout que date sa reconstruction, et deux des portails latéraux présentent un certain nombre de statues fort remarquables, comme toute la statuaire allemande de cette époque.

Une autre des entrées, ouverte sur le flanc sud de la cathédrale, est remarquable par une porte en bronze à laquelle il serait bien difficile d'assigner une date. Les deux ventaux de cette porte, d'inégale largeur, sont recouverts l'un de quatorze, l'autre de vingt-et-un panneaux en bronze assemblés par des bandes du même métal, clouées sur un parquet en bois et ornées de têtes d'hommes à leur intersection. Des anneaux fixés dans des gueules de lion sont appliqués sur chaque ventail. Ces mufles léonins, servant à maintenir des anneaux, se sont perpétués en Allemagne durant le moyen-âge avec une constance typique et une rudesse d'expression qui feraient souvent attribuer à l'art antique dégénéré des bronzes qui appartiennent bien réellement au quinzième siècle. Dans l'origine, ces deux ventaux devaient être égaux et recouverts chacun de quatorze plaques disposées sur deux colonnes ; mais à une époque que nous ne saurions préciser, on a dû les ajuster sur un nouveau parquet pour garnir une baie plus large, et l'on a ajouté sur un seul ventail sept plaques plus étroites. Celles-ci représentent quelques scènes de la vie de Samson, exécutées d'une façon assez grossière.

Les autres plaques, que nous croyons plus anciennes, se répètent parfois, et avec une telle identité, qu'il faut qu'elles aient été frappées sur une même matrice. Ces plaques ont ensuite été réparées au burin. Les personnages sont drapés le plus souvent avec des manteaux fort courts : l'un fuit devant un serpent, l'autre regarde dans une fiole qu'il tient élevée, un autre, coiffé d'une calotte, tient une lance avec pennon et un bouclier rond. Tout cela appartient à la tradition antique. Mais à quel âge de cette tradition ? M. Viollet-le-Duc penche pour le cinquième ou le sixième siècle et pour une origine byzantine ; pour moi, je croirais plutôt au huitième siècle et à une fabrication occidentale et allemande.

Un moulage de ces portes existe au musée de Nuremberg avec un moulage de celles d'Hildesheim, et il serait bien à désirer qu'on les possédât en France. Nous répétons pour ces moulages ce que nous avons dit pour ceux des ivoires : c'est qu'une collection de tout ce qui en a été reproduit devrait exister au musée de l'hôtel de Cluny (1).

---

(1) S'il n'y a plus assez de place pour ces reproductions dans l'hôtel de Cluny, pourquoi n'affecte-t-on point à cette destination

Il faut frapper longtemps sur un clou pour l'enfoncer; nous martellerons si souvent cette idée, qu'il faudra bien qu'elle entre enfin dans la tête de l'administration, qui aurait ainsi, au palais des Beaux-Arts, les moulages de l'antiquité et de la Renaissance, et ceux du moyen-âge à l'hôtel de Cluny.

Trois vitraux, fort probablement du douzième siècle, garnissent près de cette porte trois baies cintrées, et doivent être les plus anciens spécimens de cet art en Allemagne. Ils représentent des personnages plus grands que nature (1).

Une grande crypte dont le sol est à peine en contre-bas de l'église, crypte à piliers massifs et de l'époque carolingienne: le chœur occidental, élevé au-dessus de cette crypte et renfermant un autel isolé du quinzième siècle, avec rétable en bronze tout mutilé, qui représente une architecture très ajourée, et enfin un siége en pierre porté sur deux lions, placé au fond de l'abside, complètent, avec quelles grilles magnifiquement ouvragées au seizième siècle, ce qu'il y a de plus remarquable dans cette église, fondée, vers l'occident, à la fin du dixième siècle et déjà remaniée au onzième, pour être achevée, vers l'orient, au quatorzième et au quinzième siècles.

Une large voie, plutôt semblable à une suite de places qu'à une rue, part du chevet oriental de la cathédrale et traverse la ville. Les façades de plusieurs de ses maisons sont entièrement décorées de fresques, les unes déjà anciennes, les autres toutes nouvelles, peintures qui ne représentent point de froides allégories, mais des scènes de l'histoire d'Augsbourg, cette puissante cité dont les bourgeois étaient plus riches que des princes. Des fontaines ornées de statues en bronze d'un style moitié allemand, moitié florentin, se dressent de place en place. Les plus belles sont dues à Adrien de Vries, élève habile de Jean de Bologne, dont le temps a revêtu les fontes d'une admirable patine. D'autres statues en bronze décorent la façade de l'Arsenal, devant lequel sont rangées quelques pièces de

l'ancienne église voisine de Saint-Jean-de-Beauvais, que l'on espère enfin sauver du vandalisme des démolisseurs municipaux de Paris, qui avaient projeté une rue inutile, à cette seule fin de la faire tomber?

(1) Ces vitraux ont été publiés en chromolithographie, avec une étude sur l'ancienne cathédrale d'Augsbourg, par M. Herberger, archiviste de la ville.

canon de la Renaissance, ciselées d'ornements d'un grand
goût. A Munich, j'avais déjà remarqué d'admirables bronzes
décorant les frontons de la Résidence, et je m'étonne qu'on
ait abandonné cette heureuse alliance du métal et de la
pierre dans les constructions imitées de la Renaissance. Si
par sa nature le bronze se prête mieux que la pierre à
toutes les délicatesses, par sa couleur il s'en différencie entièrement ; de plus, par sa résistance il permet des audaces
qui ne seraient point de mise, même avec le marbre.

Comme partout en Allemagne, Augsbourg commence à
réunir un musée historique appelé « musée Maximilien. »
Ce qui m'y frappa surtout fut une collection d'antiquités
mérovingiennes, poteries, armes et bijoux, trouvées dans
un cimetière placé à mi-côte au levant, au confluent du
Danube et d'une rivière dont le nom m'échappe, près d'un
ancien camp romain, à Nordendor, près Drusseim. Cette
partie du musée me rappelait tellement le musée d'antiquités de Rouen, que je ne pus m'empêcher d'en faire la
réflexion au conservateur qui m'accompagnait. « C'est vrai !
me répondit celui-ci. — Vous connaissez donc Rouen ? lui dis-
je enchanté de trouver si loin quelqu'un avec qui il me fût
permis de parler de la patrie absente. — Non seulement je le
connais, mais j'y suis né, » me répondit-il. Trouver un
« pays » si loin et s'occupant des mêmes études que
moi, c'était une bonne fortune inespérée ; aussi c'est avec
peine que je m'arrachai aux antiquités mérovingiennes et
aux antiquités allemandes de tous les siècles, pour continuer mes visites dans Augsbourg. Ces visites, je les fais
sous la conduite d'un enfant d'une douzaine d'années, le fils
de M. l'archiviste Herberger, qui est enchanté de montrer
à un Français ce qu'il a appris de sa langue dans les écoles
d'Augsbourg. C'était la première fois que mon jeune guide
était appelé à mettre à profit son instruction, et il ne se
tirait point trop mal des difficultés de notre langue. Avant
que de le rencontrer, j'avais frappé à la porte d'un ancien
meunier d'Augsbourg, amateur d'antiquités, et là, c'était
une petite fille d'une dizaine d'années qui m'avait servi
d'interprète.

Comment ne serions-nous point paresseux d'apprendre
les langues étrangères et vaniteux même de notre ignorance, lorsque nous voyons les enfants eux mêmes parler
le français partout où nous allons ? Les temps sont bien
changés depuis ces années, glorieuses pour l'Allemagne,
mais néfastes pour nous, où nous fûmes écrasés sur ce
sol que nous avions si souvent foulé et si injustement op-

primé, où le nom français était en une telle exécration, que c'était faire acte de patriotisme que de ne point apprendre notre langue, ainsi que me le disait M. de Hefner-Alteneck, à Munich. « Si la France, ajoutait-il, avait conscience de l'influence qu'elle exerce sur nous par sa littérature et par ses arts, elle se garderait bien de nous inquiéter comme elle le fait, et de risquer le bien qu'elle peut réaliser par les maux dont elle nous menace. » C'est toujours cette maudite inquiétude de la guerre qui me suit partout et qui se manifeste aussitôt que j'échange quelques paroles avec un Allemand.

LES DEUX HOLBEIN.

Le musée de tableaux d'Augsbourg, assez riche en œuvres allemandes des commencements du seizième siècle (1), renferme des peintures de Holbein le père et de Hans Holbein, son fils, qui aident singulièrement à comprendre le caractère du talent du grand peintre d'Augsbourg.

J'ai déjà vu assez de peintures exécutées en Allemagne durant le moyen-âge pour reconnaître que deux influences y sont combattues : l'art italien et le sentiment tudesque. D'un côté, c'est un certain idéal élégant et délicat, de l'autre, un naturalisme maniéré et brutal ; les disciples des Van-Eyck se livrent au second, ceux de l'école de Cologne se complaisent au premier. C'est parmi les héritiers de cette tradition italienne transportée en Allemagne que nous plaçons Hans Holbein-le-Vieux. Des rapports fréquents entre l'Italie du nord et l'Allemagne du sud existaient d'ailleurs à cette époque, ainsi que le prouvent les œuvres de Vivarini de Murano et celles d'Antonello de Messine, qui sont autant allemandes qu'italiennes. Ainsi, la tradition d'un côté, de l'autre cet échange journalier d'influences contraires qui se faisait à travers les montagnes du Tyrol,

______

(1) Un tableau de ce musée me semble signaler un des auteurs de ces nombreuses imitations des œuvres de Léonard de Vinci, que partout l'on attribue au maître. C'est une tête de jeune femme, d'une physionomie tout allemande, très finement et très précieusement modelée, ainsi que le faisait Léonard avec sa couleur douce et tempérée. Un panneau en bois, formant volet, recouvre cette tête et est peint du même pinceau soigneux et précis ; un gantelet de fer, une sagette et une perdrix s'y détachent sur un fond noir. On y lit la signature : *J. de Barbari p.*, 1504. Une marque en forme de caducée suit cette signature. La tête de femme est naturellement attribuée à Léonard de Vinci.

expliquent parfaitement ce genre d'italianisme qui nous frappe si vivement dans les œuvres des deux Holbein.

Holbein le père n'était point un peintre aussi médiocre qu'on se plait à le dire, et les peintures d'Augsbourg protestent contre cette injure, de même que les fresques de Giovanni Santi protestent contre des dédains immérités. Comme ces foyers de lumière trop brillants qui obscurcissent toute clarté environnante, Raphaël et Holbein ont absorbé dans leur gloire la réputation de deux peintres éminents, heureux et malheureux tout ensemble de les avoir eus pour fils. Mais Holbein et Raphaël sont plus redevables aux exemples paternels qu'on ne se l'imagine, et il faut convenir que si, grâce à l'étude et au génie, l'un et l'autre dépassèrent leurs précepteurs de si loin, il resta toujours en eux un bien de pur héritage. Chez Holbein, ce fut une tendance à la largeur du modelé, à la simplicité des lignes, à la suppression des détails, tendance que développa l'étude, et qui, jointe à une grande harmonie dans la couleur, forma ce qu'il y eut d'italien dans son talent. Il y ajouta la science du dessin, la profondeur de l'expression, une naïveté qui dégénéra parfois en bonhomie, et il fut un grand peintre.

Deux triptyques de Hans Holbein-le-Vieux, né à Augsbourg, en 1450, sur trois que possède sa ville natale, montrent d'une façon claire et précise ses aspirations et ses progrès. L'un est signé: Hans Holban, 1499, sur les cloches d'une église qui occupe le milieu de la composition centrale. Cette église est Sainte-Marie-Majeure, de Rome, figurée plus gothique que ne l'était même alors la célèbre basilique: fantaisie du peintre ou souvenir inexact de voyageur. Au-dessus est représenté *le Couronnement de la Vierge.*

Sur l'un des volets, le Christ enfant, sujet gracieux et terrible, offre des fleurs à sainte Dorothée, dont le bourreau va trancher la tête; sur l'autre, la Vierge, saint Joseph et des anges qui voltigent dans les airs, adorent le divin enfant couché dans la crèche.

Les figures ont cette expression de douceur, cette ampleur de modelé et cette fraîcheur de carnation qui caractérisent l'ancienne école de Cologne. Quant aux draperies, elles appartiennent encore aux traditions gothiques du quinzième siècle. Leurs plis sont peut-être moins roides et moins cassés que chez les peintres contemporains, que chez Michel Wolgmuth, entre autres, mais la simplicité est leur moindre défaut. La couleur est déjà harmonieuse et savante. Aucun ton ne s'y voit dans sa crudité native, et le peintre, suivant en cela une tradition qui remonte jusqu'à l'époque carolingienne, n'emploie que des tons rompus et des couleurs qui, se prêtant un mutuel secours, s'unissent dans un éclat harmonieux.

Le second triptyque, représentant la légende de saint Paul, est d'une époque postérieure au premier et dénote un incontestable progrès. La pourpre fondue dans les couleurs éteint les dissonances, enveloppe le tout dans les richesses de sa chaude tonalité et raccorde ainsi les scènes diverses rapprochées dans un même cadre. Plus que dans l'œuvre précédente, Holbein-le-Vieux s'est complu à l'étude de la nature. Les types plus individuels y sont exprimés d'un pinceau ferme et précis. Dans cette œuvre du père on devine déjà le fils. Sandrart rapporte y avoir lu l'inscription suivante, que nous n'avons point vue : *Præsens opus complevit Johannes Holbein, civis augustanus*. Mais l'aspect du tableau, d'accord avec une tradition constante à Augsbourg, confirme l'attribution qu'on en fait à Holbein le père. Une autre tradition servirait à le dater approximativement. Cette œuvre serait de l'année 1505 environ. En effet, sur le volet gauche, où l'on a figuré la scène double de *la Conversion de saint Paul* et de son *Baptême*, le peintre se serait représenté lui-même accompagné de ses deux fils, au milieu du peuple qui entoure la cuve baptismale où le saint est plongé. L'un des deux enfants devrait être Ambros Holbein, né en 1484 ; l'autre, Hans Holbein, né à Augsbourg et non à Bâle, en 1498. Le père pose la main sur la tête de ce dernier, qui n'est encore qu'un *morveux*, comme l'indique le mouchoir pendu à un cordon attaché à sa ceinture (1), tandis que l'autre est déjà un grand jeune homme d'une vingtaine d'années. Enfin les traits de cet enfant rappellent vaguement ceux des portraits d'Holbein que l'on connaît.

Sur les cinq tableaux que l'on attribue, à Augsbourg, à Hans Holbein-le-Jeune, il en est trois qui appartiendraient à son extrême jeunesse et sur lesquels nous n'osons insister, car ils montreraient une précocité bien grande chez leur auteur. Ce sont : *Saint Ulrich à table*, *le Martyre de saint Pierre* et *le Martyre de sainte Catherine*, datés de MDXII. Holbein les aurait peints à l'âge de quatorze ans, une année avant le premier voyage qu'il fit à Bâle. Ils tiennent du style encore gothique d'Holbein le père et sont peut-

(1) Ce détail de costume m'a fait songer à un passage de Grégoire de Tours, précieux pour l'histoire archéologique du mouchoir. Il s'agit d'un prêtre que l'on veut précipiter du haut d'une éminence où il se promène, et qui se retient au mouchoir pendu à la ceinture de l'évêque qu'il accompagne.

être de Sigismond Holbein , son frère (Augsbourg , 1456 ;
Bâle, 1540), ou d'Ambros Holbein, son fils aîné , peintres
tous deux, mais surtout peintres de portraits.

Nous préférons nous arrêter à deux tableaux de Holbein
qui nous semblent authentiques : une *Sainte Famille* et *le
Martyre de saint Sébastien*. Dans le second de ces tableaux,
le goût italien et la tendance germanique se trouvent en
présence et en lutte pour ainsi dire. Tandis que les archers
sont , dans leur physionomie et dans leur attitude , d'une
réalité vivante, le corps nu du saint montre, par un contraste frappant , une évidente recherche des lignes on-
doyantes et gracieuses. On croirait voir l'idéalisme italien
martyrisé par le réalisme allemand.

Dans *la Sainte Famille*, où l'Enfant-Jésus est debout et nu
au milieu d'un banc sur lequel sont assises la Vierge et
sainte Anne, le corps de l'enfant est aussi largement et
aussi puissamment modelé que dans l'admirable tableau
de Dresde, tandis que les deux figures de femme tiennent
encore à l'école gothique par certains côtés. Pour la couleur, elle est celle d'un maître, tant par son intensité profonde que par son accord.

A quelle époque Hans Holbein-le-Jeune peignit-il ces
deux tableaux ? Il est probable que ce fut pendant l'intervalle de ses voyages à Bâle, où il alla d'abord en 1513 , où
il retourna en 1516 pour s'y fixer définitivement, puisqu'en
1520 il fut reçu dans la corporation des peintres de cette
ville. On peut affirmer cependant avec quelque assurance
que ses tableaux du musée d'Augsbourg sont antérieurs à
l'époque où , ayant agrandi sa manière par une étude plus
attentive des maîtres italiens, ainsi que le prouve une copie
de Mantegna qui se voit à Bâle, il peignit , vers 1526 , *la
Famille du bourgmestre Meyer aux pieds de la Vierge*, cet
admirable tableau du musée de Dresde, qui est le chef-
d'œuvre d'Holbein et de l'art allemand. Là , il n'y a plus
aucune trace de gothicité ; le peintre s'appartient tout entier par la puissance de la couleur comme par la science du
dessin. Ce dessin , idéalisé dans le groupe de la Vierge et
l'Enfant-Jésus, littéral dans le groupe des donateurs , est
partout rehaussé par le sentiment religieux. Là , Holbein a
su tellement s'assimiler l'art italien , qu'il en a fait sa propriété, pour ainsi dire.

C'est après avoir peint ce tableau que , poussé par
Erasme, son ami , qui s'était réfugié à Bâle, il passa en
Angleterre. Depuis quelque temps, il semblait avoir adopté
les principes de la réforme, soit qu'il peignit cette *Danse*

des Morts, drame bouffon et terrible, qui était la satire figurée où les opprimés prenaient leur revanche des oppresseurs en contemplant leur fin commune et leur commune misère, soit qu'il s'imaginât de représenter le Christ mis de nouveau sur la croix par ce clergé romain auquel Erasme ne voulait imposer qu'une réforme, mais contre lequel Luther éleva un schisme. A la cour d'Angleterre, rien ne devait coûter à ses convictions. Le roi Henri VIII pouvait changer de femme à son gré, se brouiller avec la cour de Rome à sa fantaisie et donner un prétexte odieux ou ridicule à la scission définitive qui devait être déjà dans les consciences pour avoir été si facilement admise dans les faits ; son peintre favori était prêt à peindre sans scrupule la femme d'hier et celle de demain, et le roi lui-même dans toute la sensualité de sa large face aux vastes mâchoires. Son pinceau souple et attentif, habile à faire vivre l'homme moral sous l'image de l'homme physique, n'eut plus un moment de repos devant tous ces modèles, grands seigneurs, belles dames, philosophes ou marchands, dont il a buriné les traits pour la postérité.

Tandis qu'Holbein se livrait à ce glorieux labeur, la Renaissance disait son dernier mot en Italie. Les gravures de Marc-Antoine, venues après celles de Mantegna, de Mocetto et de bien d'autres, devaient porter en Angleterre, comme en Suisse, un fidèle écho des triomphes de Raphaël et entraîner chaque jour davantage vers l'art italien un peintre qui en avait déjà reçu les premiers éléments dans la maison paternelle. Ces leçons premières et ces derniers enseignements se trahissent dans ses portraits, à la façon large et magistrale dont il sait interpréter la nature. Témoin ce portrait de Th. Morret, du musée de Dresde, que l'on prit longtemps pour une œuvre de Léonard de Vinci.

Mais dans les compositions où il règne en souverain sur le monde créé par sa fantaisie, Holbein est Italien et disciple de Raphaël, en tant qu'il était donné à un Allemand de le devenir. Nous en avons un exemple dans un dessin de la collection du Louvre, idée première du *Triomphe de la Richesse*, qu'Holbein peignit à la détrempe sur les murs d'un palais de Londres, en même temps que *le Triomphe de la Pauvreté*, compositions aujourd'hui détruites avec l'édifice qui les contenait.

Avec lui s'éteignait à Londres en 1543 cette tradition italo-tudesque dont on peut suivre les traces, les transformations et les défaillances, depuis les commencements de l'art allemand, sous Charlemagne, jusqu'à sa résurrection dernière par la main d'Overbeck.

Depuis quinze ans, était mort à Nuremberg l'émule de Holbein, Albert Durer, qui personnifia davantage le génie allemand et se montra plus rebelle, quoi qu'il en eût, aux enseignements qu'il voulut aller puiser en Italie. En ces deux artistes se résume, à mon sens, l'histoire de l'art en Allemagne, et il est fâcheux que ce soit le second qui ait eu, grâce à ses gravures, une influence plus directe sur les artistes de l'autre côté du Rhin au seizième siècle.

ULM.

La cathédrale d'Ulm, monument de la richesse des habitants de la ville, est une immense église à cinq nefs, commencée en 1377, abandonnée, mais non achevée en 1494, et reprise aujourd'hui sous la direction de M. F. Thren, à qui écherra sans doute le bonheur de l'achever. Pour le faire, il aura les plans primitifs de maître Essiger, célèbres dans l'Allemagne, surtout celui de la flèche, dont il existe de nombreuses copies. Le gros œuvre est en briques, mais tous les détails d'architecture sont en pierre et d'une maigreur extrême. La nef centrale, terminée par un chevet polygonal du quatorzième siècle, est plus longue que les nefs latérales et séparée d'elles par des piliers. Ce sont des colonnes qui séparent ses nefs latérales excessivement élevées, de telle sorte qu'il n'y a point de galerie dans la nef, entre les arcades et les fenêtres hautes. Enfin, cette église n'a point de transepts, bien que des portes latérales importantes s'ouvrent sur chacun de ses flancs.

Le clocher inachevé, qui doit s'élever à une hauteur très grande, se dresse au bas de la nef, en arrière de la façade, et forme un long vestibule voûté qui surmonte la tribune de l'orgue. Un porche précède la porte d'entrée, dont le tympan est sculpté des scènes de la Genèse et surtout de l'histoire d'Adam.

Dans cette église, bâtie suivant le système français, des arcs boutants supportent la poussée des grandes voûtes de la nef, mais on leur a donné une section si faible, qu'ils ne se sont point opposés à l'écartement des murs, et j'ai crainte que ceux que l'on reconstruit ne remplissent pas mieux leur office, n'étant point plus robustes que les anciens. C'est la maigreur qui caractérise l'architecture de cet édifice. On dirait que, la pierre étant rare, on l'a épargnée jusqu'à la dernière limite du possible. Mais aussi on s'est bien qu'ils soient dans une église livrée aujourd'hui au culte protestant, et ce nous est encore une occasion de louer ce respect des œuvres d'art qui caractérise les populations allemandes.

D'Ulm je n'ai vu que la cathédrale, et il n'y a guère que cela à voir. Du reste, toute promenade était interdite. La neige couvrait le sol d'une couche épaisse, dans laquelle on commençait seulement à tracer d'étroits sentiers. Je signalerai cependant aux amateurs du pittoresque un cours d'eau assez large, un bras du Danube peut-être, qui traverse la ville, bordé de maisons, de moulins, de fabriques, dont les constructions enchevêtrées sans alignement empiètent à l'envi sur la rivière, surplombent sur ses eaux, bouillonnantes ici, là s'endormant dans le calme des ombres profondes, et forment une des perspectives les plus accidentées que je connaisse.

Tandis qu'en chemin de fer, je franchis le royaume de Wurtemberg, suivant la vallée que le Necker débordé inonde de ses flots jaunis, qui roulent en tumulte ; tandis que je traverse le grand-duché de Bade, pour faire étape à Heidelberg, où je retrouverai encore le Necker, qui va se jeter dans le Rhin, après un long circuit, parlons un peu des chemins de fer allemands. Quant à parler du paysage, la chose est impossible. Que je voyage de nuit ou que je voyage de jour, c'est toujours enfermé dans une boîte close que je traverse l'Allemagne. Pendant la nuit, c'est l'obscurité qui arrête le regard ; pendant le jour, c'est le grésil qui se fixe aux glaces, leur donne une opacité invincible et les scelle dans leurs rainures. Sur les chemins de fer du Wurtemberg, dont les immenses wagons sont chauffés par un poêle placé dans l'angle, la chaleur de celui-ci est impuissante à fondre la glace sur les carreaux qui l'avoisinent, et tous les morceaux de fer qui communiquent de l'intérieur à l'extérieur sont couverts de houppes blanches formées par la vapeur congelée de la respiration. D'ailleurs, s'il était possible de voir quelque chose, ce ne serait qu'une immense nappe de neige sous un ciel gris. Enveloppés dans leur pardessus fourrés, les pieds dans leurs bottes également fourrées, les Allemands bravent impunément ces rigueurs de l'hiver, ne se chauffant jamais aux stations et ayant même pour principe que le meilleur moyen d'avoir froid aux pieds est d'approcher ceux-ci du poêle. Aussi laissent ils ce dernier parfaitement libre dans les stations ; mais il n'en est pas de même des tables. Les salles d'attente y sont des restaurants, plus ou moins bien four-

nies, suivant l'importance de la station, où chacun peut
entrer du dehors, où l'on attend, où l'on séjourne le plus
commodément du monde, mangeant, buvant, fumant ou
lisant. Parfois les habitants de la ville viennent s'y restaurer, et à Nuremberg la salle était toute pleine de familles
qui s'y étaient installées pour y fêter le lendemain de
Noël, les hommes fumant et buvant de la bière, les
femmes, débarrassées de leurs chapeaux, tricotant autour
des tables. La salle était pleine, et nous n'étions que deux
voyageurs.

À l'heure du passage ou du départ des trains, un employé vêtu d'une longue houppelande fourrée et galonnée,
coiffé d'un tricorne et armé d'une canne de tambour-ma-
jor, un vrai suisse de cathédrale, ouvre les portes qui
communiquent sur la voie et annonce les destinations
principales du convoi. Mais cette mesure est une simple
précaution, car la communication m'a semblé libre partout
entre la gare et la voie, et même entre la rue et celle-ci.
Le service des billets se fait pendant le trajet, et l'on sort
immédiatement de wagon pour se trouver sur la place ou
dans la rue sans passer par les bâtiments de la station,
quitte à y rentrer pour prendre sa malle. Certains accessoires des stations, indispensables aux voyageurs, sont
même en dehors de l'enceinte du chemin de fer.

Les stations sont construites dans tous les styles. Le gothique a souvent été choisi; mais aux environs de Munich,
c'est le style classique grec que l'on a adopté. Le bois y
domine, et l'on s'est inspiré, pour l'arrangement des halles
et des abris divers, des détails que pouvaient fournir les
fabriques antiques peintes sur les murs des maisons de
Pompéi. Des berceaux en treillage peints de couleur chamois
avec rechampis rouges, comme le sont toutes les boiseries
des bâtiments, accompagnent les stations et font songer à
quelque gracieuse idylle sous le ciel clément de l'Italie et
de la Grèce. Mais Zéphyr a caché frileusement ses ailes
sous un paletot fourré, et les tiges de quelques plantes
grimpantes pendent jaunies aux barreaux du treillage
couvert de neige.

Presque partout, sur la ligne de Stutgart à Vienne, les
maisons de gardes et les petites stations sont d'élégants
châlets, moitié en maçonnerie et moitié en charpente,
d'une construction très simple et très bien entendue, et non
des colifichets vernis comme ceux que la mode a importés
chez nous.

Excepté sur les chemins de fer de Wurtemberg, les voitures sont les mêmes que sur les chemins de fer français. Seulement, les secondes y sont l'équivalent de nos premières, et c'est dans celles-ci que l'on voyage exclusivement. A peine y a-t-il un compartiment de première classe dans chaque convoi. Un compartiment est réservé dans chaque train aux « non-fumeurs, » car il faut partout ailleurs se résigner au tabac. On a même eu la précaution d'établir contre les portières de chaque voiture de petits godets dans lesquels on dépose ses bouts d'allumettes et la cendre de ses cigares.

Les voitures du chemin de fer wurtembergeois sont d'immenses caisses portées à leurs extrémités sur quatre paires de roues jumelées deux à deux. Des plates formes placées aux extrémités des wagons, sur lesquelles s'ouvrent les portes d'entrée, permettent de communiquer d'une voiture à l'autre, suivant toute la longueur du train. Des bancs à dossier mobile règnent des deux côtés d'un passage réservé dans l'axe, et un poêle placé dans l'angle chauffe cet immense omnibus assez incommode.

Malgré la neige qui est tombée en abondance, la marche des trains n'est point ralentie. Des chasse-neige que j'avais vus partout préparés le long de la voie, lorsque je me dirigeais sur Vienne, ont dû la déblayer. Ce sont des chariots bas armés d'un éperon en fer, muni de deux déversoirs, espèces d'immenses charrues à motter, que l'on doit placer en avant d'une locomotive pour ouvrir la route aux convois. Des escouades d'ouvriers, établies aux endroits les plus exposés aux accumulations, rejetaient en dehors la neige trop abondante, et grâce au hasard, grâce aussi sans doute à la bonne organisation du service, je n'éprouve aucun retard, quoique depuis longtemps on n'ait pas vu autant de neige, et l'on n'ait point ressenti un froid aussi rigoureux dans la vallée du Rhin. Il fait encore grand jour et beau soleil quand j'arrive à Heidelberg, et j'en profite pour grimper au château.

HEIDELBERG.

Au sortir de la gare, un boulevard qui doit être une promenade délicieuse en été vous conduit au bas d'une rampe assez rapide, que tous les polissons d'Heidelberg ont envahie, pour la transformer en une glissade tout le long de laquelle ils se culbutent à l'envi. A gauche sont les maisons, à droite est la montagne. Tout-à-coup on débouche sur une petite esplanade qui précède un parc dessiné à l'anglaise. Des ruines s'avancent comme un cap dans la vallée, séparées du parc par d'immenses fossés, au fond desquels croissent de grands arbres et des viornes dont les tiges dénudées s'accrochent en festons à leurs branches, qu'elles relient aux murs tapissés de lierre. Ces ruines sont celles du château d'Heidelberg. Un pont est jeté en face d'une porte étroite percée dans une grosse tour carrée, au-dessous d'une horloge dont le cadran depuis longtemps ne marque plus les heures.

Au-delà du sombre passage, s'ouvre la cour intérieure, irrégulière et délabrée. C'est là que s'élèvent les deux constructions de la Renaissance dont l'Allemagne est le plus fière : l'une, sur la droite et au levant, est due à l'électeur Otto-Henry, de 1556 à 1559; l'autre, au nord et vis-à-vis de l'entrée, fut construite par le comte palatin Frédéric IV, de 1607 à 1610.

Bien que la façade d'Otto-Henry soit un des premiers spécimens de l'architecture de la Renaissance en Allemagne, on y devine que cette architecture y est arrivée toute formée, dans la plénitude de la force, touchant déjà à la décadence, sans aucune de ces timidités qui sont, dans la Renaissance française, comme les grâces de la jeunesse avant les développements de la virilité.

Plus lents, plus tenaces, moins portés aux changements que les autres peuples, les Allemands en étaient encore restés à l'architecture romane lorsque l'art gothique dominait en France. Aussi, par une juste conséquence, ils persévérèrent plus longtemps dans ce dernier, une fois qu'ils l'eurent adopté. Ils s'y sont même tellement complu, qu'ils

ont conservé jusqu'à nos jours l'écriture du quinzième siècle,
tandis que celle du seizième siècle est employée partout
ailleurs. C'est précisément parce qu'ils avaient été plus lents
à se mouvoir que des critiques superficiels crurent qu'ils
avaient montré la route, et l'on s'imagina qu'ils avaient été
les premiers parce qu'ils étaient restés les derniers des gothiques. L'architecture de la Renaissance, en effet, touchait
déjà chez nous à son déclin, que l'Allemagne commençait
à peine à adopter ce que l'on croyait être le style antique.

Au seizième siècle, les Allemands attendirent que les
châteaux de Blois, de Chambord, de Fontainebleau et de
Madrid fussent bâtis, que le Louvre eût été transformé, que
Philibert Delorme eût construit Anet et commençât les
Tuileries, pour tenter quelques timides essais, avant que
d'inaugurer le nouveau style avec éclat.

C'est en France, plutôt qu'en Italie, que semblent s'être
inspirés les architectes d'Otto-Henry, tant ils se sont montrés prodigues de détails souvent incohérents, au lieu de
se maintenir dans cette simplicité dont l'architecture italienne s'est toujours fait une loi.

Cette façade, élevée sur un soubassement lisse, se compose de trois étages séparés par des corniches saillantes,
et montre même les arrachements d'un quatrième ordre.
Des pilastres la séparent en cinq travées, de deux fenêtres
chacune. Ces fenêtres carrées, divisées en deux par un
meneau vertical où est adossée une statue en gaine, et surmontées de frontons, sont séparées dans chaque travée
par une niche dont la conque, en forme de coquille, abrite
une statue. L'entrée, percée au-dessus d'un perron à double
rampe, est fermée d'une porte cintrée entre deux longues
fenêtres étroites. Quatre statues drapées d'un excellent
style, et dans lesquelles on devine une tradition florentine, à travers une influence que nous croyons française,
accompagnent ces trois ouvertures et supportent une frise
que surmonte un attique formé des écussons du Palatinat
surmontés de casques aux cimiers léonins. Des caryatides accompagnent ces armes et sont accostées par des
hommes combattant des lions.

Au-dessus, le buste placide du gros électeur s'épanouit
dans un médaillon creusé au milieu d'un écusson formé
des enroulements les plus capricieux qu'il soit permis
d'imposer à la pierre. Des trophées d'armes sur les montants et les archivoltes de la porte, encore des armes sur
les soubassements, des instruments de musique sur les
soffites des caryatides, des chimères portant des cartouches,

des patères alternant avec des massacres sur la corniche,
des guirlandes de fruits au milieu des enroulements, et,
enfin, la perfection de cette sculpture taillée dans le grès
rouge, tout fait de cette entrée un chef-d'œuvre de richesse.
Est-ce un modèle de retenue? Non, certainement; et si
l'on voulait se rendre un compte sévère de tous ces accessoires accumulés à plaisir sans souci de leur signification,
on aurait beaucoup à rabattre de son admiration.

Mais la Renaissance veut être jugée avec le sentiment,
et non avec la raison, car l'analyse détruirait bientôt le
charme. Il faut se laisser aller aux séductions du caprice
et de la fantaisie et au grand goût des détails, sans s'a-
muser à reprendre ces ornements qui, symboliques ou mo-
tivés dans l'antiquité, n'ont plus de raison d'être dans une
construction moderne. Il ne faut pas non plus regarder de
trop près ce que signifient les quatre caryatides de l'entrée,
ni les statues des niches, ni les médaillons des frontons
des fenêtres, car nous y trouverions sans doute les quatre
Evangélistes, mêlés aux Rois d'Israël, aux Déesses de
l'Olympe, aux Vertus théologales et cardinales, et aux portraits des empereurs de Rome : le Paradis, l'Olympe et
l'Histoire.

Ce fut trop peu cependant que tout ce luxe pour les
époques qui ont suivi ; ce qui était resté de respect pour
les formes antiques passa pour pusillanimité, et l'on s'ingénia à tourmenter la pierre. Alors l'extrême lourdeur de
l'architecture vint s'allier à la multiplicité des détails. Plus
encore qu'à l'époque précédente, on méconnut ce qu'étaient
la pierre, le bois et le fer, les métaux que l'on forge et ceux
que l'on coule, les roches et les pierres précieuses, ce qui
se taille en édifice et ce qui se polit pour être serti en
un bijou ciselé; on oublia que la menuiserie se fait en
bois et la tenture en étoffe : c'est alors que l'on bâtit des
édifices comme celui que l'électeur Frédéric IV éleva dans
la partie nord du château d'Heidelberg.

Ce ne sont que cartouches saillants, accrochés, un peu à
l'aventure, aux pilastres trapus ; que cuirs roulés et reco-
quillés, comme si on les avait exposés au feu ; que consoles,
que mascarons passant leur tête au delà des corniches qui
devraient les protéger ; que statues théâtrales trop à l'étroit
dans leurs niches et en sortant pour être plus à l'aise ; que
bossages taillés en pointe de diamant et enchâssés dans les
griffes d'une sertissure, que capricieuses découpures, que
l'on dirait sciées dans le bois et fixées sur le mur avec de
gros clous ; que draperies enfin accrochées à des anneaux

et que pilastres frettés comme une bombarde. C'est Sébastien Gotz, de Coire, qui a taillé dans le grès rouge toute cette statuaire ronflante et toute cette ornementation d'un luxe trop exubérant. On y reconnaît, exécutées en pierre, toutes les imaginations que Martin de Voss et Dieterlin avaient tracées du crayon ou de la pointe sur le papier ou sur le cuivre, sans grand souci de leur réalisation possible. Jamais on n'a vu un tel mépris de la raison.

Cette partie du château, moins délabrée que toutes les autres, sert de logement au gardien et d'abri à un musée où j'ai surtout remarqué des porcelaines dures faites à l'imitation de celles de Saxe, provenant d'une fabrique établie à Frankenthal, près de Worms, par l'électeur Charles Théodore. Ces porcelaines, dont la couverte est un peu bleue, et dont le décor, formé de fleurs dans le genre chinois ou de batailles encadrées de cartouches d'or, est un peu dur, sont marquées au revers de deux lettres C T en capitales cursives enlacées et peintes en bleu. C'est là qu'après avoir étudié et examiné seul et à loisir les façades d'Otto-Henry et de Frédéric IV, je fus saisi par le cicérone. Celui-ci, ce jour-là, était une femme qui possède une langue fort bien pendue, un esprit qui n'est point banal et une certaine instruction.

Il y avait longtemps, d'ailleurs, que je n'avais entendu parler français, et je me suis prêté de la meilleure grâce du monde à son babil un peu prétentieux, me laissant conduire, avec la docilité d'un touriste consciencieux, dans tous les coins et recoins de ces ruines que firent les troupes françaises de Louis XIV pendant les guerres du Palatinat, de 1688 à 1690. La haine doit être deux fois séculaire contre nous dans ces malheureux pays que nos armes ont si souvent désolés, et, si l'on nous y déteste, on y a de bonnes raisons pour le faire. Cependant, les ruines que Louis XIV a faites en détruisant les défenses du château d'Heidelberg ont peut-être protégé jusqu'à nos jours les constructions de la Renaissance que celui-ci renferme. Qui sait, en effet, si cet édifice n'eût point continué à servir de résidence à quelque électeur qui eût rasé, pour se mettre à la mode du jour, le logis d'Otto-Henry et celui de Frédéric ? La meilleure garantie de conservation pour un édifice est souvent d'être une ruine si grande, qu'on ne peut lui infliger de restauration.

Quel étrange contraste ! Tandis que ces tours massives, bâties pour défier le temps, s'écroulaient éventrées, deux tonneaux innoffensifs, foudres immenses, sont restés intacts dans leur cellier. Quelle est l'épaisseur des douves et la

capacité du plus petit et celle du plus grand ? Certainement, on me l'a dit ; mais je ne l'ai point retenu et je ne
saurais le répéter.

En arrière du château, sur l'emplacement des jardins
que le Normand Salomon de Caux avait tracés vers l'année
1620, à l'extrémité d'une allée en terrasse qui s'avance per-
pendiculairement sur la vallée, je me posai à la place que
choisissent tous les artistes pour dessiner une vue pittoresque des ruines et de la vallée qu'elles dominent ; et
certes nul point de vue ne pouvait être mieux choisi. Quand
j'y arrivai, le soleil se couchait derrière les Vosges, dont la
silhouette bleuâtre se détachait sur les tons roses du ciel
à l'horizon. En avant, s'étendait l'immense plaine de la vallée du Rhin, où les bois dénudés dessinaient leurs lignes
sombres sur le tapis de neige qui partout couvrait le sol.
La Necker roulait ses flots jaunes contenus entre les deux
versants rapides de l'étroite vallée ouverte devant moi et
bientôt interrompue, puis serpentait dans la plaine à travers
les alluvions que depuis des siècles de siècles elle apporte au
vieux fleuve. Sous mes pieds et dans l'ombre, s'allongeait
la ville resserrée entre la montagne et la rivière.

L'église gothique dressait son clocher, mais au-dessus
d'elle, formant un promontoire qui menace de barrer la
vallée, la sombre masse du château l'écrasait de sa silhouette géante. C'était l'heure solennelle où tout rentre
dans le repos, où la pensée, écrasée par la grandeur du
théâtre et par la beauté du spectacle, oublie l'heure présente et souvent se plaît à évoquer le passé. Par les ouvertures béantes de ces ruines romantiques sort tout un monde
réel et fantastique tout ensemble. Que de chevauchées ren-
trant chargées de butin depuis Frédéric Barberousse ! que
de franches repues sous ces gros électeurs qui, pour salle
de banquet, avaient la plate-forme d'un tonneau ! que d'histoires d'amour et de guerre, de chevaliers bardés de fer
et de blanches jeunes filles ! Tout cela tourbillonne autour
de la grande ruine qui s'assombrit de plus en plus..... Le
crépuscule quitte les hauteurs, l'ombre s'épaissit, et..... il
faut redescendre la pente glissante que j'ai gravie, non sans
peine, par le soleil.

DARMSTADT.

Darmstadt est peu intéressant comme ville, mais c'est une station que doivent faire tous les archéologues qui s'occupent de l'histoire des arts au moyen-âge. La vieille ville est sans caractère. La nouvelle se compose d'une magnifique rue qui joint la station au palais ducal, et qui est interrompue à son milieu par une place au centre de laquelle se dresse une haute colonne en grès rouge, surmontée de la statue en bronze du duc Louis Iᵉʳ, le fondateur de la ville neuve. Le château, construction insignifiante du siècle dernier, entouré de fossés transformés en jardins, renferme la bibliothèque et les musées.

Le musée de peinture est assez riche en tableaux des anciennes écoles allemandes et flamandes, mais sa merveille est un horrible Rembrandt. Je crois qu'il représente un *Ecce Homo*. Du moins, un homme nu, les garots aux jambes et les deux bras relevés au-dessus de la tête, liés et tendus par une corde, est exposé dans toute l'ignominie de sa nature souffreteuse ; mais il y a un tel sentiment de douleur et une telle puissance de réalité dans ces chairs qui se détachent sur un fond sombre, que l'on admire sans vouloir analyser.

Le musée d'antiquités est peu nombreux, mais il renferme, outre quelques beaux bronzes antiques trouvés dans le pays, des ivoires et des émaux du moyen-âge qui me semblent des pièces uniques.

Je noterai seulement les plus remarquables : trois autels portatifs en porphyre ou en vert antique, formant le couvercle de boîtes ornées d'émaux et d'ivoires, petits meubles dans le genre de ceux qui existent encore au trésor de Bamberg ; cinq couvertures d'évangéliaires du onzième au douzième siècle, ornées de bas-reliefs d'ivoire, montés en orfévrerie et en émaux, quelquefois dans des bordures d'argent gravées au quinzième siècle. Plusieurs de ces ivoires sont des chefs-d'œuvre. Je ne puis m'empêcher d'en citer un, qui me semble antérieur au douzième siècle et qui représente la Crucifixion, où assistent l'Eglise et la Synagogue avec la Vierge et saint Jean.

Trente-trois ivoires , joints à ces plaques d'évangéliaires , peuvent montrer les phases diverses de la sculpture en Orient et en Occident , depuis le sixième siècle jusqu'au quinzième. Il faut citer d'abord un grand coffret formé de petites plaques assemblées dans des montures ornées de rosettes à pétales aigus. Trois ou quatre coffrets semblables sont seulement connus. Ils représentent le plus souvent des chasses et des combats d'hommes contre des animaux, et l'on hésite sur la provenance à leur attribuer. Sont-ils grecs? sont-ils persans? Celui de Darmstadt résout la question en faveur de la Grèce. Ses sujets représentent la légende d'Adam et d'Eve, et chaque sujet est expliqué par des inscriptions grecques.

Il faut noter encore les fragments d'un coffret byzantin dont les sujets doivent représenter l'apothéose d'un empereur ; un petit monument d'architecture taillé dans un seul morceau d'ivoire , figurant le Christ entre les quatre Evangélistes, et un grand coffret circulaire en os, surmonté d'un toit aigu à deux retraites, tout orné de sujets de l'histoire sainte.

Parmi les émaux une pièce unique, malheureusement incomplète, se distingue tout d'abord : c'est un monument circulaire tout en émail ; les douze arcades de ses flancs sont garnies chacune d'une figure de prophète du plus grand style, et supportées par des colonnes émaillées à chapiteaux de cuivre ciselé. Le couvercle, en forme de toit conique, est formé de douze plaques côtelées, ornées de rinceaux en émail. Moins agréable d'aspect et moins étudiée dans ses formes que le monument que possédait naguère le prince Soltykoff, cette châsse est, après lui, l'une des plus belles œuvres d'émaillerie allemande que nous connaissions.

Les nombreux fragments d'une grande châsse, malheureusement détruite, représentent encore merveilleusement l'art rhénan.

Celui de Limoges a fourni, comme d'habitude, les petites châsses et les pixides aux tons bleu-lapis.

Il y a certes des musées qui renferment des pièces en plus grand nombre, mais il y en a peu qui soient aussi riches en pièces importantes que cette petite collection de Darmstadt.

L'absence de choses banales y est même un mérite, puisqu'elle permet de concentrer toute son attention sur les choses belles ou rares, et en tout cas fort intéressantes, dont l'étude m'a été facile, grâce à la complaisance du conservateur.

FRANCFORT.

4 janvier.

Je suis dans la ville où siége la diète germanique, mais ce n'est pas sans peine que j'y suis arrivé, et j'ai pris le plus long pour le faire. Mon billet pour Francfort à la main, je monte à Darmstadt dans le convoi arrêté devant la porte de la salle d'attente, pensant que, selon l'habitude, un employé viendra le vérifier; mais personne ne se présente et je pars. A quelque temps de là, lorsque je pensais être arrivé, l'on se présente, et à la vue de mon billet, l'on me baragouine force allemand, auquel je ne comprends rien, sinon qu'il me faut mettre la main à la poche et la tendre pleine de pièces dont je ne connais pas plus la valeur, variable d'un état à l'autre, que je ne sais la langue du pays. L'employé y puise ce qui lui convient, et, par la nuit, l'on nous débarque tous sous les étoiles qui brillent et sur la neige qui couvre le sol, au confluent du Mein avec le Rhin. Les lumières de Mayence brillent au loin. Mieux vaut y coucher qu'à la belle étoile, et je m'embarque dans le bateau à vapeur qui fait la traversée, se frayant un difficile passage à travers les glaçons que broient ses roues. Quel froid et quelle traversée ! Enfin, à la station du chemin de fer de Mayence à Cologne, je trouve à qui parler. Je traverse le Rhin une seconde fois et je prends le chemin de fer de Mayence à Francfort, où, quelque temps après, je retrouve ma malle.

Francfort est une belle ville, riche et animée, que partage une large rue courbe où tous les libraires, tous les marchands de bric-à-brac et de curiosités se sont donné rendez-vous. Les troupes fédérales déblaient les rues principales de la neige qui les encombre, ce qui les empêche de se battre, Autrichiens contre Prussiens, ainsi qu'on assure qu'elles le font sans cesse, au grand ennui des soldats de la ville libre, sans cesse aussi occupés de les séparer. La neige encapuchonne les trois statues en bronze de Guttemberg, Faust et Schœffer, qui ornent une fontaine, et, plus loin, celle de Gœthe, né à Francfort, comme M. de Rotshchild. On montre la maison où le poëte a vu le

jour et celle, dans le quartier juif, que la naissance
du financier a illustrée. Sur les boulevards, les maisons, dit-on, disparaissent en été au milieu des fleurs;
mais il n'est guère question de fleurs en janvier, et je m'enfonce au cœur de la vieille cité, cherchant les monuments
à l'aventure, heureux d'y retrouver ce que je n'ai plus vu
depuis Prague, l'activité et la vie d'un peuple qui travaille.
Dresde était en fête, Nuremberg au prêche, et Bamberg as-
sistait à la messe, Munich est un musée, Augsbourg se
mettait à l'abri du verglas, Ulm se réveillait sous la neige,
et Darmstadt n'est guère plus vivant que Versailles. C'é-
tait donc un spectacle presque nouveau et réjouissant que
celui de ces boutiques ouvertes, de ces voitures chargées
de marchandises et de ces citadines empressées au milieu
du dédale des vieilles rues qui rappellent Rouen. Une rue
plus étroite, plus tortueuse et plus noire que toutes les
autres, que je suis sous une voûte de viandes de bou-
cherie appendues sous les auvents de boutiques profondes
et noires, me mène au Dom, et, certes, Victor Hugo, en la
décrivant dans son beau style, n'en a point exagéré la couleur. Mais cette rue n'est rien auprès des échoppes qui s'a-
britent le long des murs de l'église qu'elles enveloppent.

C'est là que l'on débite les issues, les poumons sangui-
nolents, les vessies verdâtres pleines de fiel, les foies pour-
pres, les guirlandes de boudins et de saucisses, le tout suspendu aux auvents et menaçant la tête des acheteurs. A
côté, c'est le marché au poisson, dont les viscères, jetées sur
le sol, mêlent un tas de couleurs affreuses à la blancheur
de la neige à travers laquelle se gèle un ruisseau rouge
de sang. Jamais je n'ai vu une telle saleté et tant de vic-
tuailles repoussantes s'offrir aux passants.

Le Dom, où l'on a sacré les empereurs d'Allemagne, perdu
au milieu des maisons qui l'enceignent à sa base et un peu
de toutes parts, est sans entrée qui l'annonce. On y accède comme dans une maison et par une porte dérobée.
C'est une église du quatorzième siècle dans son chœur et
dans ses transepts, du quinzième siècle dans la nef. Le
chœur, polygonal à son chevet et éclairé par de hautes
fenêtres, est formé de trois travées et flanqué de chaque
côté d'une petite abside carrée. Chacune de celles-ci est
dans le prolongement des bas-côtés de la nef, qui n'a que
trois travées, ainsi que chacun des transepts, de sorte qu'à
la hauteur de ces derniers, l'église est plus large que longue. Une espèce de vestibule formé de deux travées précède
la porte d'entrée dans l'église, qui n'est point celle que l'on

voit dans la rue, car il faut suivre des couloirs et des galeries pour y arriver.

Une magnifique statue de pierre domine l'entrée. Elle représente saint Barthélemy, le patron de l'église et des bouchers qui l'avoisinent, et rappelle les figures que P. Vischer a fondues pour la châsse de saint Sebald à Nuremberg.

Dans l'église, un fort beau groupe en pierre, représentant la Mort de la Vierge, sert de rétable à l'autel de la petite abside placée au nord du chœur, si l'église est orientée. Les douze Apôtres, en figures de ronde bosse, entourent le lit où la Vierge vient d'expirer. Saint Pierre est habillé en prêtre et revêtu de la chape. Dans cette œuvre du commencement du quinzième siècle, les draperies ont encore la souplesse et le style de la belle époque gothique. Quant aux figures, elles montrent cette individualité qui, chez nous, est plus particulière au quinzième siècle, mais que nous avons déjà vue, à propos des sculptures de Bamberg, être un des caractères de l'art allemand.

La Mise au Tombeau, qui fait pendant à ce beau groupe dans la chapelle correspondante, est d'une époque postérieure. A côté, dans le transept sud, se dressent deux tabernacles pédiculés en pierre et du quinzième siècle, beaucoup moins importants que ceux d'Ulm et de Nuremberg, mais fort élégants. L'un, accosté à sa base des statues des quatre Évangélistes, a été transformé en une niche qui abrite une statue de la Vierge. Trois dalles tumulaires, chargées d'effigies en relief, ont été relevées, deux contre le mur du transept nord, l'une dans le chœur. Celle-ci est l'effigie de l'empereur Gunther, mort en 1349, et présente un excellent spécimen des armures portées en Allemagne au milieu du quatorzième siècle. Les bras et les jambes sont protégés par des pièces d'armures forgées, si la chemise de mailles couvre encore le corps par-dessous la cotte d'armes qui, juste au corps au-dessus de la ceinture en cuir placée sur les hanches, est flottante au-dessous. Le chapeau de fer, ou bassinet conique, est garni d'un ample hausse-col de mailles qui couvre les épaules et qui est muni en avant d'une pièce, moitié en mailles, moitié en plaques de fer, qui se relève en avant de la bouche et du nez pour s'agrafer au bassinet. Cela remplace l'ancien nasal des onzième et douzième siècles, mais doit être fort incommode.

Gunther s'appuie de la main gauche sur son écu et porte sur le bras droit le heaume à cimier léonin que l'on coiffait pendant le combat par-dessus le chapeau de fer, et qui a pour seule ouverture deux fentes horizontales à la hauteur des yeux.

L'autre effigie, qui est celle d'un guerrier mort en 1370, montre quelques modifications dans l'armure. Le bassinet est à visière ; celle-ci est étroite, aiguë et se rabat sur le visage, en tournant autour d'une charnière fixée au-dessus du front. Ce n'est point encore la visière mobile autour des tempes, qui fut adoptée plus tard, lorsque le bassinet et le heaume se confondirent en une seule chose, qui fut le casque. La cotte d'armes est étroite ; partout rembourrée, elle s'est changée en gambison. La ceinture en orfèvrerie est placée au bas du ventre et doit forcer le cavalier d'être debout en selle, car il serait impossible de s'y asseoir. — Rappelons-nous qu'à Dresde nous avons vu, dans la collection des armures, une selle construite exprès pour que le cavalier pût se tenir debout sur ses étriers. — Deux chaînes fixées sur la poitrine étaient destinées : l'une à retenir l'épée pendant le combat, et l'autre, soit le heaume, posé simplement sur la tête et facile à enlever, soit la miséricorde. Quelques effigies tombales montrent même parfois trois chaînes pour suffire à l'épée, à la miséricorde, ainsi qu'au heaume. Quant au bouclier, il était suspendu au baudrier pendant le combat, en outre qu'il était passé au bras, *embracié*, disent les textes.

Enfin, la troisième pierre tombale montre les effigies d'un homme et d'une femme morts en 1371 et revêtus du costume civil de la fin du quatorzième siècle.

L'homme porte le surcot ajusté avec un rang de boutons au poignet et une ceinture sur le bas-ventre, où sont suspendus le poignard et l'escarcelle. Des chausses et des souliers pointus couvrent ses jambes et ses pieds. Un manteau à capuchon est agrafé sur son épaule droite. La femme porte également une robe très juste au corps, sans ceinture, et un manteau. Sa coiffure est un bonnet tuyauté à barbes, encadrant la figure.

On ne saurait trop publier ou, pour le moins, décrire le peu d'effigies tumulaires qui nous restent. Ce sont les témoins les plus véridiques des costumes civils et militaires du moyen-âge, et, grâce aux dates qu'ils portent pour la plupart, il est facile de suivre presque pas à pas les variations de l'habillement de nos aïeux. Les effigies d'Angleterre ont été cataloguées et publiées pour la plupart, qu'on se soit occupé des pierres tombales en elles-mêmes, ou qu'on s'en soit servi pour l'histoire de l'armurerie. En Allemagne, M. de Haffner-Alteneck a publié celles de Francfort dans son *Histoire du Costume* ; en France, quelques publications isolées ont été faites ou tentées : mais nous n'avons encore rien de complet, rien qui vaille surtout les belles publications anglaises.

Les murs du chœur de la cathédrale de Francfort sont encore décorés de grandes peintures datées de MCCCCXXVII au chevet et un peu postérieures sur les côtés, au-dessus des stalles. Les premières, bien que restaurées, ont conservé le dessin et le ton primitif qui montrent qu'il régnait en Allemagne, au commencement du quinzième siècle, une école fortement influencée par l'art italien et tout-à-fait différente de celle qui domina pendant tout le quinzième siècle. Cette dernière est représentée par les légendes de saint Barthélemy et de la Madeleine, peintes avec un réalisme atroce, au-dessus du dossier des stalles gothiques de cette église, où tout est intéressant.

Je note encore, avant d'en sortir, une figure en pierre sculptée au quatorzième siècle et représentant un diacre portant un livre à deux mains sur la poitrine. C'est le pupitre destiné à la lecture des Evangiles. Au-dessus s'élève un tabernacle du quatorzième siècle, destiné à conserver la réserve eucharistique.

Non loin du Dom est le *Rœmer*, l'Hôtel-de-Ville, où se faisaient l'élection des empereurs et leur proclamation du haut des fenêtres ogivales qui éclairent une vaste salle appelée la Kaisersaal. Cette salle des Césars vient d'être restaurée et offre sur ses murs les effigies, la plupart de fantaisie, des empereurs d'Allemagne, depuis Charlemagne jusqu'à l'archiduc Jean, vicaire de l'empire en 1848. Quelques-uns de ces portraits sont d'une grande tournure, et les artistes allemands, plus consciencieux que les nôtres en pareil cas, se sont donné la peine de faire les recherches nécessaires pour les revêtir du costume exact de leur époque. Ainsi le Gunther est une copie de la pierre tombale de la cathédrale.

En 1819, un bourgeois de Francfort légua à la ville ses maisons, ses collections et un capital de 1,200,000 florins (2,500,000 fr. environ) pour la fondation d'un musée et d'une école des beaux-arts. Telle est l'origine de l'Institut de Stædel, qui a pour directeur actuel M. Passavant (1), l'un des plus savants hommes de l'Allemagne dans l'histoire de l'art et l'auteur d'un ouvrage sur Raphaël qui fait autorité. Le musée n'est point encore très riche, mais tous les morceaux en sont choisis. Les pièces capitales sont deux Vierges glorieuses de Moretto di Brescia (Alessandro Bon-

------

(1) M. Passavant est mort depuis notre passage à Francfort.

vicini, qui peignait en 1516 et vivait encore en 1547). Le Moretto chercha à allier le dessin de Raphaël à la couleur du Titien, et ses deux tableaux de Francfort peuvent être comptés pour leur style et pour l'éclat du coloris, parmi les plus belles œuvres de cette école milanaise qui servit, en effet, de trait-d'union entre Venise et Rome.

Je passe sous silence, pour y revenir lorsque j'aurai vu Cologne, les peintres allemands et flamands du quatorzième et du quinzième siècle, afin d'arriver au tableau qui fit la réputation d'Overbeck, *le Triomphe de la Religion dans les Arts*. C'est une espèce de répétition de *l'Ecole d'Athènes*, de Raphaël, tant dans les dispositions des groupes que dans le dessin, qui est plus qu'une imitation. Que l'on s'inspire du « divin jeune homme, » comme le fait M. Ingres, tout en gardant un talent individuel, si l'on n'est point assez bien doué pour créer un style qui vous soit personnel, je le conçois, mais que l'on prenne à un maître ses figures, ses groupes et ses habitudes de dessin, cela passe la limite des choses permises, surtout quand ce dessin est affaibli et sans caractère. De plus, la pratique du métier est tellement au-dessous de la conception, que tout manque : la précision, la fermeté, le relief et la couleur, qui n'est plus qu'une coloration affadie.

Réduites aux dimensions exiguës d'une gravure et condensées dans un cadre étroit, ces compositions, où règne une certaine recherche de la ligne, où la pensée est toujours élevée, reprennent l'accent qui leur manque. Il n'est pas jusqu'au modelé discret et à tailles fines que leur donnent les graveurs qui n'augmente leur caractère. Aussi ce n'est pas des interprètes de la peinture allemande moderne que l'on peut dire : « Traduttore, traditore. » Bien au contraire, Overbeck, Cornélius, Kaulbach, Keller, Schadow, Schnow et la suite, doivent très humblement rendre grâces à leurs interprètes qui les surfont de beaucoup. J'en dirai un peu moins des fresques de M. P. Veit, qui représentent les deux figures de *l'Italie* et de *l'Allemagne*, accompagnant la composition intitulée : *L'Introduction des Arts en Allemagne à la suite du Christianisme*. Si le tableau central n'a point grand caractère, il n'en est pas de même des deux figures de *l'Italie* et de *l'Allemagne*, que la gravure a fait connaître en France.

La rêveuse et fière Allemagne, l'Italie triste et opprimée, mais encore reine, peuvent être comptées parmi les meilleurs morceaux de l'art contemporain en Allemagne.

Comme vous le pensez bien, un musée bâti vers 1820

ne peut l'avoir été qu'en style italien. Aussi les toits sont presque plats, et la neige amoncelée sur les châssis vitrés répandait-elle l'obscurité dans les salles éclairées par le haut, quoique le soleil brillât de son mieux. C'est décidément une bien belle chose que l'architecture classique par 30 ou 40 centimètres de neige !

Par contre, on n'en voyait pas un flocon sur les toits aigus de l'une des anciennes portes de la ville, qui se compose d'une tour élancée, garnie d'échauguettes sur ses angles. Plutôt que de la détruire, on a fait circuler autour d'elle la rue qui joint la ville au faubourg, et l'on a sagement fait de conserver cet élégant spécimen de l'architecture militaire du quatorzième siècle.

J'aurais encore à voir chez M. Brentano, l'un des plus riches banquiers de Francfort, des miniatures de Fouquet, le peintre enlumineur du roi Louis XI, que l'on dit être des merveilles; mais leur propriétaire est absent, et, n'ayant guère le désir d'aller m'extasier devant l'*Ariane* de Dannecker, que l'on voit entourée de rideaux roses dans la villa Bethmann, je pars avec l'espoir d'arriver assez tôt à Mayence pour en visiter la cathédrale.

COLOGNE.

5-8 janvier.

LES ÉGLISES.

Cologne, la cité aux sept collines, qui apparaît dans vos rêves comme une seconde Rome embellie par la poésie des légendes et par le prestige des arts, semble tout d'abord la plus maussade ville qui soit. Aussi le premier désir que l'on éprouve, après avoir parcouru quelques-unes de ses rues mal alignées, est celui de la quitter au plus tôt. L'Allemagne possède des villes à rues plus tortueuses, comme Prague et Ratisbonne ; mais les maisons qui bordent ces rues, appartenant aux siècles passés, réjouissent l'œil par quelque détail pittoresque ou l'assombrissent par quelque mur plus froid et plus aveugle que celui d'une forteresse, et en tous cas l'occupent sans cesse. Mais à Cologne les maisons sont modernes, mesquines, plâtrées, crépies ou badigeonnées, et souvent de misérable apparence.

Puis, l'on vous a tant parlé du Dom et l'on vous en parle tant, que, votre première visite étant naturellement pour lui, on est tout furieux de se trouver devant une grande église française de la fin du treizième siècle, dont la nef est trop courte, dont les détails sont bien roides et bien secs dans les parties achevées, dont l'œuvre est bien délabrée dans celles qui ne le sont pas.

Lorsque vous entrez, vous êtes assailli par les cicérones, cette plaie du voyageur, cette machine vivante qui s'empare de vous, espèce de locomotive qui vous mène de station en station sur les rails de la routine pour vous y débiter un tas d'erreurs et de platitudes.

Vous vous prenez alors à maudire la manie qui vous a poussé à voyager sans avoir assez de temps pour le faire en flânant, et qui vous a fait partir, un *Guide* sous le bras, pour aller le plus rapidement possible d'abord au but, puis de là au point de départ, passant alternativement du chemin de fer au domestique de place et du domestique de place au cicérone, sans avoir le loisir de vous égarer un peu et d'envoyer au diable livres et gens, pour errer à l'aventure et faire vous-même vos découvertes.

Comme, en effet, un monument dont on voudrait bien se croire le Bougainville, vous semble mille fois plus beau ou plus intéressant ! On l'aurait édifié soi-même qu'on ne serait pas plus fier.

Mais lorsque, s'étant quelque peu familiarisé avec le réseau des rues de Cologne, on ne voit plus dans celles-ci qu'un moyen, souvent fort détourné, pour aller d'un point à un autre ; lorsque l'on a un peu calmé la mauvaise humeur que vous ont causée certaines vanteries à l'égard de la cathédrale ; pour peu que l'on soit arrivé, par hasard, sur la place de l'Hôtel-de-Ville, auquel sert de péristyle un charmant portique à deux étages, construit pendant la Renaissance, et qu'entoure un nombre fort respectable de vieilles constructions pittoresques et délabrées ; pour peu enfin que l'on ait aperçu l'abside circulaire de quelqu'une des nombreuses églises romanes qui illustrèrent la cité, on se familiarise avec la ville de Jean-Marie Farina. L'on regrette même de la quitter lorsque l'on s'est pris à étudier ses églises si intéressantes, son musée si précieux pour l'histoire de l'école de Cologne et les magnifiques pièces d'orfévrerie du moyen-âge qu'elle possède.

J'étais arrivé à Mayence à la nuit tombante, et j'avais à peine eu assez de jour pour examiner l'extérieur de sa cathédrale, qui appartient à l'architecture rhénane du douzième siècle, un peu modifiée par les siècles postérieurs. C'est une église à deux absides, comme deux églises à transepts soudées par le pied. Un clocher puissant s'élève sur la croisée (intersection de la nef et des transepts) de chacune des demi-églises ; deux clochers plus minces se dressent de chaque côté de chacune des absides, de sorte que le monument se trouve avoir six clochers. Des portes en bronze, provenant d'une église du dixième siècle et n'offrant aucune sculpture sur leurs panneaux encadrés de simples moulures ; un beau cloître et une salle capitulaire, transformée dernièrement en chapelle ; quelques détails de chapiteaux aux portes de l'abside la plus ancienne, qui montrent une imitation flagrante de l'antique, c'est tout ce que j'ai pu voir. Quand je pénétrai dans l'intérieur, l'ombre avait déjà envahi la cathédrale ; mais si tous les détails disparaissaient à mes yeux, je n'en étais que plus frappé par la grandeur de ces coupoles renforcées de nervures qui se creusent en avant de chacune des absides, et qui paraissaient d'autant plus profondes qu'elles étaient davantage perdues dans l'obscurité.

Mais à Cologne il m'est donné d'étudier à loisir, et dans

de nombreux exemplaires, plusieurs églises du onzième au douzième siècle, dans lesquelles les architectes, tout en adoptant un même type, ont usé d'une grande liberté dans la distribution de leurs plans.

La plus ancienne de ces églises est Sainte-Marie-du-Capitole, que l'on dégage peu à peu, ce qui permet d'examiner les murs extérieurs, fort délabrés et construits en petit appareil, suivant les traditions latines.

Le plan est celui d'une croix. L'abside circulaire, accompagnée de deux absidioles, et les transepts, également circulaires, sont soudés par leur base à une tour carrée qui s'élève au-dessus de la croisée voûtée en dôme. Un bas-côté pourtourne non seulement la nef et le chœur, mais encore les transepts. Des fenêtres plein cintre percées dans leurs murs les éclairent. Au-dessus des arcades des bas-côtés, supportées par des colonnes au chevet et aux transepts, par des piliers dans la nef, règne une galerie supportée par des colonnes géminées, dont le mur extérieur est percé de fenêtres en plein cintre. C'était le seul moyen d'obtenir des murs légers et en même temps assez épais pour supporter la poussée des voûtes, qui présentent tous les systèmes et témoignent de nombreux tâtonnements. Ainsi les bas-côtés sont voûtés en arc de cloître sur de puissants arcs doubleaux. Le chevet et les transepts sont en cul de four et la travée du chœur est voûtée en coupole ; les deux travées de chacun des transepts sont voûtées en berceau. On conçoit qu'en ces parties de l'édifice, où les murs se rencontrent à angle droit et se contrebutent les uns les autres, des voûtes ainsi disposées aient pu se maintenir. Mais il ne pouvait en être de même de la nef ; aussi les six travées de celle-ci ont été recouvertes de deux en deux par trois travées de voûtes ogives, aux premiers temps du système des voûtes sur nervures, vers la fin du douzième siècle. Un vestibule auquel on accède en suivant la galerie d'un cloître de style roman précède cette église, qui est embarrassée de nombreuses constructions à son pied. Le chevet seul est entièrement dégagé et accuse à l'extérieur toutes les divisions et toutes les formes intérieures. L'abside demi-circulaire présente cette particularité, commune aux églises rhénanes, d'être garnie au-dessous du toit d'une galerie à jour, qui laisse voir l'extrados de la voûte en cul de four qui recouvre le sanctuaire, ce qui indique clairement sa fonction, qui est de surélever ce mur, afin de rendre possible l'installation du toit par-dessus cette voûte, et de le faire de la façon la plus légère possible, tout en apportant un nouvel élément de décoration. Sous chaque arcade de cette galerie, on a incrusté une plaque carrée en marbre noir encadrée d'une moulure, ce qui augmente encore l'importance de cette partie de l'édifice.

Ces dispositions d'un chevet et de deux transepts circulaires, s'appuyant à une tour centrale, encore embarrassées de constructions parasites à Sainte-Marie-du-Capitole, s'affirment avec grandeur et majesté à l'église Saint-Georges-Majeur. Mais c'est le chevet de l'église des Saints-Apôtres qui me semble présenter le type le plus parfait, le plus riche et le plus complet, des églises rhénanes.

Les trois absides circulaires du chevet et des deux transepts s'y appuient chacune sur le pignon plus élevé d'un toit qui joint la tour carrée, passant à l'octogone, qui recouvre la croisée. Au-dessus du toit de cette tour est suspendue une lanterne ajourée ; puis, au point où les trois absides se rencontrent deux à deux, s'élèvent des tours circulaires qui portent de hauts clochers octogones dont chaque face est terminée par un pignon, et dont l'ensemble est recouvert d'un toit côtelé. Je ne connais rien de plus riche et de plus harmonieux que l'ensemble de ces constructions circulaires, carrées, polygonales, toutes percées d'arcatures à jour et de fenêtres, tout ornées d'arcatures aveugles à leurs différents étages, sur les absides, sur les tours, sur les pignons, à la base du dôme central et au lanternon qui le surmonte. A cette partie romane le treizième siècle a ajouté une nef avec deux nouveaux transepts carrés et une immense tour carrée placée à la base de l'édifice, constructions semi-romanes, semi-gothiques, qui ne valent pas celles du chevet, où les architectes étaient plus à l'aise pour appliquer un style qui leur était familier.

L'église Saint-Géréon fut élevée, dit-on, à la place où la Légion Thébaine fut massacrée ; aussi une partie des antiques ossements de ces martyrs est-elle conservée dans d'immenses tableaux-reliquaires qui garnissent les tympes de la rotonde qui précède le chœur. Quelqu'un s'est amusé à compter combien il y avait dans ces cadres de compartiments tout remplis d'ossements, et il est arrivé à un chiffre effrayant. Mais ce qui est plus surprenant que cette accumulation de reliques anonymes, c'est l'architecture de cette église, qui a été reconstruite en entier dans les premières années du treizième siècle. Elle est formée d'une immense rotonde décagone, précédée d'un porche fermé et suivie d'un chœur étroit et très long, auquel on accède par un assez grand nombre de marches, et que termine une abside

circulaire accompagnée de deux clochers carrés. Une crypte,
si l'on peut appeler ainsi une chapelle inférieure dont le
pavé est au niveau du sol, s'étend au-dessus du chœur

La rotonde est entourée, au rez-de-chaussée, de chapelles que surmonte une vaste galerie éclairée par des fenêtres d'une construction très originale, plus familière à
l'Orient qu'à l'Occident. C'est la moitié d'une rosace polylobée, terminant supérieurement une fenêtre carrée, dont elle
déborde les montants de tout le champ de ses lobes. On dirait une importation de l'Alhambra, ou plutôt la mosquée
de Cordoue. Une coupole sur nervures soutenues par des
arcs-boutants d'une construction franchement gothique surmonte le tout.

Enfin, l'église Saint-Cunibert, sur les bords du Rhin, est
la dernière qui appartienne au même système d'architecture en plein cintre, bien qu'elle ait été bâtie à une époque
où l'ogive était déjà appliquée partout en France. L'église
Saint-Cunibert se recommande par quelques peintures murales du treizième et du quatorzième siècle, et surtout par
des vitraux du treizième siècle, les plus anciens qui soient
à Cologne, vitraux où les draperies vertes dominent, et
qui représentent soit de grands personnages, soit des
sujets légendaires, dessinés dans un style qui, pour nous,
serait du douzième siècle.

A Sainte-Marie-du-Capitole, où je reviens, il existe aussi
de beaux vitraux, mais du quinzième siècle : entre autres,
une Crucifixion qui montre une grande harmonie dans les
tons clairs. Un autre vitrail où j'ai lu et relu, à mon grand
étonnement, une date que je crois bien être celle de 1714,
présente encore de tels caractères de gothicité, que je ne
puis croire qu'il n'y ait point eu, lors d'une restauration quelconque, une transposition de date d'un vitrail à un autre.

Mais ce qui, outre son architecture, recommande cette
église de Sainte-Marie-du-Capitole, ce sont les ventaux de
la porte ouverte à l'extrémité de son transept du nord.
L'histoire du Christ y a été sculptée en plein bois au
onzième ou au douzième siècle, et des bandes de cuivre
ajourées, réunies par des clous armés de grosses têtes en
cuivre ciselé, réunissent les traverses qui encastrent tous
ces bas-reliefs. Malheureusement, ces portes s'ouvrent dans
un vestibule obscur, ce qui rend difficile de les dessiner
et impossible de les photographier, et, vu leur état de vétusté, il est fort douteux que l'on puisse en tenter le
moulage sans danger.

Des pierres tombales en grès rouge, ornées de croix en

relief, et du onzième siècle environ; des tombes d'abbesses en marbre blanc et noir, de l'année 1504; la tribune de l'orgue sculptée en pierre à la Renaissance; un font baptismal en bronze, de l'année 1587; dans l'angle d'un pilier, une charmante statuette de la Vierge avec l'Enfant-Jésus, sculptée au douzième siècle, au pied de laquelle on a ajouté, au seizième siècle et sur un support isolé, un jeune homme en prière, complètent ce qu'il y a de remarquable dans l'église Notre-Dame-du-Capitole. Il convient cependant d'y ajouter un tableau d'autel que l'on attribue à Albert Durer. Ce tableau double, peint sur sa face et sur son revers, et que l'on fait pivoter sur son axe, représente d'un côté *la Mort de la Vierge*, de l'autre *la Séparation des Apôtres*. Malgré le monogramme, nous doutons que cette peinture, faite de pratique, dont les personnages sont souvent ignobles, appartienne au grand maître de Nuremberg. Nous y verrions plutôt l'œuvre de l'un de ses élèves les plus habiles, de Hans Schaeufelin, dont le musée de la chapelle Saint-Maurice, à Nuremberg, possède plusieurs tableaux exécutés par le même procédé sommaire : des teintes plates circonscrites par un contour noir et modelées par des hachures, les cheveux et la barbe indiqués par des traits noirs ou blancs sur un ton local brun ou gris.

A côté de ces églises d'une physionomie bien prononcée, dont nous ne retrouvons point les analogues en France (1), la cathédrale de Cologne est une surprise, et, à la lenteur que l'on met à terminer cet immense édifice, on devine qu'il n'est point un produit spontané du génie allemand. Longtemps les savants d'outre-Rhin, guidés par les frères Boisserée, avaient prétendu que cette église était le prototype du style gothique; qu'elle était née à Cologne de toutes pièces et tout d'un coup, avec tous ses perfectionnements, comme Minerve sortit tout armée du front de Jupiter. La raison et l'analogie, qui veulent que chaque chose ici-bas se développe progressivement, et que rien ne naisse parfait, même lorsqu'il a été créé par la main de Dieu, qui semble lui-même n'avoir voulu arriver à la perfection que par une suite de créations successives; l'étude des progrès continus

____

(1) La cathédrale de Noyon est à chevet et à transepts arrondis, comme les églises de Cologne; mais elle est déjà bâtie suivant les principes gothiques. La modeste chapelle de Saint-Léonard, à Saint-Wandrille, est également édifiée sur le même plan; mais c'est une construction rudimentaire.

du style ogival sur notre sol, se développant comme les feuillages de ses chapiteaux, qui, encore à l'état de bourgeon à l'époque romane, deviennent une feuille vigoureuse au treizième siècle, s'épanouissent au quatorzième et se tordent bientôt dans la décrépitude au quinzième, et enfin l'histoire, ont prouvé que la cathédrale de Cologne n'avait été commencée qu'après nos grandes églises françaises. M. Félix de Verneilh, dans *les Annales Archéologiques*, a même démontré, plans en main et dates à l'appui, que cette cathédrale ne faisait que reproduire les dispositions agrandies de celles d'Amiens et de Beauvais combinées.

Cette vérité est admise aujourd'hui par les Allemands eux-mêmes, et il ne reste plus qu'un édifice immense de la fin du treizième siècle, et que depuis six cents ans l'on s'essaie à terminer. Le chœur, plus grand que bien des églises, fut consacré après le premier quart du quatorzième siècle; et cent ans après, les travaux, poussés plus ou moins avant, avaient conduit la tour de la façade occidentale au point où elle est aujourd'hui. Cette tour était coiffée d'un toit en planches d'où sortait une grue immense, qui étendait son grand bras au-dessus du parvis. Cette grue ne servait à rien, mais elle aurait pu servir, et cela rassurait l'amour-propre des Colonais, qui semblaient ainsi toujours prêts à achever leur église; mais, par une belle nuit, la grue fantastique, s'ennuyant de ne pas voir les matériaux venir à elle, s'imagina d'aller trouver ceux-ci et s'écroula avec fracas. Les habitants de Cologne étaient habitués à leur grue; elle faisait leur orgueil, et ils la rétablirent en 1820. Puisqu'elle était en place et solide, il fallait l'utiliser, et les travaux recommencèrent en 1842, grâce à l'initiative du roi de Prusse, qui patronna une société fondée pour l'achèvement de l'œuvre du Dom. Il ne reste plus à achever que la façade occidentale, avec ses tours et ses raccords avec la nef, œuvre très importante, eu égard aux dimensions de l'édifice. La nef est encore recouverte d'un plancher placé au-dessous des échafaudages des cintres de la voûte que l'on construit. Les combles en fer sont en place et n'attendent plus que la couverture, et une flèche également en fer, que l'on doit recouvrir de plomb, s'élève à l'intersection de la nef et des transepts. Le chevet et le chœur, provisoirement clos du côté de la nef, forment une église dans une église et sont livrés au culte. La nef, avec ses quatre collatéraux, bien qu'elle soit couverte et que ses fenêtres soient garnies de vitraux, les uns du quinzième siècle, et ce sont les plus beaux; les autres fabriqués à Munich et

donnés par le roi de Bavière, n'est encore qu'une immense
halle, qui semble abandonnée à la curiosité du public, lequel est livré aux importunités des cicérones.

La cathédrale de Cologne est une église à cinq nefs et à
transepts avec chapelles rayonnantes autour du chœur,
sans chapelles le long de la nef, que terminent deux tours
accompagnant les trois portes de la façade occidentale. A
l'extérieur, les détails de son architecture sont excessivement maigres, et leur multiplicité déguise d'une façon
agaçante ses vastes proportions. La nef, de plus, semble
beaucoup trop courte pour le chevet, n'étant composée que
de cinq travées, dont la première et la dernière sont cachées, l'une par les arcs-boutants et les contre-forts des
transepts, l'autre par les larges empâtements des tours de
la façade, de telle sorte que trois travées seulement sont
visibles.

Le chœur, complétement achevé, est garni d'un autel du
quatorzième siècle sans rétable, dont le massif est décoré
du Couronnement de la Vierge et des statues des douze
apôtres, le tout en ronde-bosse et compris sous des arcatures à pignons ajourés. De belles stalles du quatorzième
siècle, où il y a de délicieuses figures de femmes drapées
et dansant, d'une inspiration tout antique, garnissent les
deux côtés du chœur, au-dessous de courtines brodées par
les dames de Cologne, sur les dessins de M. Ramboux, directeur du musée, et reproduisant, dans le style des vitraux
du quatorzième siècle, des scènes de la vie de la Vierge et
de l'agiographie. Enfin, sur les quatorze piliers du chœur
sont les statues du Christ et de la Vierge, ainsi que celles
des douze apôtres, d'un excellent style. Ces dernières portent, comme celles de la Sainte-Chapelle de Paris, des dis-
ques timbrés de croix de consécration.

Outre la châsse des rois Mages et le trésor, dont je par-
lerai plus tard, en même temps que de toutes les richesses d'orfévrerie que possèdent les églises de Cologne, la
cathédrale renferme quelques tombes en bronze et en pierre,
et une chose, qui, fréquente jadis dans les églises, est excessivement rare aujourd'hui : c'est un tref, c'est-à-dire
une poutre allant d'un pilier à l'autre et destinée à porter
des cierges. Celui-ci est en bois et ajusté sur des consoles
de la fin du quatorzième siècle, à l'entrée de l'une des chapelles du chevet. Il porte une grille en fer fleuronnée avec
de la tôle découpée et estampée, à laquelle on fixait quelques cierges. Une longue frise, qui représente la Passion du
Christ, est peinte sur les deux faces de la poutre comprise

entre des moulures saillantes, dont le profil est celui de la fin du quatorzième siècle. Un écu attaché aux montants de la grille indique que ce tref était une fondation particulière (1).

Parmi les tombes, deux sont ecclésiastiques et en bronze. Celle de l'évêque Conrádus de Hoesteden, mort en 1261, est un magnifique morceau de statuaire et de fonte dont les mains, la crosse et le dais, ont été dernièrement restaurés avec talent, mais avec cette sécheresse qui caractérise l'art allemand moderne, auquel on doit la statuaire, d'ailleurs fort remarquable, du transept sud de la cathédrale. Cette effigie tombale de Cologne, rapprochée des deux effigies en bronze d'évêques du treizième siècle que la cathédrale d'Amiens a été assez heureuse pour conserver, montre que l'art de la fonte n'a eu aucuns progrès à faire lors de la Renaissance, bien loin d'avoir été perdu à la chute de l'empire romain et réinventé au seizième siècle, comme on l'a si souvent imprimé et réimprimé de nos jours. — Il est si commode de faire des livres avec des livres sans se donner la peine de sortir de son cabinet et d'aller voir et chercher les monuments qui existent ! — Toutes les églises des bords du Rhin sont remplies d'œuvres de cuivre ou de bronze qui, depuis le douzième siècle, avaient rendu si célèbres les ouvriers de Dinant, que le terme de *dinanderie* est resté à la vaisselle de cuivre. Sans sortir de la cathédrale de Cologne, la tombe de l'évêque Frédéric de Sarnerden, mort en 1414, peut servir de jalon pour indiquer que les fondeurs allemands, en plein quinzième siècle, n'avaient point démérité de leurs prédécesseurs, comme de nombreux documents pourraient prouver que de très habiles ouvriers se trouvaient en France avant la venue des Italiens à la Renaissance.

La dernière tombe qui m'ait intéressé est celle d'un guerrier de la fin du quatorzième siècle, du comte de Harsberg, parce qu'elle indique par quelles modifications successives on est arrivé des armures de mailles du treizième siècle et des deux siècles antérieurs aux armures forgées du quinzième siècle ; puis, parce que, la pierre ayant été ciselée avec un soin infini, on y peut étudier une foule de détails d'ajustement. Cette effigie reproduit en grande partie le costume de celle de la cathédrale de Francfort, datée de 1370. Le bassinet est sans visière, mais avec un

---

(1) Publié dans *l'Architecture* de J. Gailhabaud.

hausse-col de mailles qui s'y attache à volonté au moyen d'une broche en fer traversant des œillets s'ajustant à des trous percés à cet effet dans le bord de la coiffure. La cotte de mailles recouvre le haut du bras, qui est, en outre, protégé extérieurement par une plaque de fer nouée avec des aiguillettes ; l'avant-bras est défendu, au contraire, par des plaques de fer longitudinales qui l'entourent, et la main par un gantelet également en lames de fer.

Le haubergeon, juste au corps et rembourré sur la poitrine, porte trois chaînes qui s'attachent, l'une à l'épée, l'autre à la miséricorde, fixées à une ceinture d'orfèvrerie placée sur le bas-ventre ; la troisième chaîne, terminée par une barrette, devait servir à porter l'écu, assez petit à cette époque, car elle me semble trop courte pour s'ajuster avec le heaume, qui parfois, à cette époque, était retenu par une courroie attachée entre les deux épaules.

La cotte de mailles dépasse inférieurement le haubergeon et descend sur les cuisses, qui doivent être simplement recouvertes d'étoffe. Une genouillère en fer protège le genou, et une plaque de fer, comme les cnémides des guerriers grecs, s'allonge en avant de la jambe et se termine par une série d'écailles qui descendent sur le pied, chaussé de mailles comme la jambe.

On voit de quels détails multiples se composait l'armure d'un chevalier à cette époque, de quel poids devaient être toutes ces additions successives à l'ancien vêtement de mailles que recouvrait jadis, pour les protéger, une simple blouse (*blialt*) retenue à la taille par le ceinturon de l'épée. Aussi les armures pleines, plus légères et protégeant mieux le corps, furent un immense perfectionnement que l'on dut s'empresser d'adopter, jusqu'à ce que les progrès des armes à feu et le changement de tactique les eussent rendues inutiles.

Pour voir l'ensemble de toutes ces églises, dont nous avons essayé d'esquisser la physionomie particulière, et de toutes celles que nous n'avons point mentionnées, il faut aller sur la rive droite du Rhin, à Deutz, où un pont fixe conduit aujourd'hui. Ce pont en treillis, reposant sur les mêmes piles que celui du chemin de fer, traverse le Rhin derrière le chevet de la cathédrale ; mais cette poutre immense, aussi laide d'aspect qu'elle est ingénieuse dans ses ajustements, gâte la vue de Cologne, dont elle cache tout une moitié. C'est comme une palissade mise en travers du fleuve et qui arrête brusquement la vue, rendant invisible tout ce qui est de l'un de ses côtés pour ceux qui sont

placés de l'autre. Les ingénieurs modernes sont de terribles
vandales, qui, sans aucun souci de l'histoire et du pittoresque, cachent les monuments, quand ils ne les renver-
sent pas, mutilent ceux qu'ils touchent et enlaidissent
les sites où ils établissent leurs inflexibles lignes droites.
Et, le mal, c'est qu'il travaillent au nom du bien public.

A Cologne, ils ont eu beau orner de tourelles et de clochetons gothiques les culées de leur pont, ils n'ont point
empêché celui-ci d'être une chose horrible et qui coupe en
deux cette vue de Cologne si célèbre, que c'est à Deutz que
vont se loger tous les voyageurs amoureux du pittoresque.
Cologne possède encore autant de clochers que Rouen en
possédait jadis. A gauche, c'est Saint-Georges-Majeur ;
plus loin, Sainte-Marie-du-Capitole ; puis, le haut beffroi de
l'Hôtel-de-Ville, les Saints-Apôtres dans le lointain ; en avant,
les murs crénelés et les tours féodales de la douane, que l'on
vient d'élever sur le quai ; une foule de clochers aigus ou
de dômes appartenant à des églises et à des chapelles dé-
diées à tous les saints protecteurs du pays ; puis, à droite,
pour clore cette perspective qui jadis s'étendait au-delà de
Saint-Cunibert, le chevet immense, tout armé de contre-
forts et d'arcs-boutants, tout hérissé d'aiguilles et de pinacles, de Notre-Dame, la grande église reine.

LES TRÉSORS SACRÉS DES ÉGLISES.

La plus belle comme la plus importante des pièces d'orfèvrerie des trésors de Cologne est la *Châsse des Rois mages*,
que possède le cathédrale. Elle affecte la forme peu ordinaire
d'une église à trois nefs, ayant la nef centrale beaucoup plus
élevée que les bas-côtés, que recouvre un toit en appentis.
Chacun des flancs latéraux inférieurs, ce qui dans une
église serait le mur des bas-côtés, est orné de six arcades tri-
lobées abritant chacune la statue assise d'un prophète. Les
flancs latéraux supérieurs, ce qui correspondrait aux fenêtres
hautes de la nef, sont décorés de douze arcs plein cintre
où sont assis les douze apôtres tenant d'une main le simulacre de l'Eglise qu'ils ont fondée, et parfois de l'autre l'instrument de leur martyre. Les extrémités, qui s'élèvent sur
un seul plan vertical, sont également divisées en deux
étages d'arcatures plus ou moins larges. Au centre de l'une
des extrémités, la Vierge tenant l'Enfant-Jésus est assise,
recevant l'adoration des trois rois placés dans l'arcade ad-
jacente. Le Baptême du Christ est figuré dans l'arcade correspondante. Au-dessus, le Christ bénit, assis entre deux

anges. Entre les deux étages où sont placées ces figures , une large zone ornée de pierres fines s'enlève à volonté et laisse voir les crânes des trois rois.

Sur l'autre face, on voit le Christ en croix entre la Vierge et saint Jean, ainsi que la Flagellation et l'archevêque qui transporta les reliques des rois mages de Milan à Cologne. Au sommet , le Christ dans sa gloire remet la couronne des bienheureux à deux saints guerriers.

Les toits du grand comble et des bas-côtés sont modernes, en argent repoussé , et possèdent le grand mérite de ne point trop se faire voir.

Nous concevons l'opposition des prophètes aux apôtres , que l'on trouve sculptée deux fois à la cathédrale de Bamberg , et que l'on voit presque partout figurée dans les pièces d'ancienne orfèvrerie allemande un peu importantes ; mais , à part l'*Adoration des Mages*, nous avouons ne plus comprendre le reste du système iconographique de cette châsse destinée à renfermer les reliques de ces rois princes , sectateurs de Zoroastre , qui vinrent les premiers saluer l'Enfant-Dieu , eux qui , comme les juifs , croyaient au Dieu unique , et qui , avant l'institution eucharistique, participaient à une communion divine en buvant le suc du Homa.

Cette châsse , qui dut être construite sous Othon IV, vers 1198, fut remaniée et diminuée , dit-on , au commencement du siècle, ce qui ne l'empêche pas d'avoir encore 1 mètre 80 centimètres de longueur sur 90 centimètres de hauteur.

Toutes les figures que nous avons indiquées sont en or ou en argent doré , et toute l'architecture qui les enserre , arcs, colonnes de support, corniches, bandeaux , soubassements, est en émail , en argent repoussé et ciselé; le tout orné de pierres ou antiques ou précieuses.

Aussi lorsque l'on illumine la sombre chapelle où elle est conservée , lourd et laid édicule verrouillé et grillagé, qui obstrue l'entrée de la chapelle absidale , resplendit-elle d'un merveilleux éclat. Je m'étais donné le luxe de la faire illuminer pour moi seul , moyennant la somme assez ronde que j'avais payée afin de voir le trésor; mais l'heure du dîner avait sonné , et les Allemands sont d'une exactitude terrible lorsque sonne cette heure bienheureuse. D'ailleurs, tous ces gens qui font métier de montrer les trésors ou les collections à la curiosité banale des touristes font une moue affreuse à celui qu'ils voient aveindre un album pour une note ou un croquis. Il semble que tout le temps que l'on séjourne avec eux, au-delà de celui qu'ils ont fixé pour réciter leur petite leçon, soit un vol fait à leur préjudice.

L'heure du dîner avait donc fait fermer mon album, éteindre le gaz et verrouiller les portes plus tôt que je ne l'aurais voulu; aussi je revins le lendemain, jour de l'Epiphanie, afin de revoir la châsse gratis avec la foule des fidèles, à la vénération desquels elle devait être exposée. Tandis que le clergé, alternant avec l'orgue, chantait les complies, je suivis le courant et j'arrivai devant la chapelle, dont les fenêtres, toutes grandes ouvertes, laissaient passer les flots de lumière jetés sur la châsse par des becs de gaz — luminaire peu liturgique — et par des cierges nombreux brûlant devant les réflecteurs d'argent aux bordures rococo.

La foule s'arrêtait émerveillée et interdite devant tant d'éclat et tant de richesses. Qui sait quelles imaginations passaient dans la plupart de ces têtes ignorantes, en présence de ces grandes figures austères des personnes divines, des prophètes, des apôtres et des Mages ? Cet art étrange, cet or brillant partout, les feux des pierres précieuses et l'éclat plus doux des émaux, réalisant aux yeux de tous ce qu'on dit des splendeurs de l'Orient, devaient leur faire croire que cette merveilleuse châsse, contemporaine du Christ pour le moins et venue de Jérusalem, sans doute, avait toujours contenu les trois crânes aux tons ambrés qu'on était admis à contempler en ce jour.

Le trésor de la cathédrale serait encore riche quand même il ne posséderait point la *châsse des Rois mages*.

On y remarque, entre autres raretés, un bâton de chantre portant une belle inscription niellée, qui indique son usage et la date (1178) à laquelle il a été fabriqué; d'autres nielles représentant des feuillages polylobés, vigoureusement accentués, alternant avec un treillis formé par des tiges sinueuses, comprenant dans leur champ de beaux bouquets de feuillage repoussé. Cette date, rapprochée de ces ornements et des lettres des inscriptions, forme un étalon précieux pour dater, à leur tour, d'autres œuvres. Maintenant ce bâton porte une belle croix du quatorzième siècle, décorée d'émaux translucides sur relief; mais on suppose avec raison que jadis il était couronné autrement. Il existe, en effet, dans le trésor, un autre bâton de chantre de la Renaissance, terminé par une espèce de fourche niellée supportant une plate-forme oblongue, où *l'Adoration des Mages* est représentée en petites figures d'argent. Ce groupe est du quatorzième siècle; mais les nielles de la fourche, qui représentent des chasseurs poursuivant de leurs flèches des animaux perchés ou grimpés dans des arbres, me semblent lui être antérieures. Cette fourche faisait-elle partie jadis du bâton précédent ? Je ne le crois pas non plus ; car elle me paraît plus moderne que lui.

La pièce capitale de ce trésor est une belle crosse en argent, portée sur un bâton de même métal, toute décorée, sur le bâton et sur la volute, d'émaux translucides du plus excellent travail. A la volute s'accrochent des feuillages d'un galbe vigoureux et accentué, et le nœud est orné de panneaux ajourés que divisent des contre-forts et que surmontent des pinacles. Enfin, l'évêque donateur s'est fait représenter dans la volute à genoux aux pieds de la Vierge. Malheureusement, il n'a fait ni signer ni dater cette belle pièce, qui me semble de la fin du quatorzième siècle.

Saluez l'épée de cérémonie qui se portait au seizième siècle devant les archevêques-électeurs de Cologne ; mais admirez surtout la merveilleuse délicatesse des branches de rosier chargées de feuilles et de fleurs que l'ouvrier artiste a ciselées à jour sur le fourreau. Les armes de l'écu que porte cette épée font supposer qu'elle fut fabriquée de 1515 à 1547, mais l'ouvrier, en tous cas, avait encore conservé les habitudes et le style du quinzième siècle.

Plusieurs autres croix intéressantes à divers titres, des monstrances en forme de clocher pédiculé, de petites statues d'anges céroféraires, sujet charmant et assez ordinaire en Allemagne, soit en métal, soit en bois, et un calice simple de forme, complètent le trésor de la cathédrale.

Quittons maintenant ce trésor de la cathédrale pour visiter celui de l'église Sainte-Ursule, le plus riche de Cologne après lui.

La pièce où l'on nous introduit offre le plus singulier aspect que l'on puisse imaginer. Ses murs sont entièrement recouverts de grands casiers qui contiennent chacun le chef ou le buste d'une sainte. Sur la voûte rayonnent des étoiles et des soleils faits avec des fémurs ou des tibias, comme dans les arsenaux avec des sabres ou des pistolets. Puis, dans des armoires vitrées, des crânes jaunis montrent leur front, qui sort d'une riche garniture de velours rouge brodé. Sur les tables où sont posés les reliquaires une boîte est remplie jusqu'aux bords avec des dents. Ces chefs, ces crânes, ces dents, ces ossements enfin sont ceux des onze mille vierges. Onze mille vierges ! c'est beaucoup, surtout pour le voyage que leur trace la légende et pour le martyre qu'elles subirent ensemble à Cologne. Se figure-t-on, même aujourd'hui où les moyens de transport sont si perfectionnés, une armée de onze mille pèlerines quittant l'Angleterre, allant à Rome et revenant dans leur patrie en descendant le cours du Rhin ? Que de vivres, que de véhicules de toute espèce, que de bateaux, sans compter les logis, il faudrait pour cette troupe ! Aussi quelques esprits ingénieux se sont imaginé qu'une erreur de lecture avait seule fait monter à un chiffre aussi énorme le nombre des vierges martyres, et qu'il avait dû exister quelque inscription ancienne où se trouvaient ces mots : *Undecim M. Virgines* dans laquelle on aura interprété *M.* par *millia*, au lieu de la traduire par *martyres*. Le nombre des compagnes de sainte Ursule se réduirait à dix, et il y aurait en tout « onze vierges martyres, » ce qui est beaucoup plus probable que le chiffre fabuleux admis par la croyance populaire. Si l'âme des morts peut s'occuper de ce qu'il advient ici-bas de ce qui fut leur dépouille mortelle, combien en existe-t-il qui doivent être bien étonnées des honneurs que l'on fait à leurs reliques dans la chambre d'or de l'église Sainte-Ursule !

J'y ai compté cent chefs ou bustes, grands et petits, — car il y avait des vierges de tout âge, — sculptés dans le bois, peints et dorés au quatorzième siècle, en négligeant ceux des époques postérieures. Les reliques sont placées dans une cavité à ouverture polylobée que l'on a ménagée dans le buste. Quelques-uns s'arrêtent au défaut de l'épaule, et ce sont les plus jolis, car les têtes, exécutées avec un grand talent, respirent la douceur et la grâce. D'autres se prolongent jusqu'aux hanches, afin de montrer des mains jointes pour la prière. Mais comme ces demi-figures portent la robe sans plis, collante au corsage et au bras, qui était à la mode vers l'année 1360, on les croirait plutôt nues qu'habillées, et alors leur exécution semble insuffisante.

La pièce importante de ce trésor est la châsse en argent doré, ornée d'émaux et de statues, qui contient les restes de sainte Ursule. Contrairement à l'usage ordinaire, son toit est cintré longitudinalement ; de plus, il est coupé par un autre toit semblable, qui est motivé par deux avant-corps que l'on a fait légèrement saillir sur les côtés de la châsse. De cette façon sa couverture, vue en plan, affecte la forme d'une croix.

Entre autres reliquaires intéressants à titres divers, nous citerons celui de sainte Barbe, tant à cause de son élégante simplicité que de la perfection de ses ciselures.

Sur son pied circulaire sont ciselés les quatre symboles évangéliques en quatre médaillons, avec ce demi-relief que

les artistes de la fin du treizième et ceux du quatorzième siècle
étaient si habiles à modeler. Dans l'intervalle de ces médaillons sont gravés des bustes d'anges et des feuilles d'é-
rable qui montent jusqu'au nœud. Du nœud saillissent six
petits cylindres terminés par une tête d'ange en relief. La
boîte qui forme le reliquaire proprement dit est carrée et
ornée de lentilles de cristal de roche sur trois faces, d'une
plaque de même matière sur la quatrième. Des figures
d'anges à mi-corps garnissent les angles, prêts à s'envoler
pour porter à Dieu les prières que les fidèles adressent à la
sainte. Sur le couvercle la légende de celle-ci est exprimée
dans les principales scènes de son martyre.

Si dans cette œuvre de cuivre, la décoration est merveilleusement appropriée à sa destination comme reliquaire, on
ne peut point en dire autant d'un coffret en ivoire sculpté
au quatorzième siècle, charmant, du reste, mais que l'on
est un peu étonné de voir en si sainte compagnie. Ce coffret,
meuble entièrement civil, est une de ces « galanteries, »
comme disent encore les Allemands en employant un mot
français, qu'un amant donnait à sa maîtresse. Sous les arceaux gothiques qui divisent en nombreux compartiments
le couvercle et les flancs de ce coffret, un couple égrène le
chapelet de ses journées d'amour. Dents des onze mille
vierges, ne grincez-vous point de désirs derrière tant de
scènes voluptueuses ?

Du reste, tout était bon aux collecteurs des reliques de
l'église Sainte-Ursule, car un autre coffret, tout recouvert
d'étoffe brochée et de ferrures du treizième siècle, sert aussi
de reliquaire, usage auquel il n'était point sans doute pri-
mitivement destiné.

Les trésors de la plupart des autres églises ont été trans-
portés dans le musée archiépiscopal, un petit édifice ogival
moderne qui s'élève au sud de la cathédrale, comme un
autre du même style s'achève un peu plus loin pour renfermer le musée de tableaux.

C'est là que sont les deux bras de saint Cunibert, à peu
près semblables au bras de saint Géréon, conservé dans
l'église dédiée à ce saint, œuvres en argent doré, ornées de
filigranes de la plus grande richesse d'enroulement.

A la même église de Saint-Cunibert appartient un prisme
de cristal de roche, garni en cuivre et surmonté de clochers
que portent horizontalement sur leurs épaules quatre moines
reposant sur un socle posé lui-même sur le dos de quatre
lions accroupis.

L'église Sainte-Marie-du-Capitole, qui possède des portes

à panneaux en bois sculpté au onzième ou douzième siècle,
reproduisant des scènes de la vie de Christ, a prêté au
musée archiépiscopal un autel portatif en forme de coffret
orné d'émaux.

Ces autels portatifs, qui sont assez communs dans les
trésors sacrés d'Allemagne, se composent d'une pierre précieuse consacrée, que l'on a d'habitude richement enchâs-
sée dans le couvercle d'un coffret destiné à renfermer les reliques qui doivent toujours être contenues dans un autel.
Parfois, au lieu d'avoir la forme d'un coffret, la monture se
réduit à un ais de chêne, garni d'orfèvrerie et conservant
quelques menues reliques sous la pierre consacrée.

La chapelle des évêques et des rois possédait de ces autels itinéraires, qui permettaient de célébrer l'office divin
au premier endroit venu, en campagne, sur un navire et
parfois avant la chasse dans les forêts.

L'autel portatif de Sainte-Marie-du-Capitole, assez semblable à un autre que possède le trésor de Bamberg, est en
forme de boîte. Abel offrant un agneau, Melchisédech offrant un calice, sont gravés dans deux plaques d'émail placées à chaque extrémité de la pierre consacrée. Ces deux
émaux et la pierre sont entourés d'une bande de métal qui
porte inscrit le distique suivant :

> *Ara crucis, tumuli calix, lapidis patena,*
> *Sindonis officium candida bissus habet.*

Si Abel et Melchisédech, ces figures bibliques du mystère
eucharistique, ne suffisent point à démontrer l'usage du
coffret que nous décrivons, cette inscription ne laisse
aucun doute à cet égard. On y compare, en effet, l'autel à
la croix, le calice au tombeau, la patène à la pierre du sépulcre, et le blanc carporal au suaire dont le Christ fut en-
seveli, dont il fut recouvert, où il fut couché et sur lequel on l'attacha. Un galon formé de palmettes émaillées
sur un fond réservé en métal, interrompu aux quatre angles
par les bustes des quatre symboles évangéliques, entoure
cette inscription, étant lui-même circonscrit par une seconde
inscription relative encore au mystère eucharistique.

Les côtés de l'autel sont un peu plus étroits que la table
et que sa base, qui sont décorées de bandes émaillées sur
leur tranche et d'un bel ornement en repoussé sur le
biseau qui les raccorde avec ces côtés. Ces derniers sont
garnis de plaques à fond émaillé avec figures gravées en
réserve. Sur une des grandes faces, le Christ est assis entre
six apôtres debout, chaque figure étant séparée de celles
qui lui sont adjacentes par une colonne figurée qui, posant

sur la base, semble porter sur la table, de telle sorte que
cette boîte vue de profil ressemble réellement à un autel
en miniature. Sur la face opposée, la Vierge est assise entre
les six autres apôtres debout. Ce sont des prophètes qui
garnissent les deux petites faces. Sur l'une, David est entre
Jérémie et Isaïe ; sur l'autre, Salomon entre Abacuc et
Jonas. Le goût allemand pour l'alliance de l'ancienne et de
la nouvelle loi se retrouve donc sur les supports de cet
autel, comme nous l'avons vu sur sa table, où les symboles
évangéliques sont rapprochés d'Abel et de Melchisédech.

Par rapport à l'art, comme par rapport au symbolisme,
ce petit monument est un chef-d'œuvre, et il est impossible
de montrer plus de goût dans l'alternance des émaux de
nature diverse. Ceux-ci servent simplement de fond dans
les sujets ; ils expriment, au contraire, le dessin dans les
ornements ; puis, la monotonie qui pourrait résulter de leur
juxtaposition est rompue par les inscriptions ou les ornements repoussés qui les séparent. Les figures, enfin, dessinées avec cette sévérité un peu sauvage de l'art allemand
du douzième siècle, possèdent ce style qui grandit leurs proportions et donne aux productions de cette époque un si
grand caractère monumental.

Nous nous sommes complu à décrire cet autel portatif,
dont il n'existe de similaire dans aucune des collections
françaises que nous connaissons, tandis que la grande
châsse émaillée de Saint-Héribert de Deutz réclamerait notre
attention. Mais il faudrait un livre pour la figurer et la décrire ; il faudrait surtout la voir pour admirer la perfection
de ses émaux, de ses statues et de tous ses ornements fondus, ciselés ou repoussés.

Cette châsse, longue de 1 mètre 54 centimètres, a la forme
d'une maison. Ses murs latéraux sont ornés de pilastres
portant la figure émaillée d'un prophète. Une statue d'apôtre
en argent repoussé est assise dans l'intervalle de chaque
pilastre. Des bandes émaillées séparent chaque versant du
toit en six travées, comme chacun des flancs, et sur le
champ de chacune de celles-ci, qui est orné de magnifiques
rinceaux en repoussé, se détache un grand médaillon circulaire représentant en émail la légende de saint Héribert.
Sur l'une des extrémités, trône la Vierge entre deux anges ;
sur l'autre, saint Héribert est assis entre l'Humilité et la
Charité. De nombreuses inscriptions expliquent le symbolisme et les actes de tous les personnages représentés sur
cette merveille, qui nous semble appartenir à la première phase de l'émaillerie champlevée, celle où l'on imite

encore le travail des Grecs, en exprimant les personnages par des émaux nuancés. L'autel portatif de Sainte Marie-du-Capitole appartient, au contraire, à la seconde phase. Les personnages y sont réservés et gravés sur un fond qui est seul émaillé ; les ornements qui réclament moins de précision dans le dessin sont , au contraire , en émaux nuancés.

Une petite église située tout à l'extrémité de Cologne, contre ses murs, l'église Sainte-Marie-in-Snurgasse, a hérité de l'église Saint-Pantaléon deux grandes châsses , celle de Saint-Albin et celle de Saint-Maur , qui ont malheureusement perdu les figures en relief qui les décoraient.

Mais leur architecture , leurs émaux et leurs ornements ciselés, surtout, sont des merveilles. Les chapiteaux des colonnes, les galeries à jour qui rampent le long des toits et qui se dressent sur leur faîte, fondus à cire perdue , puis ciselés, composés de vigoureux feuillages où s'embarrassent hommes et bêtes, sont parmi les fontes les plus belles et les plus riches qu'il nous ait encore été permis de voir. Un archange et un séraphin émaillés sur la châsse de Saint-Maur sont des chefs-d'œuvre de grand style et à comparer par la tournure à ce que le dessin a jamais tracé de plus beau.

D'autres églises de Cologne possèdent encore des pièces d'orfèvrerie , entre autres celles de Saint-Géréon, de Saint-André, des Saints-Apôtres.

Dans l'église Saint Georges-Majeur, j'ai trouvé un porte-cierge en fer ouvragé ; dans l'église Saint-Cunibert, un grand candélabre en cuivre à cinq branches, dont la tige porte la figure du Christ en croix ; à Sainte-Colombe, un font baptismal en cuivre du quinzième siècle, surmonté d'un groupe représentant le Baptême du Christ en ronde bosse , comme la scène de saint Martin donnant son manteau à un mendiant surmonte le font de Sainte-Marie-du-Capitole.

Enfin, les archéologues devront aller aux environs de Cologne, à Sieburg, voir dans une petite église de village , d'une assez jolie architecture du treizième siècle, les restes d'un trésor d'une ancienne et riche abbaye.

Ils y trouveront deux magnifiques autels portatifs, l'un en porphyre, l'autre en vert antique, décorés d'émaux, semblables à celui que j'ai décrit plus haut ; deux châsses de Limoges, dont une est assez importante, et quatre grandes châsses de travail allemand, malheureusement fort mutilées ; l'une cependant , celle de saint Héribert , sortant du même atelier que celle de saint Albin, dont nous venons de parler, est ornée, comme elle, de crêtes en bronze du plus magnifique travail.

La crosse d'ivoire de saint Héribert et son peigne orné de deux dragons enlacés complètent, avec une boîte en émail rhénan très barbare et datant de l'origine des émaux champlevés, le très intéressant trésor de cette modeste église de Sieburg.

LES ANCIENNES ÉCOLES ALLEMANDES ET FLAMANDES
DANS LES MUSÉES D'ALLEMAGNE.

Comme nous l'avons déjà dit en parlant de Hans Holbein, deux influences contraires se combattirent en Allemagne pendant le moyen-âge : le sentiment national et l'art traditionnel méridional. Que les premiers éléments de l'art y soient venus de Byzance ou de Rome, peu importe. En effet, la pratique des arts, constante à Rome pendant les périodes les plus obscures de son histoire, y fut toujours alimentée et comme avivée par un courant incessant d'artistes byzantins. Ainsi, que ce soit une influence byzantine pure, ou une influence byzantine altérée par le génie latin, qui ait initié à l'art les populations allemandes, et plus particulièrement celles des bords du Rhin, cette grande route du commerce au moyen-âge, il faudrait d'abord, afin de pouvoir débrouiller l'écheveau très emmêlé des origines, reconnaître le plus ou moins de pureté du courant initial. Puis, comme le génie allemand réagit avec violence contre les tendances de l'art qu'on lui enseigne, il naît de là une troisième altération, qui complique singulièrement les questions d'origine que l'on soupçonne et qu'il s'agirait d'éclaircir.

A quel degré se sont fondus les génies byzantin, latin et tudesque dans telle ou telle œuvre ? Dans quelle proportion l'un ou l'autre domine-t-il ? Voilà deux questions qu'il est plus aisé de poser que de résoudre, mais qui, réduites à des termes plus simples, peuvent, jusqu'à un certain point, rendre compte des différences étonnantes que l'on remarque dans les produits de l'art allemand. Sans nous lancer dans ces questions ardues que ne comportent point ces notes de voyage, nous voulons seulement montrer ici le dualisme qui subsista dans l'art allemand pendant tout le moyen-âge et pendant une partie de la Renaissance, où les champions les plus éminents de l'un et l'autre camp furent Albert Durer et Hans Holbein.

En étudiant les sculptures de la cathédrale de Bamberg, nous avons déjà indiqué quel était leur caractère : des figures un peu grandes, un geste énergique, exagéré peut-être, une physionomie rude et quelque peu sauvage, des draperies serrées, à plis nombreux et parfois bizarres.

Telle **est** aussi la peinture. Mais comme le peintre est plus libre, le pinceau à la main, que n'était le sculpteur armé du ciseau ; comme il n'a point à tenir compte de la nature et de la solidité de la matière, de même, comme dans un bas-relief il faut moins s'en préoccuper que dans une figure en ronde-bosse, la simplicité de la forme va sans cesse s'altérant de la ronde-bosse au bas-relief et de celui-ci à la peinture. Les draperies s'y échappent en spirales aiguës et fantastiques, et les plis des étoffes sont formés comme par une série de coins pénétrant les uns dans les autres. On dirait que l'étoffe a été rendue rigide par un apprêt, tant elle ressemble à un linge empesé ou à une mince feuille de clinquant que l'on aurait froissée.

Ce système particulier se remarque dès l'époque carolingienne dans les miniatures des manuscrits, et plus tard dans les émaux champlevés. On pourrait croire que les procédés de fabrication de ces derniers, où le dessin est exprimé par des lames métalliques réservées sur le fond, ont dû donner à l'ancienne école allemande cette acuité et cet accent qui la caractérisent ; on pourrait croire aussi que la nécessité d'exprimer les modulations de la couleur par des émaux de teintes différentes juxtaposés, et parfondus dans les sillons creusés entre les lames métalliques qui expriment le dessin, rendent raison de cette forme des plis que nous comparons à des séries de coins se pénétrant. Il n'en est rien. Les miniatures antérieures à la pratique des émaux champlevés indiquent le même caractère du dessin et le même procédé de teintes juxtaposées.

Et, d'ailleurs, si l'art de l'émaillerie avait donné son caractère à la peinture allemande, cet art, pratiqué à Limoges, eût aussi imposé ses règles à l'art français. Or, la peinture française et la peinture allemande du neuvième siècle au quatorzième diffèrent autant l'une de l'autre que les émaux de Limoges de ceux du Rhin.

Autre chose caractérise encore la peinture allemande, c'est la couleur. Celle-ci procède presque toujours par tons rompus, suivant une pratique qui nous semble venir d'Italie. Peut-être l'harmonie est-elle moindre dans les miniatures d'en-deçà des Alpes, mais, en tous cas, le goût du dessin, toujours plus simple en Italie, suffit à caractériser les peintures de ce pays.

Quant à l'art français, la même différence que l'on remarque entre le ton de nos émaux et celui des émaux rhénans se voit entre les peintures des deux pays. Nous n'avons jamais été de bien savants coloristes, et à toutes les époques nos artistes ont plutôt péché par la crudité du ton qu'ils ne se sont fait remarquer par une savante harmonie de la couleur. Il y a dans la façon de voir et d'interpréter la nature chez tous les peuples des défauts et des qualités de race qui se manifestent dès l'origine de l'art et qui le dominent, malgré ses transformations à travers les âges et les civilisations différentes. Des accidents peuvent le modifier, mais l'instinct reprend le dessus, et le courant naturel suit sa pente.

Cet accident, en France comme en Allemagne, fut une invasion de l'art italien vers le milieu du quatorzième siècle. Cette invasion nous semble causée dans notre pays par l'établissement des papes à Avignon et par les travaux que les artistes italiens accomplirent dans la nouvelle résidence des pontifes. Les miniatures que fit exécuter Jean, duc de Berry, à la fin du quatorzième siècle et au commencement du quinzième, sont la plus éclatante manifestation de cette influence italienne dans l'art français.

A l'orient de l'Allemagne, quelques années auparavant, le roi de Bohême Charles Iᵉʳ (l'empereur Charles IV) avait introduit l'art italien à Prague. Nous avons parlé de la mosaïque qui décore le flanc méridional de la cathédrale, nous avons cité les miniatures de deux manuscrits bohèmes que possède le Musée Historique, comme indices de cette influence; il faut aussi mentionner les œuvres de Théodoric de Prague et de Thomas de Mutina, que l'on conserve au musée du Belvédère à Vienne, ou qui décorent la chapelle de saint Wenceslas à Prague, parmi ces placages en pierres dures que nous avons signalés; puis celles un peu postérieures de Nicolas Wurmser.

A peu près à la même époque, nous ne savons à l'abri de quelle influence, l'art italien s'introduit à Cologne et s'y manifeste avec un éclat incomparable par les mains de deux artistes que l'on connaît sous les noms de maître Stephan et de maître Wilhelm.

Les œuvres de ce peintre et celles de maître Wilhelm, que l'on considère comme son élève, appartiennent encore à l'art décoratif du moyen-âge, en ce sens qu'elles sont sans

profondeur, leurs personnages s'alignant tous sur le même
plan en se détachant sur un fond d'or. Elles se ressentent
encore dans les draperies des traditions gothiques du treizième siècle et surtout du quatorzième : les plis en sont
accentués ; élégants avec abondance, ils pendent en nombreuses draperies sur les bras et autour du corps, enveloppent les jambes, cachent les pieds et s'épanouissent sur le
sol en flots d'étoffes. Les figures sont un peu débanchées,
quoiqu'avec grâce, et les dessous, à peine indiqués, se réduisent à certains points saillants, qui motivent et accen-
tuent les plis. Les visages montrent une grâce efféminée,
une souplesse de contours, les extrémités une longueur et
une gracilité, qui sont les signes certains de l'influence italienne.

Mais si cette influence a pu assouplir les draperies, elle
ne leur a point donné cette simplicité et cette harmonie
des lignes que l'on remarque dans les œuvres des peintres
qui suivirent, au-delà des Alpes, les traditions du Giotto. Le
style manque également aux physionomies. Les vierges et
les saintes des peintres colonais sont charmantes de douceur et de mignardise, mais leur visage un peu rond, très
développé vers le front et les tempes, leurs yeux un peu
bridés, ne possèdent point cette beauté sévère, cette grandeur dans la grâce, ce quelque chose de surhumain qui se
manifeste avec tant d'éclat dans l'école italienne. Quant à
la couleur, elle est très simple et très harmonieuse tout ensemble. Les verts sombres dominent dans les draperies et
le blanc rosé dans les chairs. Ces qualités et ces défauts,
développés à leur suprême puissance, caractèrisent l'école
de Cologne.

Maître Stephan ne fut sans doute point le premier qui
donna son caractère à l'école colonaise. Car dès le commencement du treizième siècle, un poëte allemand, Wolfram
d'Eschenbach, donne à l'un de ses héros la beauté des saints
que l'on peignait à Cologne. D'un autre côté, nous trouvons au musée de la ville une peinture que nous croyons
antérieure aux travaux de Stephan, si elle n'est point de ses
premiers temps. C'est un triptyque à fond d'or, dont le
centre représente *le Crucifiement*, tandis que *la Crèche* et
l'Adoration des Mages, *l'Ascension* et *la Pentecôte* sont peintes
sur les volets. Les figures sont excessivement longues et
anguleuses, et les draperies ont tout le caractère gothique
du quatorzième siècle. Les carnations sont très blanches,
les traits étant dessinés en brun et modelés en bistre, suivant les anciens procédés de la miniature. Il n'est pas jus-

qu'à la forme des yeux en amande qui n'annonce d'anciennes habitudes de dessin. Mais cette blancheur des carnations, cette prédomination de la couleur verte dans les draperies et la recherche de l'harmonie du ton dans les teintes adoucies, tout dénote une œuvre rhénane, et une tradition d'école dont s'emparera maître Stephan, pour la développer et lui donner un cachet tout particulier.

Le chef-d'œuvre de maître Stephan, le plus ancien des peintres colonais qui ait un nom, est une *Vierge* que possède le séminaire de Cologne, et que nous avons vue exposée dans le Musée archiépiscopal. La Vierge, plus grande que nature, vêtue d'une robe blanche, recouverte d'un manteau rouge doublé d'hermine, blonde et charmante, avec ses grands yeux et sa petite bouche, est debout, portant l'Enfant Jésus entre ses bras. Celui-ci, vêtu d'une chemise transparente, tenant une petite croix, bénit une religieuse vêtue de blanc par-dessous un manteau noir doublé d'hermine. Cette religieuse est à genoux, à droite, et de proportions excessivement réduites par rapport à celles de la Vierge, qui acquiert ainsi des dimensions colossales. Dieu le père et le Saint-Esprit planent à gauche; à droite, deux anges en buste forment leur pendant. Ces personnages célestes s'enlèvent sur un ciel d'un bleu verdâtre dégradé jusqu'au blanc, tandis que le milieu du tableau est tendu d'une étoffe d'or diaprée, sur laquelle se détachent deux anges en buste. Enfin des herbes couvrent le sol. Le peintre n'a point osé, on le voit, creuser derrière ses personnages la perspective d'un paysage; cependant ces herbes et ce ciel indiquent déjà une tendance qui ira sans cesse en augmentant, jusqu'à ce que Van-Eyck ait le courage de placer ses personnages au milieu de la campagne. Nous oserions presque dire que celle-ci existe dans le tableau de maître Stephan, mais qu'elle est cachée par cette étoffe diaprée.

Ce tableau, remarquable par la beauté des draperies et par le charme des têtes, l'est encore davantage par l'éclat incomparable du coloris et par son harmonieuse splendeur. Comment est-il peint, lui et tous ceux de la même école ? Pour certain, ce n'est point à la détrempe : les couleurs y ont été appliquées à l'aide d'un apprêt qui a permis de les fondre et de les nuancer avec autant de délicatesse qu'on l'a fait depuis avec la peinture à l'huile. Mais les compositions de Stephan et de Wilhelm ne sont-elles point exécutées avec des couleurs préparées à l'huile ? Nous ne serions point éloignés de le penser; car il est prouvé maintenant que la peinture à l'huile siccative était connue dès le onzième siècle, et que Jean Van-Eyck n'a fait qu'apporter un perfectionnement, important si l'on veut, à la composition du dissolvant des couleurs (1).

Grâce à lui, la pratique de la peinture à l'huile a pu devenir plus facile ; des ressources nouvelles ont peut-être été données aux peintres ; mais je crois que l'examen des œuvres de l'ancienne école de Cologne doit diminuer de beaucoup le mérite des perfectionnements qu'on attribue aux Van-Eyck, car il est convenable de leur enlever l'honneur de l'invention qui leur est si généralement attribuée.

Une Vierge à mi-corps, portant l'Enfant-Jésus nu jusqu'à la ceinture et tenant un pois de senteur de l'une de ses mains effilées, coiffée de cheveux roux peints avec autant d'adresse qu'Albert Durer en montrera plus tard, doit encore être citée parmi les œuvres les plus charmantes de maître Stephan. Sainte Barbe et sainte Catherine, longues, gracieuses, blondes et couronnées, sont peintes sur les volets qui recouvrent ce petit chef-d'œuvre.

Pour montrer avec évidence que l'Italie exerça son influence sur cette école, nous citerons encore une scène nombreuse et compliquée représentant le Crucifiement, peinte sur un fond d'or. L'architecture de Jérusalem, qui occupe le fond de la composition, les costumes bizarres, les armures en or et en argent des soldats romains qui président au supplice, tout rappelle l'art italien. Quant à la date approximative de cette peinture, elle est donnée par le costume des guerriers. Ces derniers portent le gambison rembourré sur la poitrine et la ceinture au défaut des hanches, comme cette effigie tombale que nous avons vue dans la cathédrale de Francfort, et qui porte la date de 1370.

Ce même costume est celui d'un tableau du musée de Francfort représentant *le Martyre des douze Apôtres*. Dans cette composition, les corps nus de saint Jean et de saint Barthélemy, dont les chairs pleines et la musculature ressentie contrastent avec les maigreurs de l'école du quinzième siècle, témoignent que l'étude du modèle humain était plus familière à ces artistes qu'on n'est porté à le penser d'ordinaire.

Une ancolie, qui dresse sa tige derrière le donateur agenouillé dans un coin de *la Crucifixion* de Cologne, et qui

---

(1) On peut étudier cette question de la peinture à l'huile antérieurement à Van-Eyck dans l'édition anglaise de la « *Diversarum artium schedula* » du moine Théophile.—Préface. Livre I, § xx et notes, p. 94.

est exécutée comme le pois de senteur du tableau précédent,
semble devoir faire attribuer cette œuvre à maître Stephan,
ou du moins à son atelier. Qu'on nous permette de nous
arrêter encore sur ce panneau, pour montrer l'impuissance
des artistes de cette école lorsqu'il s'agissait d'exprimer
des sentiments énergiques. Le peintre a représenté la
Madeleine embrassant le pied de la croix, la Vierge s'éva-
nouissant au milieu des saintes femmes; mais aucune
émotion n'est empreinte sur le visage de tous ces personnages, dont les traits placides n'expriment aucun des sentiments qui doivent les animer.

Il y a, ce nous semble, tout une époque d'art entre les
œuvres de maître Stephan et celles de maître Wilhelm.
Nous voyons dans ces dernières plus de souplesse dans le
dessin, plus de grâce dans les physionomies et plus de
douceur dans le modelé; encore un peu, et cela commence
à être fade, le type des figures se développe et s'exagère,
la face devient plus large vers les tempes, les yeux s'écar-
tent, la couleur des chairs est d'un blanc plus rosé et les
plis tombent avec abondance sur les corps qui, peut-être, ne
sont point assez accusés. Mais l'or couvre encore le champ
de la peinture.

Un délicieux petit tableau du musée de la ville caractérise la manière de maître Wilhelm. C'est une Vierge avec
l'Enfant-Jésus, abritée sous un berceau de fleurs, assise sur
un coussin au milieu d'un tapis de fraisiers et de campa-
nules. Au-dessus, deux anges soulèvent deux rideaux qui
laissent apercevoir Dieu le père et le Saint-Esprit dans une
gloire qu'entoure une légion de petits anges musiciens.

Au musée de Munich, j'avais déjà eu un avant-goût du
style de ce maître gracieux par plusieurs panneaux représentant des saints et des saintes debout sous des arcatures gothiques, se détachant sur un fond d'or et de ten-
tures diaprées. Une sainte Véronique, entre autres, accompagnée par des anges, pourrait former un digne pendant
de *la Vierge aux Fleurs* de Cologne. Mais c'est dans la cathédrale de Cologne qu'on peut apprécier toute l'étendue du
talent de maître Wilhelm. Une composition plus importante que toutes ces peintures conservées dans les galeries
publiques, *le Dombild*, c'est ainsi qu'on désigne cette œuvre,
est un grand triptyque aux personnages de grandeur naturelle, dont le centre représente *l'Adoration des Rois*. Saint
Maurice et la Légion Thébaine, sainte Ursule et les onze
mille vierges sont peints, les premiers sur le volet droit,
les secondes sur le volet gauche. Ces volets, étant fermés,

montrent une grisaille représentant *l'Annonciation* et portent la date de 1410.

Les qualités de grâce, de dessin et de couleur que possède l'école colonaise sont condensées dans cette composition magnifique, aux groupes un peu confus, mais respirant un grand sentiment religieux. Quelques figures secondaires, copiées sur la nature avec une fidélité scrupuleuse, contrastent par leur accent avec les types un peu efféminés qu'affectionnent les peintres de Cologne, et font pressentir la réaction nécessaire, mais un peu brutale, que Jean Van-Eyck va opérer dans les Flandres.

Cependant, l'école italo-tudesque que nous venons d'essayer de caractériser ne régnait pas sans opposition sur les bords du Rhin. En effet, si les piliers de l'église Saint-Cunibert portent des figures peintes qui lui appartiennent sans conteste, s'il en est de même des peintures murales, malheureusement restaurées, qui décorent le chevet de la cathédrale de Francfort et qui sont datées de l'année 1427, d'autres peintures contemporaines dénotent des traditions tout opposées, celles de la vieille école purement allemande.

Des peintures du treizième siècle, qui décorent les murs de l'église Saint-Géréon, ont été imitées au quatorzième siècle dans l'église Saint-Cunibert, en opposition avec ces figures des piliers que nous venons de signaler. C'est un Christ en croix entre saint Jean et la Vierge, dont les mouvements accentués, les physionomies sauvages, les draperies métalliques aux tons violents forment le plus saisissant contraste avec les traits efféminés, les tons adoucis des figures des piliers. Enfin, dans la même église, un tabernacle du commencement du quinzième siècle est également ment orné de figures peintes qui sont franchement gothiques et allemandes.

La réaction opérée à Gand par Jean Van-Eyck fut un retour vers le naturalisme et vers l'énergie, caractères que nous avons signalés comme appartenant déjà à la sculpture allemande dès le douzième siècle. Cette réaction était nécessaire pour affranchir l'art de ce type fade et doucereux que les artistes colonais reproduisaient éternellement, sans aucun souci de la nature ; mais elle fut trop brutale, en ce sens qu'elle substitua un naturalisme vulgaire et sans choix aux figures plus élégantes et plus idéales qu'affectionnaient les maîtres allemands instruits à l'école de l'Italie.

Tandis qu'Hubert Van-Eyck, auquel on attribue la partie supérieure du célèbre polyptyque de Gand, représentant

l'Adoration de l'Agneau, montre encore quelque recherche
de la beauté impersonnelle et abstraite, Jean Van-Eyck, qui
exécuta les parties inférieures, prend ses modèles autour
de lui et sans choisir. Il possède assez de puissance pour
les relever par l'intensité du sentiment religieux, mais il
ouvre la porte de l'art à cette tourbe d'artistes sans nom
qui, moins bien doués que lui, produiront cette foule de
tableaux dits gothiques, secs, durs et maussades, sans
expression et sans harmonie, qui portent le cachet indélé-
bile de la médiocrité. Figures longues et émaciées, expressions grimaçantes, extrémités sèches et osseuses, draperies aux plis cassés, couleurs juxtaposées sans souci de
l'harmonie et de l'effet général, tel est l'aspect de la peinture dans les Flandres et en Allemagne au quinzième
siècle, tel est ce qu'on voit dans la plupart des églises et
des collections. Sur ce fond discordant se détachent cependant avec éclat les œuvres de quelques artistes, dont parfois on connaît le nom, mais dont la gloire est le plus
souvent anonyme.

Pour bien apprécier ces maîtres du quinzième siècle, il
faudrait visiter les musées de Belgique et d'Angleterre, et
celui de Berlin, parmi ceux d'Allemagne que je ne connais
point; mais la collection Boisserée à la Pinacothèque de
Munich, les musées d'Augsbourg, de Francfort, et même
celui de Cologne, peuvent être d'un grand secours pour se
reconnaître un peu à travers les obscurités de l'histoire de
l'art à cette époque.

La collection que les frères Boisserée ont eu le bon esprit
de réunir, à une époque où l'on méprisait profondément
l'art du moyen-âge, doit être, à mon avis, étudiée avec une
grande méfiance. Beaucoup d'attributions y sont fautives,
et il n'est pas besoin d'être un grand connaisseur pour
en rectifier un certain nombre.

Il y a trois tableaux attribués à Jean Van Eyck, en
comptant pour un les trois parties d'un triptyque que l'on
a séparées, suivant une méthode que j'ai déjà blâmée et
que l'on ne saurait trop réprouver, à mon avis. Peut-être
aucun d'eux ne lui appartient-il; mais, s'il fallait faire un
choix, nous prendrions le triptyque dont le centre représente *l'Adoration des Rois*, tandis que *l'Annonciation* et *la
Présentation* sont peintes sur les volets. C'est bien la couleur intense de Van-Eyck et la puissance de son modelé
qui se traduisent par la saillie des reliefs; c'est encocre cette
recherche de l'architecture ogivale primitive que l'on remarque dans toutes ses compositions; mais la chair n'y

montre point cette morbidesse qu'il sait si bien rendre,
le sang ne circule point sous la peau. Peut-être est-ce la
copie d'une de ses œuvres, faite dans son atelier, ou l'œuvre
de l'un de ses disciples, d'Hugo Van-der-Goes (1400 à
1480), par exemple.

Précisément, une *Annonciation* portant le monogramme
de ce maître se trouve en face de ce triptyque. C'est la même
architecture, ce sont les mêmes étoffes blanches nuancées
de bleu ou de rose, c'est la même habileté dans les ors, le
même aspect, et nous oserions même dire la même main.

Nous ne reconnaissons pas non plus la morbidesse de
Van-Eyck dans un petit tableau représentant *Saint Luc
peignant la Vierge*, composition dont nous avons vu une
réplique à Dresde, croyons-nous. Le fond y est le même que
dans *l'Annonciation* du musée du Louvre : une terrasse
formée par un parapet crénelé, par-dessus lequel deux
hommes regardent la perspective d'une ville que traverse
une rivière.

Au musée de Francfort seulement, à mon avis, l'on peut
rencontrer un tableau de Van-Eyck bien authentique. C'est
une Vierge glorieuse assise sur un trône et allaitant l'Enfant-Jésus, qui, tout occupé à son affaire, ne songe guère
à bénir les humains. La Vierge, large du front, les tempes
dégagées, les cheveux tombant sur les épaules, est charmante de tendresse maternelle. Tout, jusqu'aux plus petits
accidents, jusqu'aux plis que font les doigts de la Vierge
en s'enfonçant dans les chairs tendres de l'enfant qu'ils
soutiennent, jusqu'aux plus infimes détails, est traité avec
le même soin scrupuleux et le même sentiment du relief,
sans que l'ensemble y perde rien de son unité puissante.
Une autre Vierge glorieuse, placée entre saint François
d'Assise et un donateur, révèle un nom parmi ceux de tous
ces élèves inconnus de l'école de Bruges dont les œuvres
sont parfois attribuées au maître. Ce tableau est signé :
† PETRUS XPR ME FECIT 1417. Ce Pierre Christ ou Christophe
relève immédiatement de Jean Van Eyck, et, chose intéressante, le tapis de Smyrne sur lequel posent les pieds de
la Vierge offre absolument le même dessin que le tapis du
tableau de Van-Eyck. Les deux œuvres sortent du même
atelier, sans doute, et ce tapis, en tout pareil à ceux qu'on
fabrique en Orient de nos jours, nous montre aussi avec
quelle perpétuité les ouvriers du Levant ont conservé le
même style décoratif.

S'il faut aller à l'hôpital de Bruges pour connaître entièrement Jean Memlinc (1), le plus célèbre des élèves directs ou indirects de Van-Eyck, celui dont le sentiment plus attendri marque une nouvelle phase dans l'histoire de l'art flamand, il nous semble qu'on peut justement l'apprécier à la Pinacothèque de Munich.

Le triptyque représentant *l'Adoration des Rois*, entre *saint Jean-Baptiste et saint Christophe*, est un chef-d'œuvre, remarquable surtout par l'importance que le peintre y a donnée au paysage et aux effets de la lumière. Le matin frais et transparent est exprimé à merveille dans le paysage en avant duquel se tient saint Jean-Baptiste, auprès d'un clair ruisseau qui roule sur un lit de pierres précieuses, tandis que le crépuscule du soir, où luttent les teintes violettes du couchant avec les lueurs argentées de la lune à son lever, baigne de ses clartés mystérieuses le bras de mer que traverse saint Christophe, courbé sous son divin fardeau. C'est la première fois, nous semble t-il, que la nature joue un si grand rôle dans une œuvre peinte, et que les exemples de Van-Eyck arrivent à un complet développement. Chez le maître, le paysage est un milieu qu'il substitue aux fonds dorés de l'école hiératique de Cologne. Chez le disciple, le paysage devient un acteur dans la scène.

Il me resterait à louer l'harmonieux éclat du coloris, le précieux des détails, l'expression douce et réfléchie des physionomies ; mais il faudrait blâmer cet amour excessif des draperies aux plis cassés et des extrémités maigres et effilées.

Un autre tableau de la même collection, composition multiple et très importante, représentant *les Sept Joies de la Vierge*, est encore attribué, avec quelque raison, à Memlinc. Il faudrait des pages pour décrire ce tableau, dont les épisodes divers se déroulent aux différents plans d'un paysage accidenté et profond, dont le point central est *l'Adoration des Rois*, composition suave, dont les groupes élégants et savamment balancés font songer au Pérugin.

A côté de Memlinc, il convient de placer un artiste dont le nom est inconnu, mais dont les œuvres, longtemps attribuées au peintre de l'hôpital de Bruges, commencent à en

---

(1) On a longtemps discuté sur l'orthographe du nom de ce maître, mais des documents récemment découverts prouvent qu'il s'appelle Memlinc, qu'il mourut en 1495, propriétaire et bourgeois de Bruges, au lieu d'être le soldat errant et malade que la tradition fait mourir à l'hôpital Saint-Jean de Bruges.

être distinguées. C'est l'auteur de *la Vierge présidant une assemblée de saintes*, qui fait l'ornement du musée de Rouen. Il est impossible de ne point reconnaître que la même main a peint ce tableau et le triptyque du *Baptême du Christ* de l'hôpital de Bruges, œuvre que les connaisseurs commencent à enlever à l'auteur de la châsse de sainte Ursule.

Certaines têtes des deux tableaux sont tellement identiques, que le même modèle a dû servir pour les deux. Ces mêmes ressemblances se trouvent, à mon avis, dans un ancien tableau flamand du musée du Louvre représentant *la Cène*, et enfin dans un délicieux petit panneau du musée de Darmstadt qui est attribué à Memline. C'est aussi une *Vierge glorieuse* que celui-ci représente. La Vierge tient sur ses genoux l'Enfant-Jésus, qui ouvre un livre, tandis que les anges, revêtus de chapes en étoffes diaprées, chantent des cantiques au son de l'orgue. Les carnations sont blanches, les airs de tête doux et mélancoliques, comme au tableau de Rouen, et, s'il y a des tons superbes, témoin la robe pourpre de la Vierge, la couleur y est moins intense que dans les tableaux de Memline, et surtout que dans ceux des Van-Eyck. Un des anges placés debout auprès de l'orgue est une des plus délicieuses figures que la peinture ait réalisées, et ses traits so t identiques à ceux de l'un des anges de Rouen.

A cette même famille de coloristes tempérés, issue de l'école de Bruges, appartiennent deux œuvres très importantes, l'une au musée de Francfort, l'autre à la Pinacothèque de Munich. La première est attribuée discrètement à l'école de Van-Eyck par M. Passavant, le directeur du musée, tandis que c'est au maître lui-même que les frères Boisserée ont attribué la seconde.

A Francfort c'est un triptyque dont chaque panneau représente l'embrasure de la porte d'une église du quatorzième siècle avec ses rangées de saints adossés aux piédroits et accrochés aux voussures, de telle sorte qu'étant ouvert, il figure la triple entrée d'une église. En place de chaque porte, est peinte une scène de l'histoire de saint Jean-Baptiste. A gauche est sa *Naissance* ; au centre, le point culminant de sa mission, *le Baptême du Christ* ; à droite, *la Décollation*. Dans ces panneaux aux détails infinis, si les plis cassés des draperies dénotent l'école du quinzième siècle, les tons blancs des chairs, l'harmonie blonde de la couleur aux tons adoucis appartiennent encore à la tradition de l'ancienne école de Cologne.

A Munich, c'est une fort belle *Adoration des Rois*. La scène se passe dans une masure à demi ruinée, et l'humble époux de la Vierge met son bonnet à la main pour remercier MM. les mages de l'honneur grand qu'ils lui font en entrant dans sa pauvre maison. Dans un coin, un homme rit tout son soûl à la vue de la mine épatée d'un nègre, et par une porte un homme, le peintre sans doute, passe la tête, afin de contempler cette scène où un public nombreux fait cortége aux rois-mages.

La couleur, je le répète, n'y a point la puissante intensité des œuvres de Jean Van-Eyck, ni même de Memlinc. Elle se fait plutôt remarquer par son harmonie tempérée dans une tonalité un peu blonde.

Nous n'osons point affirmer que ces tableaux, vus par nous sous des jours si différents et à des intervalles assez éloignés, sans qu'une comparaison minutieuse nous ait été possible, soient du même peintre, et que ce peintre soit plutôt Thierry Stuerbout que Rogier Van-der-Weyden-le-Vieux; mais, parmi les élèves de Van-Eyck, ces deux maîtres sont ceux dont la manière et la couleur se rapprochent le plus de ce qu'on remarque en ces deux tableaux. Nous avons aussi songé à Hugo Van-der-Goes, car, outre *l'Annonciation*, que nous avons déjà citée, il y a encore à Munich un *Saint Jean au Désert*, signé : HUGO V. D. GOES, 1472, qui nous semble très voisin de *l'Adoration des Rois* et même du tableau de Rouen.

Un rien sépare ces maîtres. Mais ce dernier, disciple direct de Jean Van-Eyck, est moins tempéré que Stuerbout, qui a davantage reçu l'influence de Memlinc.

C'est à Anvers qu'il faut aller pour étudier Stuerbout.

Quant à Rogier, nous n'aurions pour terme de comparaison qu'un diptyque du Belvédère attribué à Martin Schongauer, mais restitué à Rogier de Bruges par quelques connaisseurs. L'un des feuillets représente la Vierge soutenue par saint Jean et tombant tout en pleurs aux pieds de la croix, qu'elle tient embrassée ; sur l'autre sont la Madeleine et sainte Véronique.

Si les expressions douloureuses ou attendries des personnages font une énergique opposition aux réalités plus vivantes des donateurs agenouillés en avant du tableau, la précision du modelé de ceux-ci et la merveilleuse harmonie de leur coloris font mieux valoir tout ce qu'il y a de religieux et d'élevé dans la composition principale.

Abandonnons maintenant les disciples flamands de l'école de Bruges pour ceux qui, nés en Allemagne, puisèrent dans l'atelier de Van-Eyck le goût de l'indépendance et des compositions compliquées. Nous trouverons que ces derniers ne cessent d'appartenir à leur patrie par ce charme du coloris et de l'expression déjà signalé chez les artistes du quatorzième siècle.

L'œuvre qui marque le mieux ce terme moyen entre les deux tendances, celle qui montre le plus évidemment l'influence de Jean Van-Eyck sur l'école allemande, est un tableau du musée de Cologne, qui représente *le Jugement Dernier*.

Cette composition populeuse et compliquée, qui fourmille en épisodes spirituels, une de ces œuvres que l'on peut appeler amusantes à contempler, est peinte d'une main habituée à se jouer avec le pinceau, très habile à rendre le nu, sinon dans sa beauté idéale, du moins avec une certaine largeur d'effet, qui n'exclut ni la précision du modelé ni l'énergique justesse du mouvement, mais savante de plus à exprimer les sentiments les plus subtils.

Jésus-Christ, assis sur l'arc-en-ciel, les pieds posés sur un arc plus petit, bénissant de la droite les élus, repoussant de la gauche les réprouvés, est entouré d'un chœur d'anges aux ailes et aux robes bleues, qui portent les instruments de la Passion. Le ciel est remplacé par un fond d'or, mais les terrains sont rendus avec toute la précision des paysages de l'époque, recouverts d'une riche végétation de fraisiers du côté des élus, arides et désolés du côté des damnés.

Au centre, les morts ressuscitent. Un démon lève la pierre du sépulcre et guette à son réveil l'âme corporelle qui va en sortir. Celle-ci, saisie d'une peur effroyable à la vue du diable, qui ricane, se jette dans les bras d'un ange prêt à la recevoir, tandis qu'un second chevalier céleste frappe de la hampe d'une croix un autre démon qui vient au secours du premier. C'est ainsi que s'engagent les grandes batailles, par une escarmouche.

A côté, un avare gros et pansu, couché sur le dos, se laisse traîner par un bras, serrant de l'autre le sac avec lequel il s'est fait enterrer et qui se crève en semant une traînée d'écus. Dans le ciel, au-dessus des tours crénelées du château d'enfer, un ange et un démon se disputent une âme qu'ils tirent à l'envi. A droite, une immense chaîne enceint et entraîne vers l'éternelle fournaise un troupeau de damnés, papes et cardinaux, païens et juifs, évêques et moines, ceux-ci en compagnie de leurs concubines encore coiffées de leur cornette. Ceux qui arrivent aux bords de la chaudière hésitent et restent les pieds collés au sol, avancent la tête et font une fort laide grimace.

A gauche, la troupe des élus marche gravement vers l'entrée d'une charmante chapelle du quatorzième siècle, qui n'est autre que la porte du ciel. Saint Pierre est là, armé de ses clefs et comptant son troupeau. Les anges gardiens embrassent ceux des élus qui leur étaient confiés, et l'un deux, le doigt levé, admoneste doucement le sien. Évidemment, celui-là l'a échappé belle !

Dans cette composition admirablement dessinée, pleine d'humour et de mouvement, où le coloris adouci de l'école de Cologne lutte avec l'éclat de celle de Bruges, le charme des physionomies me faisait songer au peintre que l'on a appelé le Beau Martin. Martin Schoen, né vers 1420, à Colmar, d'une famille originaire d'Augsbourg, appartient à l'école des bords du Rhin. Certains diables du tableau de Cologne rappellent, en effet, ceux de l'estampe représentant *la Tentation de saint Antoine*; mais je n'ai point vu le tableau de Colmar, le seul que l'on reconnaisse comme authentique, et ceux que la Pinacothèque attribue à Martin Schoen sont loin de donner une haute idée du talent comme peintre de celui qui fut un si admirable graveur. Quant au diptyque du Belvédère, dont nous avons parlé plus haut, magnifique tableau qu'on y attribue à Martin Schoen, on le restitue à Roger Van-der-Weyden.

Les panneaux de Munich appartiennent à la plus détestable école du quinzième siècle. Ils sont d'une couleur aussi aigre que le dessin en est anguleux et sec. Du reste, les estampes du Beau Martin ne témoignent ni d'un goût bien sévère, ni d'un dessin bien châtié, de sorte que nous sommes de ceux qui s'étonnent et de l'ancienne réputation de ce maître et de la nouvelle renommée que lui fait aujourd'hui l'argent des amateurs.

Nous voulons bien que le métier soit fort à priser dans les estampes de Martin Schoen, mais toute l'habileté du monde ne saurait nous faire négliger le mérite du dessin et du style, et nous ne trouvons pas que ceux de l'expression soient si fort au dessus de ce qu'on voit dans les œuvres banales de l'époque.

Il est un autre peintre-graveur, Israël Van-Meckenen (1440-1503), auquel on attribue à Munich un triptyque et six panneaux représentant, le premier des saints et des apôtres, les seconds une suite de l'histoire de la Vierge. La filiation avec l'école de Cologne se reconnaît aux fonds d'or, qui n'excluent point le paysage, à la clarté du coloris,

et au ton des étoffes vertes éclairées de jaune. Mais l'individualité des têtes, le dessin sèchement maniéré des attitudes
et des draperies, montrent l'influence de l'école de Bruges.

Ces panneaux sont-ils d'Israël Van-Meckenen ? On peut
affirmer que non, si ce peintre et le graveur Israël Van-
Mecken sont le même homme, comme on l'assure. Les
estampes signées de ce dernier montrent des personnages
longs, élégants, bien que dégingandés, portant des costumes quelque peu italiens : hauts-de-chausses collants sur
leurs longues jambes, pourpoint court, petit manteau et
toque à plume. Or, ces caractères ne se retrouvent en rien
dans les tableaux de Munich, mais nous les apercevons dans
un *Martyre de saint Sébastien* du musée de Cologne, pièce
centrale d'un important triptyque dont les personnages sont
de grandeur naturelle. Outre ces caractères, extérieurs pour
ainsi dire, que nous venons d'indiquer, cette œuvre montre
les airs de tête et les physionomies des gravures d'Israël
Van-Mecken, que nous avions déjà rencontrées exprimées
avec le même coloris, frais et éclatant, dans un portrait que
possède un archéologue de Munich, M. de Hæfner-Alteneck.
Cet amateur attribue comme nous, et par les mêmes motifs,
cette tête à Israël Van-Mecken.

Nous trouvons enfin au Belvédère deux tableaux qui y
sont attribués à Gérard de Harlem, « qui florissait en 1400. »
Il nous faut contredire l'attribution quant au nom et nier
l'exactitude de la date. L'auteur des peintures du Musée de
Vienne est de beaucoup postérieur aux Van-Eyck, dont il
possède la puissance de coloris, tandis que par la couleur Gérard, ou Dirk Van Harlem, qui n'est autre que Thierry Stuerbout (1410-1480), nous semble se rapprocher davantage de
Memlinc. L'un des tableaux est une *Piété*, l'autre représente
la légende des ossements de saint Jean-Baptiste. Grotesque dans
la figure de Julien-l'Apostat — un vieux juif, — qui or-
donne de brûler le corps du précurseur, et dans celles des
exécuteurs, il est magnifique dans celles des personnages
en noir, portant la croix blanche de Malte, qui recueillent
les ossements pour les transporter à Saint-Jean-d'Acre.

Avec ces artistes qui, par leurs études, touchent aux commencements du quinzième siècle, mais qui par leurs travaux confinent à ses dernières années, nous arrivons à
Michel Wohlgemuth (1434-1519), qui, mort dans les premières années du siècle suivant, assista à la seconde invasion de l'art italien en Allemagne, sans en être affecté, et
eut l'insigne honneur d'être le maître d'Albert Durer. Si
l'immense polyptyque du Belvédère, daté de 1511, est de

lui, Wohlgemuth n'avait rien appris de son illustre élève et était resté fidèle à la tradition gothique. Les tableaux qu'on lui attribue à Munich, bien que d'une exécution supérieure, indiquent un art expirant, tant par le maniérisme outré de leurs figures longues et émaciées que par les grands plis extravagants et cassés de leurs draperies. L'art allemand au quinzième siècle est retourné à ce style contre lequel avait réagi l'influence italienne par la main des maîtres de Cologne. Certes, il y a des parties traitées avec une habileté excessive dans les scènes de l'Évangile que Michel Wohlgemuth a peintes et que l'on conserve à la Pinacothèque. Le tableau de *la Résurrection du Christ*, entre autres, est d'un éclat de ton remarquable ; mais la liaison manque entre toutes ces couleurs, plutôt juxtaposées que fondues, et la laideur physique n'y est point rachetée par le sentiment religieux ou par la profondeur de l'expression, qui excusent bien des faiblesses chez les peintres de la même école qui lui sont antérieurs.

Les voies nouvelles ouvertes par Albert Durer à Nuremberg, par les Holbein à Augsbourg et à Bâle, suivaient donc la pente d'une légitime réaction, en même temps qu'elles mettaient l'Allemagne en communication plus directe avec le foyer si brillant allumé en Italie.

L'artiste de cette époque qui nous paraît avoir plus spécialement réalisé l'alliance des anciennes traditions colonaises avec la science moderne est Lucas Sunder, appelé Lucas Kranach (1472 à 1553), du lieu de sa naissance aux environs de Bamberg. C'est un peintre gracieux dans ses Vierges, en même temps qu'un portraitiste de premier ordre. Les deux superbes portraits de Martin Luther et de Philippe Melanchton, de la Pinacothèque de Munich, sont comparables à ceux qu'Albert Durer a le plus finement modelés et le plus volontairement écrits. Les têtes des deux réformateurs, celle de Luther, un peu gouailleuse, avec ses mâchoires épaisses et ses petits yeux vifs ; celle de Melanchton, amaigrie par quelque asthme rongeur et souriant mélancoliquement, se détachent sur un fond bleu turquoise ; elles sont dessinées par un trait noir de contour et leurs carnations un peu blanches sont modelées avec une couleur noire très légère, qui disparaît à distance. C'est presque un retour aux anciens procédés de la miniature, mais mis en œuvre par un artiste supérieur.

La Vierge présentant une grappe de raisin à l'Enfant-Jésus, debout sur un coussin, tableau placé à la Pinacothèque, non loin de ces deux merveilleux portraits, est une œuvre charmante de grâce souriante. Les chairs sont blanches, finement modelées ; les yeux bordés de noir brillent d'un doux éclat, et les étoffes sont d'un ton splendide.

Ces mêmes qualités se retrouvent avec encore plus d'éclat dans une *Vierge* du musée de Darmstadt, que nous proclamerons le chef-d'œuvre de Kranach, tant ce tableau est supérieur à la foule d'œuvres de toute espèce, Adams et Eves, grands et petits, Vénus en toque rouge, vêtues d'une écharpe de gaze, et portraits à la douzaine, blancs, rosés et modelés de noir, que possèdent toutes les galeries. Certes, l'on devine l'influence d'Albert Durer devant cette toile lumineuse où les figures se détachent avec toute la fraîcheur de leurs carnations et tout l'éclat de leurs vêtements sur le vert sombre du paysage ; mais on y reconnaît aussi une très proche parenté avec les maîtres colonais, dont elle rappelle les œuvres charmantes.

C'est d'Albert Durer que se rapprochent davantage les autres artistes allemands contemporains de L. Kranach. Ainsi, le plus connu d'entre eux, Jean Burgkmair, d'Augsbourg (1473 à 1559), dans un tableau du musée de Nuremberg représentant saint Sébastien devant Dioclétien, signé : IOANN BURGKMAIR PICTOR AUGUSTANUS FACIEBAT M D V, rappelle le dessin et la manière d'Albert Durer dans ce qu'ils ont de plus exagéré, avec une couleur un peu plus noire. Un tableau du musée d'Augsbourg, au contraire, signé et daté de 1501, représentant *Jésus-Christ et la Vierge sur un trône*, dominant un groupe de saints, appartient à sa première manière et montre une grande influence de l'école des Van-Eyck.

Hans Schœfelin, de Nœrdlingen (1540), est encore un autre « exagérateur » du maître de Nuremberg. Les tableaux qui lui sont attribués au musée de Nuremberg montrent un procédé de peinture singulier et rapide, qui, s'il convient à la fresque, alourdit singulièrement la peinture de chevalet et assombrit les tons même les plus vigoureux. Ce procédé est le modelé par hachures noires sur fonds de teintes unies. Albert Durer l'a employé dans ses dessins à la plume rehaussés d'aquarelle ; il l'a transporté dans la peinture à l'huile, surtout pour rendre les cheveux et la barbe, mais il s'est bien gardé de l'employer exclusivement, comme l'a fait Hans Schœfelin. Le beau rétable de la cathédrale d'Ulm, dont nous avons déjà parlé, est exécuté d'une façon moins sommaire et n'en vaut que mieux.

Ce peintre est cependant un homme très habile, trop habile même, dont le dessin est un peu rond et dont les

tableaux du musée de Nuremberg, le *Saint Pierre délivré*
et donnant la main à H. Schœfelin lui-même, le *Saint
Jérôme au désert*, sont des pastiches trompeurs d'Albert
Durer. Aussi, croyons-nous devoir lui attribuer, plutôt qu'à
son maître, le tableau à double face de l'église Sainte-Marie-
du-Capitole, à Cologne, qui représente d'un côté *la Mort de
la Vierge*, de l'autre *la Séparation des Apôtres*.

Hans de Kulmback (1500-1545), auteur du beau triptyque
de Saint-Sébald de Nuremberg, bien que marchant dans
la même voie que ses deux condisciples, nous semble leur
être supérieur. Ses tableaux, à Nuremberg et à la Pinacothèque de Munich, nous montrent un artiste combattu
entre deux tendances, l'idéal et la réalité; nous ne disons
pas la vulgarité. Ce dualisme se voit surtout dans le tableau
de la Pinacothèque qui représente sur terre *la Résurrection
du Christ*, et dans les cieux *le Couronnement de la Vierge*.
La couleur est intense et éclatante dans les draperies, qui
tiennent encore de la gothicité par la brisure de leurs plis;
les chairs blanches, un peu rosées, sont modelées avec
beaucoup de finesse. De plus, Kulmback ne craint point encore d'employer l'or dans les fonds. Pour tout dire, c'est le
plus digne des élèves de l'école d'Albert Durer, tant dans la
série des grands figures de saints que se sont partagées les
musées de Munich et de Nuremberg que dans les œuvres
que nous avons plus spécialement signalées.

Matthieu Grunewald, d'Aschaffenbourg (1510) dont on
voit des figures importantes à la Pinacothèque; Gumbald
Gudlinger, de Cologne, dont un des rares tableaux, *la Trinité*, existe au musée d'Augsbourg; Henry Aldegraever
(1505-1562), dont la Pinacothèque possède, entre autres
tableaux, un magnifique portrait d'homme à barbe rousse,
peint d'une main magistrale; Barthélemy Beham, de Nuremberg (1496-1510), dont la Pinacothèque montre la composition magnifique et populeuse de *l'Invention de la Croix
par sainte Hélène*, sont les plus remarquables de cette célèbre
école de Nuremberg, qui ne fut influencée par l'Italie qu'autant que le maitre lui-même l'avait été (1).

-----

(1) Nous avons étudié les œuvres d'Albert Durer, pages 96, 125 et *passim*. À celles dont nous avons parlé il convient d'ajouter un tableau de
Cologne. Celui-ci représente deux musiciens dans un paysage : l'un
jouant du flageolet, l'autre du tambourin. C'est une peinture claire et
lumineuse, simplement et largement exécutée. Les personnages, de
demi-nature, sont très remarquables par le caractère énergique des
têtes.

A côté d'Albert Durer et en opposition avec lui, nous avons montré Hans Holbein-le-Jeune (1), prenant dans l'atelier de son père des habitudes de dessin plus large, de style plus élevé, que celui-ci avait puisées dans l'ancienne école de Cologne. A sa suite ou à côté de lui se placent non pas précisément des imitateurs, mais des artistes qui, animés d'un même esprit, renouent l'ancienne tradition italienne en recevant surtout l'influence de Léonard de Vinci.

Jean Gossaert, de Mabuse (1500-1562), qui rapporta de ses études en Italie un peu du style léonardesque dans ses têtes si maniérées, en est-il l'introducteur en Allemagne? Rien ne répugne à le penser, quoiqu'il soit permis de croire que les rapports nombreux qui existèrent à la Renaissance entre les populations établies des deux côtés des Alpes peuvent à eux seuls expliquer cette influence.

L'érudition moderne vient de trouver, du reste, un de ces missionnaires de l'art d'Italie dans le Vénitien Jacopo de Barbari, dont nous avons noté un tableau au musée d'Augsbourg (2). Nous avons signalé, d'ailleurs, à propos du Belvédère, quelle alliance intime existait entre l'art du Nord et celui du Midi dans les compositions des peintres vénitiens primitifs, comme Vivarini de Murano. La reine de l'Adriatique semblait dès-lors destinée à rester la dernière possession allemande dans la péninsule.

Cette influence s'était déjà exercée sur Hans Schulein, qui vivait et peignait à Ulm de 1468 à 1492, et sur son gendre Bartholomé Zeitblom, dont les registres de la bourgeoisie constatent la présence à Ulm de l'année 1490 à l'année 1517. De grands fragments de diptyques, représentant la légende de saint Valentin, existent de lui au musée d'Augsbourg. Mais parmi les peintres allemands qui procèdent plus directement de Holbein, je placerai Martin Schaffner, d'Ulm, autre gendre de Hans Schulein. Il est l'auteur des volets qui ferment le rétable sculpté du maître autel de la cathédrale d'Ulm, œuvre que nous avons déjà signalée. Ce Martin Schaffner, dont le rétable est daté de 1521, est représenté à la Pinacothèque par quatre grandes compositions, dont une porte la date de 1523. Encore gothique et allemand par le sentiment individuel de certaines têtes, par la blonde coloration des chairs et la recherche des tons rompus et

---

(1) LES DEUX HOLBEIN. Pages 136 et *passim*.

(2) Jacopo de Barbari, dit le Maître au Caducée, par M. E. Galichon, dans la *Gazette des Beaux-Arts*, tome XI.

adoucis dans les draperies, il appartient entièrement à
la Renaissance italienne par son habileté à se jouer des
difficultés du dessin de la figure humaine, par certains
airs de tête — celle de l'ange dans *l'Annonciation* de Munich
— et par un modelé large et précis comme celui de Léonard. Nous attribuerons encore au même artiste éminent
un beau triptyque représentant *la Famille de Jésus-Christ*,
sujet analogue au rétable d'Ulm, qui fait partie du musée
de Cologne.

Le Hollandais Jean Schoorel (1495-1562), qui se rattache
à l'école allemande par les leçons qu'il reçut d'Albert Dürer,
appartient davantage encore à l'Italie par celles que lui
donna Jean de Mabuse. S'en tint-il à cet enseignement?
Nous ne le pensons pas. Les détails de l'architecture de
ses tableaux et les airs de tête sont trop italiens pour qu'il
n'ait point passé les monts. Le triptyque de *la Mort de la
Vierge* de la Pinacothèque, répété avec quelques changements et en plus petit au musée de Cologne (1), dénote une
grande recherche du style de Léonard. Nous signalerons
surtout un des apôtres vu de dos et tenant un encensoir,
les donatrices du tableau agenouillées sur l'un des volets,
et surtout leurs patronnes debout derrière elles.

Les plis, bien que cassés, à la façon des gothiques du
quinzième siècle, accusent la forme des membres; de plus,
les mouvements sont d'une énergie peu ordinaire. Quant à
la couleur, elle est d'une grande intensité de ton, sans cesser d'être harmonieuse, et les chairs, un peu rouges,
sont modelées avec une certaine fermeté. Deux portraits en
pendants — celui d'un homme que l'on croit être Jean
Schoorel lui-même, et celui d'une femme daté de 1539, que
possède le musée du Belvédère — montrent cette même
science du modelé, mais une couleur plus blonde et des
tons plus fins que les triptyques de Munich ou de Cologne.
Notons encore que le paysage acquiert une vraie importance dans les fonds des volets et semble indiquer la voie
dans laquelle les peintres hollandais du dix-septième siècle
marcheront avec tant d'assurance et de succès (2).

---

(1) Par une particularité singulière de ces deux tableaux, les
vêtements des donatrices débordent sur le cadre des volets.

(2) Si, après Memlinc, Jean Schoorel et Joachim Patinier sont les
ancêtres des paysagistes hollandais du XVIIe siècle, Quentin Matsys
serait l'aïeul des peintres de genre, si c'est à lui qu'appartient un tableau
du musée de Dresde, où nous voyons un métayer rendant ses comptes,
page 63.

Un autre Hollandais, Martin Van-Hemskerk (1498-1551), élève de Jean Schoorel, montre ce style affadi des artistes du Nord, que domine la Renaissance. C'est ce que dénote encore, mais avec plus de talent, dans un diptyque du Belvédère représentant *la Pentecôte* et *le Martyre d'un Apôtre*, Bernard Van-Orley (1490-1560), cet Anversois fourvoyé dans l'école de Raphaël. Un tableau de la Pinacothèque, *la Prédication de saint Norbert*, antérieur peut-être au voyage de Bernard Van-Orley en Italie, est plus individuel, et, en tous cas, plus près de l'école de Milan que de celle de Rome.

Enfin, Corneille Engelbrecht, de Leyde (1468-1533), avec un fort beau triptyque du Belvédère, se rattache encore à cette école lombarde par les airs de tête du panneau central, représentant *la Vierge Glorieuse*, tandis qu'il garde sa nature allemande dans les volets où l'on voit les donateurs agenouillés. Avec Lucas de Leyde, son élève, nous entrons en pleine Renaissance, ainsi qu'avec le dinantais Joachim Patinier, le premier des paysagistes flamands du seizième siècle, comme le montrent *le Saint Jérôme* et *le Baptême du Christ* au Belvédère.

Ce sont les Flandres, on le voit, qui ont alors ressaisi le pinceau tombé en des mains débiles, comme elles l'avaient déjà saisi avec tant de puissance au commencement du quinzième siècle. Si, dans presque toutes les productions flamandes de cette époque, l'enflure et la fadeur remplacent la force et la grâce, c'est le ridicule qui frappe dans les œuvres contournées, bruyantes et boursouflées, des Allemands Barthélemy Spranger, Joseph Heinz et Jean Rottenhammer.

Certes, il faut après ceux-là étudier encore cette ennuyeuse et monotone pléiade des artistes de la Renaissance flamande, les Franck, les Breughel, Paul Bril et Roland Savery, parce qu'en eux se développent le genre et le paysage. Mais il faut se hâter d'arriver au dix-huitième siècle pour voir cette école dans toute la plénitude de la force et de la puissance.

Quant à l'école allemande, elle jette à peine quelques lueurs fugitives jusqu'à ces jours voisins de nous où, renouant la chaîne de ses traditions, elle ne redevint quelque chose qu'en redevenant italienne. Car c'est là l'infirmité de cette école de tomber dans la vulgarité ou dans l'exagération quand elle veut marcher seule, ou de ne point entièrement s'appartenir quand elle réalise avec le plus d'éclat cette condition éternelle de l'art : l'alliance de la nature et de l'idéal, du sentiment et de la beauté.

ESSEN.

Avant de quitter Cologne, les archéologues doivent faire une excursion à Sieburg, petite ville qui n'a guère plus d'importance qu'un de nos chefs-lieux de canton, et qui forme l'une des stations du chemin de fer de Cologne à Bonn. La petite église de ce pays, bien qu'elle appartienne au treizième siècle, n'est guère remarquable, mais elle possède les débris du Trésor d'une ancienne abbaye dont les constructions dominent le pays, remplaçant peut-être un vieux « burg » féodal.

Il y a là deux autels portatifs du douzième siècle, l'un en porphyre, l'autre en vert antique, montés en émaux champlevés et formant le dessus de coffrets destinés à recevoir des reliques que doit recouvrir toute pierre d'autel. Cinq grandes châsses du douzième au quinzième siècle, disposées en pyramide les unes au-dessus des autres, sont exposées sur un autel : malheureusement, elles ont perdu les figures d'or ou d'argent qui garnissaient leurs flancs ; mais les plus anciennes d'entre elles ont conservé leurs émaux et leurs bronzes. Je citerai surtout celle de saint Héribert, dont la crête, en bronze ciselé et doré, est une merveille de fonte à cire perdue. Elle est formée d'hommes combattant des dragons aux queues s'épanouissant en rinceaux feuillagés, dont les volutes sont interrompues par des boules tantôt de filigrane, tantôt d'émail. Cette châsse sort du même atelier que celle de saint Albin, de Sainte-Marie-in-Snurgasse, à Cologne, également remarquable par ses bronzes.

Un coffret d'émail rhénan des premiers temps de la fabrication des émaux champlevés, deux châsses de Limoges très reconnaissables à leur ton bleu lapis, une crosse en ivoire et un peigne ecclésiastique, attribué à saint Héribert, complètent la série des choses antiques que possède l'église de Sieburg.

A Sieburg, bien que personne n'y parlât français, j'avais pu me tirer d'affaire, tant pour voir le Trésor que pour y déjeuner. Une pantomime expressive m'avait fait très facilement comprendre de l'aubergiste chez lequel j'étais entré. Mais à Essen, où m'avait conduit le désir de voir un autre Trésor, je faillis ne rien voir, faute de pouvoir être compris du sacristain, que j'ai toute raison de croire doué d'une intelligence fort médiocre. J'avais à la main un excellent mémoire de MM. de Roisin et F. de Verneilh sur les émaux rhénans et limousins, dans lequel on parlait de certaines croix d'Essen très intéressantes pour l'histoire de l'émaillerie. Je m'étais adressé tout d'abord à un vicaire qui, s'habillant pour monter à l'autel, m'avait renvoyé au sacristain, lequel m'avait reçu avec son plus gracieux sourire, s'était armé de ses clefs et me faisait l'exhibition des curiosités de l'église en homme habitué à ce métier.

La colonne antique en marbre blanc surmontée de son chapiteau, dressée dans un coin de l'église, m'avait assez intéressé, si j'étais resté indifférent devant les banalités que je me laissais montrer en attendant le Trésor, pour lequel j'étais venu de si loin, si matin et par un tel froid ! — Il gelait à dix-neuf degrés, et pendant le trajet assez long de la station du chemin de fer à Essen, trajet que j'avais voulu faire à pied, pour rappeler un peu de chaleur dans mes membres engourdis, mon haleine congelée avait réuni en un seul glaçon mes moustaches et ma barbe. « Trésor ! » me pris-je à dire enfin. « Ya ! » s'exclama le sacristain, me montrant le chandelier en bronze à sept branches (1) qui se dresse à l'entrée du chœur et qui porte le nom de l'abbesse Mathilde, qui l'a fait faire au onzième siècle. « Trésor ! » répétai-je, après avoir examiné ce meuble ecclésiastique, qui, rappelant l'ancien candélabre du temple de Salomon, existait au moyen-âge dans presque toutes les églises importantes. « Ya ! » répéta le sacristain, et il me conduisit devant un méchant tableau. « Alt Kreuz ! » me hasardai-je alors à prononcer, usant des seuls mots que j'eusse appris en étudiant le catalogue de l'exposition d'archéologie de Vienne. « Ya ! » fut encore la réponse de mon sacristain souriant, qui me fit quitter l'église, traverser une cour aussi large qu'elle, qui la précède, et entrer dans une autre église placée en avant de cette cour.

Cette disposition insolite, et rappelant, sans doute, d'anciens usages, m'eût fort intéressé en d'autres circonstances, mais j'avais l'esprit ferru du Trésor que je cherchais, et, dessinant une croix sur mon album, je répétai : « Alt Kreuz ! »

---

(1) Publié dans les *Annales archéologiques*.

que j'écrivis dessous avec un énorme barbarisme. « Ya ! »
fut la réponse , et mon sacristain, toujours impassible,
me fit monter à la tribune de l'orgue. Je l'aurais volontiers jeté par-dessus la balustrade , mais je redessinai une
nouvelle croix, de la forme dont je présumais que devaient
être celles que je cherchais. « Ya ! » me répétait imperfur-
bablement mon homme, en me menant dans le cloître qui
longe le flanc nord de l'église et de la cour ; là , il s'arrêta
en homme qui n'a plus rien à montrer.

Cependant, le chandelier à sept branches que je venais
de voir me donnait l'assurance que j'étais bien dans l'é-
glise qui possédait le Trésor dont parlaient dans leur mémoire MM. de Roisin et F. de Verneilh. Il n'y avait plus
personne dans la sacristie , et je voulais voir ce qui m'in-
téressait. Enfin, à force de mots essayés les uns à la suite
des autres : « Curé..., presbytère..., » mon pauvre sacristain,
tout ahuri, me conduisit au presbytère, où M. le curé,
fumant gravement une longue pipe, donnait audience à un
jeune homme et à une jeune fille qui venaient, sans doute,
pour se marier. Je lui déclinai mes titres et qualités , ce
qui ne fut pas long. Je lui exhibai mon passe-port et la
lettre ministérielle qui témoignait de la mission dont
j'étais chargé par le gouvernement français ; puis, je lui
expliquai mon désir. Fumant toujours, M. le curé lut ou fit
semblant de lire ce que je lui montrais , baragouina quelques mots à mon guide, qui me fit rentrer dans le cloître
et me conduisit à un jeune vicaire qui parlait français.
J'étais sauvé. On envoya chercher un des dignitaires
laïques de l'église, le trésorier, sans doute ; puis , le prêtre
et le laïque, armés tous deux d'un trousseau de clefs dont
le cliquetis me mettait en joie, me conduisirent dans
l'église que j'avais arpentée en tous sens, me firent monter
un escalier, puis mirent les clefs dans les serrures d'une
porte bardée de fer qui s'ouvrit en faisant carillonner une
énorme cloche. J'étais enfin dans le Trésor, et les merveilles
conservées dans les armoires me récompensèrent de mes
ennuis. Tout me fut mis dans les mains pour que je l'exa-
minasse à loisir, et les trois croix qui m'intéressaient plus
particulièrement furent emportées chez le vicaire, où je
pus dessiner et calquer leurs émaux dans un bon appartement bien chauffé, où, de plus, l'on m'invita à dîner. Quant
au sacristain , il avait disparu sans faire songer à lui, —
preuve de son peu d'intelligence, — et lorsqu'à la nuit tombante je voulus le retrouver pour le récompenser de sa
peine, l'omnibus partait pour le chemin de fer. Aussi , je

dois avoir laissé en bien mauvaise réputation la générosité française dans son esprit.

Les quatre croix à branches carrées, revêtues de plaques d'or, chargées d'émaux cloisonnés en or et de pierres cabochons montées sur des sertissures à jour, sont du onzième siècle. Sur l'une, un des émaux représente un homme donnant à une religieuse une croix qui est la représentation de la croix même où cet émail est appliqué.

Les inscriptions MATHILD ABBATISSA et OTTO DUX désignent Mathilde, abbesse d'Essen de 974 à 1013, et son frère Othon, duc de Souabe de 973 à 982, petits enfants d'Othon I*r*. Sur la seconde croix, un émail représente la même abbesse aux pieds de la Vierge. Cet émail barbare, qui n'atteint point à la perfection relative du précédent, est peut-être l'essai de quelque ouvrier allemand travaillant à l'imitation des ouvriers byzantins, auxquels sont dus d'ordinaire les émaux sur or. Il faudrait donc dater des dernières années du dixième siècle l'introduction de l'art de l'émaillerie sur les bords du Rhin.

La troisième croix porte, repoussé en relief sur sa tranche, le nom de THEOPHANIA REGALI GENERE NOBILIS ABBATISSA. Cette Théophanie, petite-fille de l'impératrice du même nom, était abbesse de 1041 à 1054. L'émail cloisonné y est mélangé avec l'émail champlevé sur la même pièce, et ce monument doit être compté comme un des premiers spécimens de cet art, que les artistes rhénans poussèrent si loin, ainsi que les Limousins, à leur imitation.

Je ne décrirai point les vingt-quatre calices du quinzième siècle que possède le Trésor, les monstrances de toute forme, et généralement de la même époque, qui hérissent leurs clochers, leurs frontons et leurs pinacles dans tous les coins des armoires, les bras, les chefs et les statuettes qui renferment des reliques. Je citerai seulement une statuette de la Vierge portant l'Enfant-Jésus, en or repoussé, haute de 75 centimètres, et fort probablement des commencements du onzième siècle : les yeux sont en émail, et cette statue rappelle étonnamment la statue de Sainte-Foy, conservée dans le Trésor de Conques, en France (1) ; enfin, une épée qui passe pour être celle qui a servi au « labitement de saint Côme et saint Damien, » comme dit Willard de Honnecourt.

Cette épée, à petite poignée ornée d'émaux et à lame

______

(1) Alfred Darcel, *le Trésor de Conques*. 1 vol. in-4° avec figures. Didron, Paris, 1861.

très large, est munie d'un fourreau en or repoussé, représentant des combats d'animaux au milieu des volutes formées par des tiges feuillagées à larges fleurs, où l'on a cru reconnaître le type de l'arum.

Ce Trésor presque inconnu mérite, on le voit, d'attirer les voyageurs qui s'occupent de l'art du moyen-âge dans la petite ville industrielle d'Essen, qu'entourent les hautes cheminées des houillères.

AIX-LA-CHAPELLE.

10 janvier.

Le chemin de fer m'a conduit d'Essen à Dusseldorf, où j'arrivai à la nuit close. Je ne saurais dire autre chose , si ce n'est que j'y ai vu la silhouette de nombreux clochers, tandis que je traversais lentement le Rhin sur un bateau à vapeur louvoyant entre les glaçons, que ses roues mordaient et broyaient avec bruit. Sur l'autre rive , un autre chemin de fer m'emporte à Aix-la-Chapelle , où je m'arrête au beau milieu de la nuit.

Aix sans baigneurs est assez maussade, malgré ses souvenirs carolingiens , car tout ce qu'il conserve de ses splendeurs impériales est concentré dans la chapelle qui a donné à la ville son surnom. Quant à cette chapelle , il n'en reste plus que la forme, celle d'une rotonde précédée d'un porche. Les murs extérieurs ont été dénaturés par les restaurations, les murs intérieurs et la coupole ont été masqués au dix-huitième siècle sous une masse de stucs rococo; enfin, à l'ancienne abside on a substitué vers la fin du treizième siècle une belle chapelle ogivale qui semble imitée de la Sainte-Chapelle du Palais, à Paris, ou de la chapelle de l'archevêché de Reims. Il ne reste de la construction carolingienne que les colonnes antiques en marbre des tribunes de la rotonde et, ce qui disparaît le premier dans tous les monuments , les bronzes. Ceux-ci comprennent les trois portes du porche et les grilles d'appui des tribunes qui entourent la rotonde au-dessus de ses bas-côtés.

Le portes sont à panneaux encadrés d'une large moulure aux profils très incertains décorés de perles , d'oves , de palmettes , de raies de cœur , de tout ce que l'antiquité avait imaginé pour varier la monotonie de ses éternelles moulures.

Les grilles d'appui sont des claires-voies à dessins géométriques encastrées dans des pilastres corinthiens assez barbares. Ces bronzes , probablement les plus anciens qui existent parmi ceux qui ne sont point antiques, trop antiques cependant pour n'avoir point été fabriqués par des artistes

byzantins ou latins, sont précieux parce qu'ils indiquent
où en était l'art sous Charlemagne dans les parties les plus
civilisées de l'Europe. Sous les sculptures ronflantes que les
stucateurs ont collées à la voûte du dôme, est suspendue
une des rares et des plus belles couronnes de lumière
qui aient subsisté de toutes celles qui éclairaient au moyen-
âge la plupart des églises, elle a 2 mètres 70 centimètres
de diamètre. Une galerie à jour en bronze, formée de huit
parties courbées en arc de cercle et réunies deux à deux par
une tour circulaire, la compose essentiellement. D'autres
tours à trois étages, en retrait et de formes diverses, interrompent à leur milieu chacun des segments de la couronne,
de sorte qu'il y a seize tours à la circonférence de ce phare.

Ces tours, veuves des statues d'argent qu'on nous accuse
d'avoir enlevées pendant les guerres de la République ou
de l'Empire, devaient renfermer des lampes. Des cierges
étaient, en outre, portés sur la crête qui surmonte la galerie. Quatre chaînes interrompues par des boules partant
d'un point central, et se subdivisant en huit autres chaînes
qui saisissent la galerie derrière chacune des tours de rac-
cord, supportent l'appareil. Une longue inscription qui règne
sur la bordure indique que Frédéric Barberousse (1) donna
à la sainte chapelle cet octogone, qui est la figure de la
Jérusalem céleste, où Frédéric espère bien entrer un jour,
lui et Béatrix de Bourgogne, sa seconde femme.

Cette couronne de lumière est, en effet, l'image du paradis, car les Béatitudes sont gravées sur les plaques de cuivre
qui garnissent le dessous des tours, et si bien gravées, que
j'ai vu et touché des épreuves tirées aujourd'hui avec ces
planches si magnifiquement burinées au douzième siècle.

Une partie de l'ornementation de ce précieux témoin des
antiques usages de l'Église est faite avec un vernis brun
appliqué sur l'or, qui est particulier à l'art allemand.

Le Trésor d'Aix-la-Chapelle est célèbre, mérite de l'être
et est trop connu de chaque touriste pour que je veuille le
décrire. D'ailleurs, les gens commis à son exhibition, trop
habitués aux visiteurs que cela intéresse peu, ne m'ont guère
laissé le loisir de l'étudier. Je me rappellerai longtemps la
mine allongée que firent le prêtre-sacristain et l'espèce d'idiot
qui lui sert d'acolyte, lorsqu'ils me virent avtiadre de ma
poche l'album sur lequel je voulais prendre des notes. Installé devant la première armoire qui me fut ouverte et

_____

(1) *Mélanges d'Archéologie et d'Histoire*, t. Ier.

bien qu'occupé à contempler les magnificences de la châsse
des grandes reliques dont la belle publication du R. P. Martin m'avait donné un avant-goût, je les apercevais du coin
de l'œil se promener devant les autres armoires, impa-
tients de me réciter leur petite leçon remplie de renseignements erronés et de niaiseries. Je commis l'imprudence
de quitter mon poste et de m'avancer vers une pièce dont
la singularité piquait plus vivement ma curiosité. Lorsque
je me retournai pour revenir à mon armoire, je la trouvai
fermée; l'idiot avait eu cette adresse.

Parmi tant de merveilles, il convient de citer d'abord la
châsse des grandes reliques, qui sont la robe de la Vierge et
les langes de Jésus-Christ. Elle est en vermeil, ornée d'émaux,
de filigranes et de pierres moins précieuses que les ornements au milieu desquels elles sont enchâssées, que les
statues et les bas-reliefs en argent repoussé qui décorent
les flancs et le toit de cette œuvre, à qui la châsse des rois
mages de Cologne est seule comparable.

La châsse des reliques de saint Charlemagne, remarquable surtout par ses émaux, appartient au même genre
et à la même fabrication que celles de Sieburg et de Sainte-
Marie-in-Snurgasse, dont nous avons déjà parlé.

Un bénitier portatif en ivoire sculpté et du dixième siècle (1), symbolisant, dit-on, un des conciles d'Aix la-Chapelle
par les trois rangs de personnages qui y sont sculptés, sert de
pied à un pupitre qui y est assez maladroitement ajusté.

La croix dite de Lothaire, et qui serait des commencements du neuvième siècle (817), est absolument de même
travail que celles d'Essen, que nous savons appartenir aux
dernières années du dixième siècle.

Deux reliquaires en argent doré, abritant chacun trois
statues sous leurs trois dais, œuvres fort riches et fort élégantes du quatorzième siècle, ont été donnés, dit-on, l'un
par Charles IV, l'autre par Philippe II. Bien qu'on n'y voie
point d'armoires, il est possible que Charles IV ait donné
l'un en 1349, mais si Philippe II d'Espagne a donné le second, certes il ne l'a point fait fabriquer. Comme l'autre,
ce reliquaire appartient à l'art du quatorzième siècle, le plus
finement ouvragé qui soit, et il est remarquable par l'emploi
des émaux translucides sur relief qui figurent des vitraux
dans les rosaces et les fenestrages dont les montants, les
frontons et les contre-forts de ces œuvres sont percés.

---

(1) Publié par les *Annales Archéologiques*.

Un coffret en argent sur lequel est figuré le roi donateur offrant le coffret lui-même à la Vierge, un disque porté par deux anges, sont encore remarquables par ces émaux translucides excessivement rares dans les collections, surtout quand ils ont l'importance de ceux de Cologne.

Il ne faut pas omettre des reliquaires de toute forme du quinzième et du seizième siècle, un édifice byzantin en argent niellé, les plaques d'or repoussé représentant la *Passion* qui garnissaient, dit-on, le trône sur lequel Charlemagne fut inhumé assis, mais que nous croyons plutôt avoir formé l'antépendium d'un autel. Enfin, il est nécessaire de citer la chaire singulière, aujourd'hui adossée au mur de la chapelle, mais qui devait être jadis un ambon placé à une faible hauteur dans la clôture du chœur, ainsi qu'on le voit aux anciennes basiliques romaines. Cette chaire, protégée par une enveloppe en bois contre les intempéries... des regards de gens qui n'auraient pas payé pour la voir, est formée de la réunion de trois portions de cylindres et vaut à elle seule tout un cabinet de curiosités. L'empereur Henri II, qui la fit faire en 1002, incrusta dans ses panneaux d'or toutes les choses extraordinaires qu'il avait sous la main : une coupe d'agathe, un vase de cristal de roche et quelques ivoires profondément sculptés dans le goût antique abâtardi. A des époques plus récentes on dut y ajouter les quelques émaux qu'on y voit, car plusieurs de ceux-ci recouvrent le dessin des panneaux. La plupart de ceux-ci sont chargés d'ornements noirs, rosaces et feuillages, dans le goût carolingien, peints sur or. C'est la première fois que je rencontre ce système de décoration, auquel les artistes allemands substituèrent au douzième siècle une espèce de vernis transparent auquel l'or sousjacent donne un ton ambré plus doux à l'œil que la couleur noire de l'ambon d'Aix-la-Chapelle.

Dégringolant dans l'échelle des cicéroni et tombant d'un prêtre ignorant à un serviteur ignare, il me fallut écouter les balivernes de ce dernier, qui me montrait ce dont je me souciais fort peu, et négligeait ce qui m'était d'un grand intérêt, comme les clôtures en bronze de la galerie.

Devant l'aigle en laiton qui, planant au-dessus d'un support orné d'arcatures et de contre-forts, sert de lutrin à la chapelle, mon guide, me récitant sa petite leçon, voulut me faire remarquer que l'aigle était du temps de Charlemagne, tandis que son support lui était de beaucoup postérieur. « Ne dites donc pas de sottises pareilles ! lui fis-je, perdant enfin patience. Vous voyez que cette moulure, fondue avec l'aigle, est la même que celles que l'on a fondues avec le support, et que tout est de la même époque. Priez l'abbé F. Bock, qui publie le Trésor, de vous apprendre votre métier, à vous ainsi qu'au prêtre-sacristain, et vous n'induirez point le bon public en péché d'erreur. » Et je lui tournai les talons, le laissant assurément fort peu ému de ma boutade. Tandis que je contemplais seul le magnifique sarcophage antique où les ossements de Charlemagne furent enfermés après la seconde profanation de son tombeau par Frédéric Barberousse ; tandis qu'étudiant l'architecture gothique de l'abside du quatorzième siècle, je remarquais les apôtres portant les croix de consécration, qui sont adossés aux piliers, comme à la Sainte-Chapelle de Paris, comme au chœur de la cathédrale de Cologne, je songeais au rôle important que pourrait avoir pour l'éducation du public un cicérone modeste et quelque peu versé dans la connaissance du monument qu'il est chargé de montrer.

Quelles notions précises il pourrait donner à des visiteurs qui, d'abord indifférents, ne tarderaient point à prendre goût à ce qu'ils ont commencé par regarder sans plaisir ! Une observation sur un fait, sur une forme, sur un détail servant à assigner une époque ou un procédé d'art attacherait la plupart de ces voyageurs qui promènent leur ennui, parce qu'ils distraient leur ignorance.

HUY (BELGIQUE).

J'avais entendu dire qu'il existait à Huy plusieurs pièces remarquables d'orfèvrerie, et, puisque Huy était sur ma route, je résolus de m'y arrêter. Cette petite ville, traversée par la Meuse, était restée dans mes souvenirs d'un très ancien voyage, comme un des endroits les plus pittoresques de la Belgique. En effet, elle est dominée par des roches abruptes, dont les gradins couverts de vignobles portent une forteresse incrustée au roc.

Mon premier soin, en arrivant à Huy, la veille au soir, fut d'aller déranger le curé dans sa veillée pour m'informer si j'aurais quelque chose à voir dans son église; puis, rassuré à cet égard, je songeai à souper avec le juste orgueil d'un homme qui va révéler des merveilles au monde des archéologues. Je ne rêvai que châsses et que reliquaires en m'endormant vis-à-vis d'un feu de briquettes de houille, le plus artistement disposé qu'il fût possible, et qui brûla jusqu'au matin, compagnon de chambre fort nécessaire, je vous assure.

Dès l'aube, j'étais dans l'église de Huy, belle et vaste nef, bâtie au quinzième siècle, dont l'ossature en pierre noire se détache à l'intérieur sur des remplissages soigneusement crépis et blanchis à la chaux. Point de vitraux de couleur pour répandre un jour mystérieux dans ce grand vaisseau à travers les étroites chapelles qui l'enceignent; mais de grandes vitres blanches jettent partout la lumière pour éclairer le moindre grain de poussière tombé sur le pavé ou sur les rétables. C'est propre comme un intérieur de ménagère flamande. Derrière le rétable du maître-autel, sont conservées quatre grandes châsses qui ne m'ont point fait regretter d'avoir retardé d'un jour mon retour à Paris. La plus belle d'entre elles est celle de la Vierge. Elle est du douzième siècle, en argent doré et en émail, moins riche que celle des grandes reliques d'Aix-la-Chapelle, mais de même système. La statue du Christ et celle de la Vierge sont assises à chacune des extrémités. Celles des douze

apôtres, assises sous des arcatures à fronton, garnissent les
côtés, toutes en argent repoussé et doré. Les colonnes à
chapiteaux feuillagés, la crête du toit, les boules émaillées
et ornées de feuillages qui interrompent celle-ci, les émaux
du toit, les frappés des encadrements, le vernis doré des
fonds, tout concourt à faire de cette œuvre une des plus
intéressantes, car c'est une, des plus complètes que l'on
puisse étudier.

Deux autres châsses, de saint Donatien et de saint
Mengod, qui, originairement du douzième siècle, ont reçu
d'importantes restaurations aux quinzième et seizième
siècles, bien que très longues, semblent les deux moitiés
d'une châsse immense coupée en travers par le milieu.

Enfin, une dernière châsse du treizième siècle, exclusivement composée de plaques de cuivre gravées en réserve
sur fond émaillé, sans ornement saillant d'aucune espèce,
est admirable par le style des figures que l'artiste y a représentées. Je ne pus résister à la tentation d'en calquer
quelques-unes, et, commodément installé dans la sacristie,
à côté d'un bon poêle qui ronflait et sous la surveillance
du sacristain, enchanté que l'on s'occupât de son église,
j'attendis l'heure du chemin de fer en travaillant. C'est
ainsi que je terminai, comme je l'avais commencé, un
voyage qui, entrepris pour étudier les quelques objets du
moyen-âge qu'avait réunis dans la capitale de l'Autriche la
Société des Antiquaires de Vienne, m'avait permis d'examiner, en dehors du but de ma mission, tant de choses, et de
si diverses, dont j'ai peut-être nn peu trop compendieuse-
ment parlé.

Quelques heures après je traversais le bassin houiller de
Charleroi, en compagnie de plusieurs Prussiens des bords
du Rhin, devant lesquels je m'étonnais du peu de traces
que la domination française me semblait avoir laissées dans
les villes tout allemandes par les habitudes et par le lan-
gage que j'avais visitées. — Existe-t-il réellement un parti
français sur la rive gauche du Rhin? leur demandai-je.
— Oui! me répondit-on. Songez donc que l'Alsace, si française de cœur, n'est pas moins allemande par les mœurs
et la langue que ne le sont nos populations rhénanes. Cependant vous avez perdu du terrain depuis les manifesta-
tions de 1830. Alors, vous étiez la nation libérale, et c'est vers

vous que se tournaient les regards de la jeune Allemagne et de la bourgeoisie, que froissaient l'inégalité civile. Mais aujourd'hui c'est nous qui représentons le libéralisme, car c'est lui qui domine et conduit la Prusse, et nous marchons à la tête de l'Allemagne. Les catholiques eux-mêmes ont un moindre intérêt à quitter la Prusse protestante pour s'incorporer à la France catholique, car ils vous accusent d'avoir provoqué la révolution italienne. Absolutiste pour les uns, révolutionnaire pour les autres, la France n'a plus rien qui nous attire, comme aux belles années de son enthousiasme pour la liberté. — Mais la gloire! objectai-je, passablement décontenancé; car vis-à-vis de l'étranger, on a toujours assez de peine à convenir que tout n'est pas pour le mieux dans sa patrie. — La gloire des armes! me répondit mon Prussien. Ce n'est pas lorsque vous suivez la route où se traînèrent les débris du grand désastre de Waterloo que je vous rappellerai que la victoire nous est restée, et que Blucher nous a vengés des défaites et de l'oppression subies sous l'Empire.

Pendant que nous parlions ainsi, nous quittions la Belgique et nous arrivions à la douane française, qui fut fort offusquée de me voir en mains l'*Indépendance Belge*, que j'avais achetée à la dernière station de Belgique, tandis qu'on visait nos passe-ports. On nous fit perdre beaucoup de temps pour rien. Même perte de temps à l'octroi de Paris, et je m'aperçus, au sortir de la gare, que j'étais en France en rencontrant un soldat habillé en turc.

Le lendemain, je lisais le charmant conte de Boccace intitulé *la Geline*. Comme le roi Charles VIII, à qui son hôtesse, une honnête et vertueuse dame, servit un repas abondant et varié d'aspect, mais exclusivement composé de poules accommodées à toutes les sauces, je venais de manger de la geline à la sauce allemande, après en avoir mangé à la sauce anglaise et à la sauce italienne. Si le roi de France avait compris la leçon que lui donnait son hôtesse et respecté sa vertu, je m'efforçais aussi de comprendre celle que m'avait donnée le spectacle de ces peuples divers. J'arrivais à cette persuasion que ma patrie, quelque grande qu'elle est, n'est point la seule nation du monde, et je savais qu'il en existait d'autres à côté d'elle, pour les avoir vues vivre, agir et sentir. Indépendamment des documents précieux pour mes études que je rapportais de mon excursion, je rapportais quelque chose de plus précieux pour moi : le respect et l'estime pour ces peuples qui forment avec nous la grande famille européenne. Moins d'orgueil aveugle pour soi , une justice plus éclairée envers les autres, c'est le fruit que l'on doit tirer de la fréquentation de la société et de cette autre fréquentation bien plus vaste que l'on appelle les voyages. Ils forment la jeunesse, dit-on. Combien de gens à qui manque cette inquiétude du corps et de l'intelligence qui fait les voyageurs , et qui restent toute leur vie sans être formés et demeurent , comme ces religieux poussahs de l'Inde , dans l'éternelle contemplation de leur nombril!

FIN.

TABLE DES MATIÈRES.

FIN DE LA TABLE.

ROUEN. — IMPRIMERIE DE D. BRIERE , RUE SAINT-LÔ , N° 71.

OUVRAGES DE M. ALFRED DARCEL.

Excursion artistique en Angleterre. 1 vol. in-8, D. Brière, Rouen, 1858.

Les Arts industriels du Moyen-Age et de la Renaissance, Exposition de Manchester. 1 vol. in-8, Didron, Paris, 1858.

L'Album de Villard de Honnecourt, publié d'après les manuscrits de Lassus. 1 vol. in-4 avec fac-similé, Imprimerie impériale, Dedion, Paris, 1858.

Le Trésor de Conques. 1 vol. in-4 avec planches, Didron, Paris, 1861.

Sous presse :

Les Arts industriels du Moyen-Age en Allemagne, Rapport à S. Exc. le Ministre de l'Instruction publique et des Cultes sur l'Exposition Archéologique de Vienne (Autriche).

ROUEN. — IMPRIMERIE DE D. BRIÈRE, RUE SAINT-LO, N° 7.

www.ingramcontent.com/pod-product-compliance
Lightning Source LLC
LaVergne TN
LVHW052019060726
842528LV00002B/572